新訂 事例で学ぶ保育内容

領域 健康

監修　無藤 隆
編者　倉持清美　河邉貴子　田代幸代
著者　森 司朗　吉田伊津美　西坂小百合

萌文書林
Houbunshorin

シリーズはじめに

　幼児「カラー5領域」シリーズについて、多くの方々に大学の授業や現場での研修などのテキストとして使っていただいてまいりましたが、平成29年3月の幼稚園教育要領、保育所保育指針、幼保連携型認定こども園教育・保育要領の改訂（改定）を受けて、そのポイントを盛り込み、改訂しました。

　同時に、従来からの特徴を堅持しています。第一に何より、保育現場の写真をほとんどの見開きに入れて、視覚的なわかりやすさを可能にしていることです。それは単なる図解ではなく、長い時間をかけて、保育現場で撮った実践についての写真です。中身に意味があるように、複数の写真を組み合わせて、本文で記述している活動の流れがわかるように工夫したところも多々あります。また、写真をすべてカラーにしてあります。今時、だれしも写真がカラーであることに慣れているだけでなく、やはり実際の様子がよくわかるからです。とくに初心の学生などにとっては大事なことです。

　第二に、本シリーズでの実践例と写真は、とくにお茶の水女子大学附属幼稚園及び東京学芸大学附属幼稚園など、編者や執筆者の関わりが深く、全国的にも名がとどろいている園について、その長年にわたり蓄えられてきた実践知を解説と写真により明らかにしようとしてきたものです。その実践者自身も多く執筆していますし、研究者もまた実践者と協同しながら研究を進めてきており、保育の改善や解明に努めてきました。その成果を本シリーズで初心者にもわかりやすい形で伝えるようにしています。

　第三に、その意味で本シリーズは、大学の研究者と現場の実践者との間のまったくの対等の協同関係により執筆してきました。その協力関係を維持し発展させることと本書を執筆する過程は重なり合ったものなのです。日頃から研究会や保育公開や園内研究会などを通して協働してきた間柄でもあります。

　第四に、実践と理論の往復と対応に意識して、執筆しました。そのふたつが別なことでないように、話し合いを重ねて、原稿の調整を行いました。シリーズの全体のあり方を整えるとともに、各巻ごとに編者を中心に執筆者と互いに連絡を取りつつ、完成に至ったのです。理論的な立場の章も実践のあり方を踏まえ、それに対する展望を提供するよう努めました。

　最後に何より、新しい幼稚園教育要領、保育所保育指針、幼保連携型認定こども園教育・保育要領の考え方を反映させています。それは次のように整理できます。

最も基本となることは、従来からの考えを引き継ぎ、乳幼児期に相応しい教育のあり方を保持し発展させていくことです。この時期の子どもは園の環境にある物事に能動的・主体的に関わることを通して成長を遂げていくのであり、保育者の仕事はそれを支え促す働きにあります。また、この時期に子どもに経験してほしい事柄を整理したものが保育内容の5つの領域なのです。

　そこで子どもの内面に育つ力が「資質・能力」です。それを子どもが関わり、その関わりを通して体験を重ね、学びとして成立していく過程として捉えたものが幼児教育としての3つの柱です。プロセスとして捉えることにより、保育において子どもを指導する際のポイントが見えてきます。それは、子どもが気づくこと・できるようになること（知識・技能の基礎）、試し工夫すること（思考力などの基礎）、自分のやりたいことに向けて粘り強く取り組むこと（学びに向かう力など）を中心としたものです。それは短い時間での活動をよりよくしていく視点であり、同時に、長い期間をかけて子どもの学びが成長につながっていくあり方でもあります。

　その資質・能力の始まりの姿を示すものが、保育所保育指針などに示される乳児保育の3つの視点です。自分の心身への関わり、人との関わり、物との関わりからなり、それが5つの領域に発展すると同時に、そこから資質・能力が伸びていきます。

　その幼児期の終わりの姿が「幼児期の終わりまでに育ってほしい姿」です。それは資質・能力の成長が5つの領域の内容のなかで具体化していき、姿として結実し、さらに小学校以降へと伸びていく様子を示しています。これが実践を見直す視点として使えるものとなります。

　このように、新たな考え方を取り入れながら、乳幼児期の教育の本質である環境を通しての保育の考え方を実践に具体的に即して解説したものが本シリーズなのです。

　このような大胆な企画を全面的にサポートしてくださった萌文書林編集部の方々に感謝するとともに、本書に登場することを快く承知していただいた子どもたちと保護者の方々、また保育の現場の実践者の方々に感謝申し上げます。

　平成29年の年末に

監修者　無藤　隆

本書はじめに

　幼稚園教育要領、保育所保育指針、幼保連携型認定こども園教育・保育要領のいずれも、領域「健康」のねらいは「健康な心と体を育て、自ら健康で安全な生活をつくり出す力を養う」ことにあるとしています。

　子どもたちは、保育者との安定した関係を十分に形成してからさまざまな環境に向かって働きかけていきます。保育者が工夫して構成した環境のなかで自発的な活動としての遊びが生まれ、遊びを通して心や体を動かす経験を重ねるなかで、健康な心と体が育まれます。そして、このような経験を通して安全についての構えも身につけていくことができます。

　保育の場には、さまざまな背景をもった子どもたちがいるでしょう。また、時代とともに子どもたちが影響を受けるものも変化していきます。しかし、遊びや生活を通して健康な心と体を育む重要性は、どの子どもにとっても、どの時代でも変わりません。本書の第4章から第7章では、実際の保育実践の場において保育者が子どもたちや保育環境に対してどのように関わり、子どもたちの心と体の健康がどのように育まれているのか、多くの写真を交えた実践事例を通して読み取ることができます。これらの事例の場面を想像して、「自分ならどのように関わるだろうか」と考えてみてください。このような学びの積み重ねが皆さんの引き出しを増やすことにつながり、実際の保育における支援を豊かなものにしてくれます。

　また、目の前の子どもにとってどんな支援が適切なのかを考える際に、第1章から第3章までの、子どもの健康に関わる諸理論を参考にしてください。自分の引き出しを適切に使い、実践に役立てるためには、自分なりに整理しておく必要があります。心身の発達についての基礎知識や、昨今の子どもたちの体力や運動経験の現状などについて学んでおくことが引き出しを整理するうえで役に立ち、保育現場での支援につながります。

　最後になりますが、『領域 健康』の新訂版をまとめるにあたってなかなか筆の進まない著者たちを温かく励ましてくださった、萌文書林の松本さんに感謝いたします。

平成30年1月

編者代表　倉持清美

領域 健康
Contents

シリーズはじめに
本書はじめに

第1章 幼児教育の基本

§1 幼稚園教育要領、保育所保育指針、幼保連携型認定こども園教育・保育要領における幼児教育の捉え方とは …… 10
1. 幼児教育の根幹／2. 育みたい資質・能力／3. 幼児期の終わりまでに育ってほしい姿／
4.「資質・能力」を育む3つの学び

§2 これからの0～2歳児の保育 …… 16
1. 非認知と認知能力／2. 養護と教育の一体性／
3. 0～2歳児の保育における「視点」から領域へ／4.「視点」と「領域」

§3 幼児教育の目的と領域 …… 19
1. 幼児期にふさわしく教育するとは／2. 小学校以上の教育の基盤として／
3. 家庭や地域の教育とのつながりのなかで／4. 子どもの発達を促すとは／
5. 保育内容がもつ意味

§4 環境を通しての教育 …… 24
1. 環境に置かれたものと出会う／2. 園という場が探索の場となる／
3. 子ども同士の関係のなかから始まる／4. 保育者が支える／
5. 子どもが活動を進め組織し計画する

§5 幼児教育の基本 …… 28
1. 幼児期にふさわしい生活の展開／2. 遊びを通しての総合的な指導／
3. 一人一人の発達の特性に応じた指導／4. 計画的な環境の構成

§6 保育者のさまざまな役割 …… 32
1. 用意し、見守り、支える／2. 指導し、助言し、共に行う／
3. 共感し、受け止め、探り出す／
4. あこがれのモデルとなる／5. 園のティームとして動く

§7 領域「健康」と他の領域との関係 …… 36
1. 領域「健康」のねらい／2. 他領域との関連／3. 領域「健康」を深める

第2章 子どもの育ちと領域「健康」

§1 乳幼児期を通しての運動能力の発達 …………………………………… 42
1. 身体の発達／2. 運動の発達／3. 発達の個人差

§2 情緒の安定 …………………………………………………………………… 49
1. 愛着／2. 自己肯定感／3. 児童虐待の現状と対応

§3 生活習慣の形成 …………………………………………………………… 53
1. 生活習慣の獲得／2. 心の安定と生活習慣／3. 園と生活習慣／
4. 生活習慣の獲得と発達／5. 未来をつくる生活習慣

§4 子どもの発達と事故 ……………………………………………………… 61

第3章 子どもの「健康」をめぐる現状と課題

§1 最近の子どもたち ………………………………………………………… 66
1. 最近の子どもたちの姿／2. 最近の子どもたちの遊び

§2 運動能力調査に見る子どもの心身の変化 …………………………… 69
1. 最近の子どもの体力・運動能力の傾向／2. 心の粘り強さの低下／
3. 体の動きの変化

§3 運動能力を低下させた原因 …………………………………………… 73
1. 園環境が運動能力の発達に与える影響／
2. 家庭や地域の環境が運動能力の発達に与える影響

§4 「健康」を支える集団保育の役割 …………………………………… 78
1. 気になる乳幼児の姿／2. 乳幼児の健康を支える保育者の援助／
3. 乳幼児期の動きの重要性／4. ふだんの生活における身体活動

第4章 子どもの健康と遊び

§1 乳児・1〜2歳児の遊び ………………………………………………… 86
1. 基本的な動作の獲得／2. 乳児・1〜2歳児の遊びと保育者の援助

§2 ルールのある遊び ………………………………………………………… 91
1. 事例から育ちを読み取る／2. ルールのある遊びを促す保育者の援助

§3 遊具を使った遊び ………………………………………………………… 100
1. 小型遊具の遊び／2. 大型遊具の遊び／3. 固定遊具の遊び／
4. 遊具を使った遊びにおける保育者の援助・配慮事項

§4 さまざまな遊び ……………………………………………………………… 118
　　1. 自然現象との関わりのなかで／2. いろいろな遊びに没頭するなかで／
　　3. さまざまな遊びのなかで子どもの動きを育てる保育者の援助
§5 子どもの興味を引き出す環境の構成 ……………………………………… 126
　　1. 遊具等の配置を考える／2. 戸外を積極的に使う／3. イメージを生かした教材づくり／
　　4. 計画的な活動の展開／5. 遊びをつなげて行事に生かす／6. 家庭・地域との連携

第5章　園生活と生活習慣

§1 園生活のなかで育む生活習慣 ……………………………………………… 150
　　1. 基本的な生活習慣／2. 遊ぶために必要な生活習慣／3. 遊びと片づけ
§2 園生活と食 …………………………………………………………………… 160
　　1. 一緒に食べることを楽しむ／2. 栽培や調理活動
§3 園生活と睡眠 ………………………………………………………………… 165
　　1. 低年齢児期の睡眠／2. 幼児期の睡眠
§4 園環境と当番活動 …………………………………………………………… 168
　　1. 当番の意識／2. 当番を引き継ぐ／3. 共に送る生活のなかで
§5 生活習慣を育む保育者の役割 ……………………………………………… 176
　　1. 共に生活をする—モデルとなる／2. 信頼関係を築く／
　　3. 一人一人を理解する／4. 共感する／5. 方法や内容を工夫する
§6 生活習慣と家庭との連携 …………………………………………………… 179
　　1. 乳児期における家庭との連携／2. 幼児期における家庭との連携

第6章　子どもの健康と安全教育

§1 安全教育の考え方 …………………………………………………………… 186
　　1. 安全な園生活を送るために／2. 安全教育と安全管理／3. 園内の事故／
　　4. 安全な社会生活を送るために
§2 遊びのなかで育む安全の意識 ……………………………………………… 191
　　1. 遊びへの意欲が大切／2. 身のまわりの道具と子ども／3. 園庭の遊具と子ども／
　　4. 水の事故と子ども
§3 計画的な指導によって育む安全の意識 …………………………………… 197
§4 事故が起きた場合の対応 …………………………………………………… 202

第7章 幼児教育の現代的課題と領域「健康」

§1 「健康」の現代社会における今日的課題 ………………………… 206
1. 生活リズムを確立する／2. 家庭・地域との連携

§2 「健康」と保育者の役割 ………………………………………… 208
1.「安定感」を育てる／2. 適切な環境を整える／3. 豊かな遊びを育てる／
4. 保育時間の長時間化にともなう課題

§3 生涯発達のなかで「健康」に関する学びを捉える ……………… 212

引用文献 ……………………………………………………………… 214
学生に紹介したい参考文献 …………………………………………… 217
幼稚園教育要領、保育所保育指針 ……………………………………… 218

※本文中の上付き数字[1]は、引用文献の番号を示しています。
引用文献は、巻末に章別に掲載してあります。

● 掲載写真について ●
　本書は保育事例・写真を多数掲載して編集いたしました。ご協力いただきました園や関係者のお名前は、奥付に「事例・写真 提供協力」としてまとめています。また、本書全体にわたって多くの事例と写真のご協力をいただいた5園については、下記のように園名を略して本文中にも掲載しております。

略　称	正　式　園　名
お茶大	お茶の水女子大学附属幼稚園
お茶大こども園	文京区立お茶の水女子大学こども園
学大小金井	東京学芸大学附属幼稚園小金井園舎
学大竹早	東京学芸大学附属幼稚園竹早園舎
学芸の森	学芸の森保育園

第1章

幼児教育の基本

―― この章で学ぶこと ――

乳幼児期にふさわしい教育を行う、その中核が「環境を通しての保育」の捉え方である。
子どもは身近な環境に能動的に関わり、その充実した活動すなわち遊びを通して
心身の成長が可能となる。それを遊びを通しての学びと呼ぶ。
そこで育っていく子どもの根幹にある力が資質・能力であり、
それが幼児教育の終わりまでに育ってほしい姿として結実し、さらに小学校以降へと伸びていく。

§1 幼稚園教育要領、保育所保育指針、幼保連携型認定こども園教育・保育要領における幼児教育の捉え方とは

1 幼児教育の根幹

　幼稚園教育要領第1章では、幼児教育の根幹を幼児期の特性に応じて育まれる「見方・考え方」として示している。幼児教育における「見方・考え方」は、「幼児がそれぞれ発達に即しながら身近な環境に主体的に関わり、心が動かされる体験を重ね遊びが発展し生活が広がる中で環境との関わり方や意味に気づき、これらを取り込もうとして諸感覚を働かせながら試行錯誤したり、思いを巡らせたりする」ということである。

　この体験というのは内面が動くことと言っている。だから、心を動かされる体験というのは、いろいろなことに喜んだり感動したり、ワクワクしたりする体験をすることである。そういうことを積み上げながら、子どもの主体的な遊びが発展していく。また、遊び以外の生活の場面が広がっていく。そのなかで環境との関わり方や意味に気づき、自分たちが環境に関わっていることがどういうふうにすればよくなるか、どういう意味をもっているかについて考える。環境の関わり方を知り、こうしたいと思う気持ちをもち、それを取り込んで、自分のものとして自分の力でやってみたいと思うことから試行錯誤が生まれる。これは体を使い諸感覚を使いつつ、思い巡らすことである。思い巡らすというのは、「じっくり考える」「あれこれ悩む」「こうかなと思う」「こうしようとする」といった、子どもの内面的な、知的であり情動的なことを表現した様子である。

　たとえば、子どもたちが砂場遊びのなかで水を流すとする。樋を使って水を入れていくときに試行錯誤するだろう。子どもたちのイメージとしては水が水路みたいにスーッと流れていく、だけれど、樋が短いから組み合わせていく。その時に4歳児で最初はいい加減にやっていると、傾斜が平らで流れなかったり、樋に隙間が空いていると水が漏れたりするし、そうしているうちに、たとえば樋を重ねるときに上流の樋が上になければならない、逆になっていると隙間ができてしまうとか、細かいことに気づいて台を工夫することを何度もやっていく。そこに身近な環境に主体的に関わっている姿がある。何とか水を流したいというあこがれのイメージをもち、そのうえで何度も工夫している。水を流したいという気持ちから生まれる物事の関連づけということがここでいう意味である。子どもにとって、実際に何かをやることで、さまざまな事

10

柄のつながりが見えてくる。そのなかで、自ら考えながら、保育者と話しながら何度もやっていく。そこには試行錯誤がある。同時に単に手先で適当にやっているわけではない。ランダムにやっているわけではなくて、一度上流の樋を上の方にすると気づけば、それが外れたらまた上に乗っけることをする。傾斜が適当にできたら、それが外れたらちゃんと直す。水の特徴に気づきながら、それを自分のものにしていく子どもの様子が見られる。

そう考えると、幼児教育の一番の中心は、この「見方・考え方」であって、それを子どもが自分のものにしていく過程であるわけである。それを保育者は援助していく。この「見方・考え方」が成立していく過程を「学び」と言っている。それが幼児期にふさわしい教育のあり方で、それが一番の中核になる。今回の改訂では、それが幼稚園・保育所・認定こども園でつながる根幹だということで明確にしてある。

そのうえでそれを小学校以降につないでいく必要があると考える。ここにもふたつの側面がある。ひとつは幼児教育と小学校教育のつながりをしばしばあまりに周辺的・断片的なことを見ていく傾向があるということである。そうではなく、子どもたちが学校教育を通して育っていくときに身につけていく力の根幹までさかのぼって整理していく。これを小学校・中学校で言えば、教科を超えて共通の子どもたちの力の根幹というものは何なのかということに戻って整理していくということになる。それを「資質・能力」と呼んでいる。小学校とこの資質・能力においてつながる。もうひとつは、あまりにそれが抽象的すぎるので、具体的に5歳児の終わりごろの子どもたちが見せる発達の姿を具体的に提示して、それを小学校につなぐとしてある。この二重の構成によって幼児教育と小学校教育のつなぎをしていく。

2 育みたい資質・能力

まず、根幹となる力について3つに分けてある。①は「知識及び技能の基礎」、②は「思考力・判断力・表現力等の基礎」、③が「学びに向かう力、人間性等」である。これは小・中学校において従来言ってきた、「知識・技能」と「思考力・判断力・表現力等」と「主体的に学習する態度」という学力の3要素に対応している。この3つの資質・能力は幼・小・中・高で大きくは同じであるとしている。また、幼稚園と認定こども園と保育所においても同様である。つまり、すべての幼児教育の施設と、基本的には小・中・高が共通の枠組みであるとしたわけである。その共通性を明らかにさせて、そのうえで幼児期の固有性というのを、先ほどの見方・考え方によって、幼児期らしく言い換えて、はっきりとさせていく。

まず1番目に、「知識及び技能の基礎」の部分（豊かな体験を通じて、感じたり、気付いたり、分かったり、できるようになったりする）である。これは、砂場の例でいうと、「水は高い所から低い所へ落ちる」くらいは3歳児でもわかるだろうが、「ちょっとした隙間があるとこぼれる」とか、もう少し大きくなると、「相当ゆるやかにすると水が流れない」、逆に「傾斜があると水の流れが速くなる」という傾斜度に気づいていく。実際に遊びながら特徴を見いだしていくのだが、これが知識及び技能の基礎となる。それは別の言い方をすれば「何

（what）」についてである。知識及び技能の基礎というのは、世の中にはいろいろなものやいろいろな人がいて、それぞれの特徴がわかるということであるし、それぞれの特徴に関われるということだと言える。水の特徴に気づく、縄跳びが跳べる、ウサギをだっこできる、ダンゴムシは丸まるなど、それぞれの特徴がわかる、知るとか、実際にウサギにとって心地よいように抱くことができるなどといった、個別的な事柄が実は幼児教育のなかでは無数に存在する。これをまず基本として捉える。

　2番目に、「思考力・判断力・表現力等の基礎」であるが、これは、「気付いたことや、できるようになったことなどを使い、考えたり、試したり、工夫したり、表現したりする」力である。では、「考える」というのはどういう場面で起こるだろうか。「考える」というのは、脳のそれなりの部分を使うことであり、活性化していると言ってよい。その意味での考えること自体は乳児のときからしていることである。

　ただ、大人は頭の中だけで考える。それは、幼児にはなかなか難しい。幼児の「考える」場面というのは、つまり先ほどの砂場に水を流すだとか、段ボールで窓を窓らしく作るとかなどで、それは子どものやりたいことや願いがあることによって「工夫する」という姿が出てくる。どう工夫すればいいか、ということで立ち止まり、そこで試行錯誤する。その手を止めて「エーと」と思うその瞬間に子どもの考えが生まれる。一瞬考えるなかで、子どもたちの試行錯誤と考える力が入り混じっている。気づいたこと、できるようになったことを使いながら考えたり試したり工夫したりするわけである。

　さらに、ここに表現も出てくるだろう。つまり、考えたことや工夫したことを互いに伝えるということである。それによって子どもたちの考える力はさらに伸びていく。伝え合うというのは対保育者や対子ども同士ということであるが、「ここのところを工夫した」「こういうふうにするといいんだよ」等をお互いに言えるようになっていく。そこに自分たちの考えることの自覚があり、自覚があることによってよりよく考えるところに結びついていく。

　3番目の「学びに向かう力、人間性等」であるが、これはまさに非認知的な力の部分である。根幹にあるのが学びに向かう力なのだと考える。つまり、幼稚園教育要領等でこれまで大切にしてきた「心情・意欲・態度」というものはまさに非認知的能力、あるいは社会情動的な力である。そこでは従来、態度の詳細があまり書かれていなかったが、そこをもう少しはっきりさせていく。「心情・意欲」はまさに「心が動かされ」「やりたい」「好きになる」「興味をもつ」という部分である。「態度」はそれをもとにして、「粘り強く取り組む」とか「積極的に工夫する」あり方を指している。意欲だけではなく、たとえば「好奇心」「やり遂げる力」「挑戦していく力」「人と協力する」等、さまざまなことが「態度」と呼ばれており、それによっていかによりよい生活を営むかが大切になる。子どもが自分たちが作った物、気

づいたものを使ってさらに遊びや生活を発展させるものということを指す。たとえば、5歳児がまず大きなお家を作って窓を開けてみる。その後、3歳児をそこに招待する、中でお茶会をする。そうするとテーブルを用意してお茶セットを置いて、3歳児を呼んできて……ということはひとつの遊びの活動が次に展開しながら子どもたちがそれを生かしてまた活動していっている。これこそが、「よりよい生活を営む」幼児像となる。

では、それは具体的にはどういうふうに実践していけばよいのか。幼児教育の具体的な中身は5領域にある。5領域というのは「ねらい」があって、それは「心情・意欲・態度」を中心とした、先ほど示した3つの資質・能力の部分であり、具体的には内容を指している。内容によって、とくに「知識及び技能の基礎」が育まれる。砂場を使うのか、水を使うのか等々のことが内容となる。

そのうえで10の姿というのを提示している。これは、5歳児修了までに資質・能力が育っていく際の具体的な姿として挙げられている。つまり、5領域の中で5歳児の後半で、子どもたちに育っていくであろう姿を取り出している。5領域の内容というのは、よく見ると、やさしめなものと難しいものが混じっている。「これは3歳児くらい」というものと「これは5歳児くらい」というものが混じっているのである。それとともに、小学校との関連において、幼稚園・保育所・認定こども園を共通化していくときに幼児期の終わりまでに、言い換えれば幼稚園、保育所や認定こども園で育っていく「子どもの最終像」を描いていくことが大切になると考えている。それを小学校へつなげていく。それは最終テストをしようという発想のものではない。5歳児の2学期・3学期の子どものあれこれ遊び・活動している様子を思い浮かべたときに、思い当たる節があるようなことを示している。「あれが育っている」「あの辺がまだ育っていないから、ちょっと10月から力を入れよう」等を10に整理してある。

3 幼児期の終わりまでに育ってほしい姿

10の姿を確認したい。①は「健康な心と体」で、幼稚園などの「生活の中で、充実感をもって自分のやりたいことに向かって心と体を十分に働かせ、見通しをもって行動し、自ら健康で安全な生活をつくり出すようになる」とある。これはまさに領域「健康」そのものである。5歳児後半らしさというのは「見通しをもつ」とか「生活をつくり出す」というようなところかと思われる。それらは3歳児もできなくはないだろうが、それをちゃんとするのは難しいというところで、やはり5歳児の姿であると思われる。

次に②自立心は、「身近な環境に主体的に関わり様々な活動を楽しむ中で、しなければならないことを自覚し、自分の力で行うために考えたり、工夫したりしながら、諦めずにやり遂げることで達成感を味わい、自信をもって行動するようになる」とあり、これはまさに非認知的な力になる。これも、たとえば「自覚して行う」とか「諦めずにやり遂げる」とか「自分の力で」というと年長らしさというものを感じるわけで、この辺まで育ってほしいと

保育者として願うのである。

　さらに、③協同性も同様である。「友達と関わる中で、互いの思いや考えなどを共有し、共通の目的の実現に向けて、考えたり、工夫したり、協力したりし、充実感をもってやり遂げるようになる」とあるが、これはまさに「人間関係」のなかに、「友達と楽しく活動する中で、共通の目的を見いだし、工夫したり、協力したりなどする」とあり、それを受けている。共有するとか工夫、協力するとかやり遂げるということが、年長らしさということになるだろう。

　そういった10の項目が用意された。その際に、この『幼児期の終わりまでに育ってほしい姿』は、資質・能力が5領域の内容において、とくに5歳児の後半にねらいを達成するために、教師が指導し幼児が身につけていくことが望まれるものを抽出し、具体的な姿として整理したものである。それぞれの項目が個別に取り出されて指導されるものではない。もとより、幼児教育は環境を通して行うものであり、とりわけ幼児の自発的な活動としての遊びを通して、これらの姿が育っていくことに留意する必要がある。

　この姿というのは5歳児だけでなく、3歳児、4歳児においても、これを念頭に置きながら5領域にわたって指導が行われることが望まれる。その際、3歳児、4歳児それぞれの時期にふさわしい指導の積み重ねが、この『幼児期の終わりまでに育ってほしい姿』につながっていくことに留意する必要がある。これは保育所・認定こども園なら、0歳、1歳からスタートすることになるだろう。そして、これが「5歳児後半の評価の手立てともなるものであり、幼稚園等と小学校の教師がもつ5歳児修了の姿が共有化されることにより、幼児教育と小学校教育の接続の一層の強化が図られることが期待できる」のである。また、小学校の教員に「幼児教育って要するに何ですか」と聞かれたときに、「この10の姿を育てることです」と返答することができる。逆に言うと、「小学校に行く子どもたちはこの10の姿が多少なりとも育っているところです」と言えるわけである。厳密にいうと「この子はここが弱い、ここは伸びている」というのがあると思うので、それに向かって育っていきつつあるということであり、その具体的様子は要録等で示していけばよい。言うまでもなく、幼児教育における評価は、テストしてということではなく、保育者が保育を改善するためにある。

　この上で、10の姿として実現していく「資質・能力」を育てていくというときに大切なのは、「プロセスをどうしっかりと進めていくか」ということである。具体的には「学習過程」という表現であるが、学校教育法上で幼稚園も「学習する」ことになっているので「学び」と呼んでもいいし、「遊び」と呼んでもよい。資質能力を育てていく、その学びの過程にあって、子どもたちが主体的な遊びをするなかで身につけていくプロセスを保育者はどう支えていくか指導していくか。その際のポイントを3つに整理したのが「主体的・対話的で深い学び」の充実である。

4 「資質・能力」を育む3つの学び

　この「主体的・対話的で深い学び」というのは幼・小・中・高で共通して使っている言葉であるが、幼児期には幼児期なりの意味で使っている。

　「①直接的・具体的な体験の中で『見方・考え方』を働かせて対象と関わって心を動かし、幼児なりのやり方やペースで試行錯誤を繰り返し、生活を意味あるものとして捉える『深い学び』が実現できているか」

　「②他者との関わりを深める中で、自分の思いや考えを表現し、伝え合ったり、考えを出し合ったり協力したりして自らの考えを広げ深める『対話的な学び』が実現できているか」と言われており、これは、他者と協同の関係、自分たちでやっていること・やってきたことを言い表し、伝え合うなかで深めていこうとすることである。

　「③周囲の環境に興味や関心をもって積極的に働きかけ、見通しをもって粘り強く取り組み、自らの遊びを振り返って、期待をもちながら、次につなげる『主体的な学び』が実現できているか」。これは「主体的」について、まさに幼児教育の中心の部分である。主体的な遊びを通して学びを実現していくことなのである。ここはまさに非認知的な能力を育てるということである。ここでのポイントはまず、興味や関心をもってまわりに働きかけるということ、2番目は見通しをもつことである。粘り強く取り組むというのは、見通しをもつことなのである。

　たとえば、「人の話を聞く姿勢」といっても、ただボーッと座っていればいいわけではない。ボーッと聞くか、しっかり考えて聞くかの違いは、見通しをもつかどうかの違いなのである。なかなか3歳児に見通しをもつことは難しいだろうが、4・5歳になると「何をめざしてこれを言っているのだろう」と考えることができるようになってくる。砂場に水を流すというのは、樋と水があるなかで先生に「流しなさい」と言われて流すということではなく、子どもにとっては砂場に海やプールのようなものを作ろうとするなかで、バケツやホースを使うのであろう。つまりは、何かしらのものを作ろうとしているイメージがあり、見通しをもっている。そういうなかで主体性は育っていき、さらに、自らの姿勢を振り返ることができるようになる。「今日どういう遊びをしたのか」、「その遊びのなかでどういう工夫をしたのか」というのを友達同士で伝え合うということ、クラスで先生が子どもに聞いて発表してもらう、「これはどう」と聞いてもらう、それが対話ということである。

　そう考えると、「深い学び」も、「対話的学び」も「主体的な学び」ももちろん相互に密接に関連し合っていて、「ここが主体的な学びの時間、こっちが対話的な学び、ここが深い学び」ではない。すべての基礎となっているのが、子どもがものと出会い、人とつながり合いながら、より主体的で対話的な深い学びを実現していく過程であり、それが幼児教育のなかで起きているプロセスなのである。それが、より高いレベルで充実したものになるための指導のあり方である。幼児教育がほかの教育と共通性をもち、いかに小学校教育以降につながって、しかも同時に幼児期としての土台を形成できるかということをはっきりさせているのである。

§2 これからの0〜2歳児の保育

1 非認知と認知能力

　保育において普通の言い方をすれば、「認知」というのは知的な力で、「非認知」というのは情意的な力とか人と協働する力ということである。「資質・能力」でいうと、「知識及び技能の基礎」は「気づくこと」と簡単には言えるが、それは知的な力の一面である。もう一面は2番目の「思考力等」で、それは考えること、工夫することであり、知的な力の中心だ。3番目の「学びに向かう力・人間性等」というのは「心情・意欲・態度」の育ちから生まれるとあるので、情意的な部分となる。「心情・意欲・態度」という「心情」は、気持ちとか感情であり、心が動かされると説明できる。「意欲」はやりたいと思うこと。「態度」というのは、保育内容でいうと粘り強くできるといった類のことを指している。だから粘り強く最後まで取り組むとか、難しいことにも挑戦してみるとか、みんなで一緒に考えていくというのを「態度」と言う。そのあたりを一括りにして「学びに向かう力」ということで、これを小・中・高共通の言い方にしようとしている。

　幼児期の終わりまでに育ってほしい姿を理解するとき、乳児期から始まるということが重要である。「乳児保育のねらい・内容」で3つの視点が示されている。第1が「自分の心身への関わり」である。2番目は「親とか保育士など身近な人との関わり」で、信頼感とか愛着を育てることから始まる。3番目は「ものとの関わり」で、ここに気づいたり考えたりという知的な部分の芽生えがある。

　なお、「健やかに伸び伸びと育つ」という部分で、心身について子どもが自ら健康で安全な生活をつくり出す力の基盤を養うということとしており、これが幼児期の終わりまでに育ってほしい姿とつながることがわかる。つまり乳児から始まって幼児期、さらに小学校・中学校との連続性を明瞭に出してある。また、身近なものとの関わりの方は、「考える」「好奇心」というのも入っている。乳児もまた当然ながら考えるのである。それは小学生や、まし

て大人とは違う働きでもあり、無意図的で無自覚的であるけれど、そこから発展していき、より意図的で自覚的な考えへと乳幼児期全体を通して発達していく。人間関係は段階的であり、まず愛着が成り立って、その次に1〜2歳児を見ていくと、仲間との仲良し関係が始まり、3歳以降に集団的な取り組みや共同的活動が始まるという3段階になっている。ベースとして愛着がまず先にある。

このように、いずれも発達的な展開として示してあり、視点で異なるが、いずれにしても乳児期からの連続的な発展というのが強く打ち出されている。

2 養護と教育の一体性

養護とは生命的な存在である子どもの生きることそのものの保障を言っている。生命の保持と情緒の安定という整理は、その身体とさらに心の基盤を整えるということを意味している。とくに保育側がそのことの責務を負っており、保育所なり認定こども園ではとくに幼い子どもがおり、長時間の生活があるので強調されるが、実はその用語を使うかは別とすれば、幼稚園教育でそもそも「保育」という用語を使い（学校教育法における幼稚園教育の目的）、保護という概念がそこで中核的な意味をもち、また児童福祉法の根幹にある理念としての「愛し保護すること」を受けている以上、当然なのである。

養護とは保育・幼児教育の施設の場という家庭から離れて不安になっている子どもを安心していてよいとするところから始まる。そこから、保育者との愛着・信頼の関係に支えられ、子どもの関心が徐々にその周囲へと広がっていく。すると、そこにほかの子どもたちがおり、いろいろなものがあり、さまざまな活動が展開していることに気づき、そこに加わろうとする動きが始まる。そこでの経験の保障が保育内容の5つの領域として整理されたものであり、その経験を「教育」と呼ぶのである。だから、養護に支えられた教育が「幼児教育」ともなり、将来の小学校以降の学校教育の土台となり、同時に小学校以降の教育を下に降ろすのではなく、身近な環境における出会いとそこでの関わりから成り立つ経験をその幼児教育としていくのである。

3 0〜2歳児の保育における「視点」から領域へ

実は乳児保育の「視点」は、5領域が成り立つ発達的根拠でもある。発達的問いというのは大体始まりを問題にする。身体に関わるところは比較的直線的に発達していく。物の辺りは広がりとして発達していく。人との関わりは対大人と対子どもと違うので階段的な展開をする。いずれにしてもその5領域が教科教育の手前にある乳幼児期に成立する土台であり、さらにその基盤がある。逆に、その上に発展の土台があって、その上に教科があるということなのである。全体を見ると、小・中学校の教科教育の発達的な基盤が乳児から始まることが明示されたと言えるのではないだろうか。そういう意味で、乳幼児から大人までの流れを発達的に規定して教育を位置づけるということになったのである。

子どもが主体的に環境と相互作用することで、その成長が保証されていくという原理は平成元年度から入っているが、子どもの主体的な生活、自発的な活動としての遊びを、専門家である幼稚園教諭・保育士が援助していくという構造が、平成20年度ではっきりとしてきた。計画としての保育課程、実現としての指導計画というカリキュラムがはっきりしている。それを受けて、幼児教育全体の原則が構造的に明示されたのである。

　「幼児期の終わりまでに育ってほしい姿」というのは方向性であると述べた。それは幼児期に完成させようとしているわけではない。乳児期から育っていく方向である。「姿」というのはさまざまな活動のなかで見えてくる子どもの様子である。かつ、保育者がていねいに見ていけば見えるような様子なのであり、現場で見えてくる部分を大切にしていこうというメッセージなのである。とくに、乳児保育から始まる子どもの姿であるのだが、幼稚園もゼロから始まるわけではなく、幼稚園に行く前に家庭での育ちがあり、さらに子育て支援施設などで集団経験がある程度あり、そういうところの育ちを受けて幼稚園がある。

4 「視点」と「領域」

　乳児保育では、たとえば8か月の赤ちゃんは、自分の体と相手となる大人、そしてそばにあるものとの関わりで始まる。それに対して保育内容というのは子ども自身がどう関わるかという、その子どもの関わりである。「保育内容」という場合には、まわりにいろいろなものがあるというところから出発する。人がいる、物がある、動物がある、植物がある、積み木があるというように、物や人や出来事の整理で、そこに子どもが出会っていくという捉え方をする。しかし乳児においては、子どもが関わるという行為そのものが先にあって、そこから対象化が始まる。それを「領域」と呼ぶと誤解を招くので、「関わりの視点」としている。関わるというあり方が重要なのである。乳児自身がまわりにどう働きかけるというか、まわりにどう関わるかということの視点である。小さい時期から人と関わるなかにいろいろなことが生まれてくるという、関わりから捉えるということを意味している。

§3 幼児教育の目的と領域

　幼児教育は家庭や地域の教育とつながりつつ、家庭で養育されてきた子どもの力をさらに家庭外にある諸々に向けて伸ばしていくものである。園でのさまざまな活動から子どもが経験することがしだいに身について積み重なり、小学校以降の学校教育やさらにはそこでの自立した生活への基盤となっていく。だが、それは単にのちに必要なことを保育者が一方的に述べれば身につくということではない。幼児期の特性に配慮してそれにふさわしい指導の仕方がいる。だが、逆にまた幼児期にふさわしく、子どもが喜ぶなら何でもよいのではない。発達の大きな流れを形成して、将来に向けての基盤づくりともなるべきなのである。

1　幼児期にふさわしく教育するとは

　幼児期にふさわしいとは何をすればよいのだろうか。活動であり、遊びであり、また生活である。それは教育の方法であるように思えるが、同時に、教育の内容に関わり、さらに幼児教育の目的に関わってくる。そこで可能であり、望まれることが何かということから目的や内容が規定され、実際にはどのように行ったらよいかで方法が定まるが、そのふたつが別々のことではないというのが、この時期の教育の基本となる特徴なのである。

　幼児期はとくに幼稚園においては（基本的には保育所や認定こども園でも）、家庭で育ってきた子どもを受け入れ、一定の空間（園のなか）と一定の時間（4時間程度）、ある程度の人数の同年代の子ども集団のなかで、育てていく。それが小学校教育へと引き継がれていく。たとえば、小学校教育ではこれこれのことをする。その前の準備の段階でこういったことができていると便利なので、そうしてほしいという声がある。それはもっともだが、そのうち、どれが幼児期にふさわしいことなのかどうかの吟味がいる。さらに、小学校側で必要とは意識されていないが、実は幼児期に育てていることはたくさんある。

　だからまず、幼児期に子どもは幼稚園といわず、保育所・認定こども園といわず、どんなことを学び、どんなふうに育っているのかを検討し、それをもとに、そこをさらに伸ばすとか、特定の点で落ち込みがないようにするということが基本にある。その全体像のなかで特定のことの指導のあり方を問題としうる。そういった子どもがふだんの生活で行い、学び、また教わっているであろうことを、もっと組織的に、また子どもが積極的に関わるなかで、さまざまな対象について、園のなかで関わり、そこから学んでいくのである。その意味で、幼児期の教育は子どものふだんの学びの延長にあり、その組織化と集中化にあるのである。

2 小学校以上の教育の基盤として

　小学校以降の学校教育はふだんの生活ではあまり出会わないことについて、しかし、将来必要になるから、教室の授業で学んでいく。専門家になるために、また市民生活においてある程度は必要であることではあるが、といって、ふだんの生活で子どもにそれほど理解でき、学習可能なように提示されない。見よう見まねでは学ぶことができないことである。かけ算の九九を、とくに筆算としてふだんの生活の延長で学べるとはあまり思えない。文章の細部の表現の精密な意味を考え、何度も文章を読み返して考えるという経験もほとんどの子どもはしそうにない。そこで、小学校では教師が教科書を使って、ていねいに初めからステップを踏んできちんと理解し記憶できるように教えていくのである。

　幼児期に生活と遊びをもとに学んでいくというのは単にそういったやり方が導入しやすいとか、楽しいからということではない。学ぶべきことが生活や遊びの活動と切り離せないからである。またそこで子どもが行う活動の全体とつながったものだからである。

　たとえば、小学校の算数で図形の学習が出てきて、丸や三角や四角について学び、さらに面積の求め方を習う。では、幼児期はそのような形を身のまわりから探し出して、命名したり、簡単な図形を比べたりすることだろうか。実はそうではない。実際に幼稚園の生活を見てみると、そこで出会う図形とは、たとえば、ボール遊びのボールが球であり、積み木遊びの積み木が四角や三角である（正確には、立方体や直方体や三角柱）。机だって立方体のようなものだ。子どもにとって規則性のある形が印象に残るのは立体図形であり、それを使って、図形の特徴を利用した遊びをするときであろう。ボールはまさに球として転がるから遊べるのである。積み木は四角は積み重ね、三角はとがったところに使う。子どもの遊びや生活のなかにあって、身体を使って持ったりさわったりできて、形の特徴が顕著に利用されるものが基礎として重要である。

　学ぶべき事柄を生活や活動の文脈から切り離して、教室のような場で、言葉をおもに使って説明を受けて学ぶのは幼児の時期にはまだ早い。この時期は身のまわりにある諸々について関わり、その関わりから多くのことを少しずつ積み重ねていくのである。

　その積み重ねを発達の流れといってもよい。どんなことでもその流れのなかで獲得されていく成果であり、あくまで後から見ると、ひとつの成果となっていても、その背後には長い時間をかけてのさまざまな活動からのまとまりとして成り立つものなのである。45分座って人の話を聞くとか、鉛筆を持つということでも、ある時期に訓練して成り立てばよいのではない。人の話を聞くのは姿勢を保つだけではなく、その内容に興味をもち、自分が知っていることにつなげつつ理解を試みていく長い発達の過程が乳児期から始まって生じている。

筆記具にせよ、クレヨンで絵を描くことから色鉛筆を使うこと、大きな画用紙に描くことや小さな模様を描くこと、手先の巧緻性を要するさまざまな活動に取り組むこと等が背景にあって、初めて、鉛筆をちゃんと持ち、小さな字を書くということが可能になる。

　さらにそういった小学校の学習活動を可能にする前提として学びの自覚化、自己抑制ができるようになるということが挙げられる。算数の時間には算数を学ぶといったことが可能なためには、やろうとすることを自分の力で切り替えて、続きは次の機会にして、今は目の前のことに集中するなどができる必要がある。そういったことはまさに幼児教育で少しずつ進めていることである。時間割を入れて行うということではなく、やりたいことをやりつつも、ほかの子どもに配慮し、園の規則を守り、適当なときに遊びを終わらせる、などができるようになっていく。そういった広い意味での学校への準備は気づかれにくいが、最も大事なことである。

　実はその前には、やりたいことをするということ自体の発達がある。自己発揮とは、何も自己が確立していて、それを発揮するという意味ではない。まわりのさまざまなものが何であれ、それに心が動いて、何かやってみたくなり、実際に試し、それをもっと広げていく。そういった遊びのような自発性のともなった積極性のある活動が成り立つことをいっているのである。何にでも好奇心を燃やし、それに触れたり、いじったり、試したりして、その結果を見て、もっとおもしろいことができないかと考えてみる。そこに実はその後の学習の原点があるのである。

3 家庭や地域の教育とのつながりのなかで

　たとえば、小学校以上の教育でも、家庭や地域の教育のあり方とつながり、連携して進められる。だが、その教育内容も教育の方法も、学校という独自の場で学校ならではの事柄について教えることで成り立つものである。それ自体が直接に家庭や地域での活動やそこでの学びとつながるというわけではない。

　だが、幼児期の場合、そこで活動し学ぶことは家庭や地域でのことの延長にある。だからそのつながりはいわば内在的であり、だからこそ、幼児教育ということで、家庭や地域での教育を含めて、園の保育を考えるのである。

　そこで、子どもの発達の全体に対して、園と家庭と地域が総体として何を可能にしているのかの検討は不可欠である。ある程度の分担があり、ま

た重なりがあるだろう。家庭で親子・家族の関係のなかで、また慣れ親しんだ場において、日々の繰り返しのような活動を子どもは営んでいる。その多くは親に依存し、親にやってもらっているだろう。そうなると、園においては、子どもだけでやれることを増やすべきであろう。また、

発達としてもそのほうが伸びていくに違いない。といって、何でもできるというわけにはいかず、むしろ、とくに注意を向けたことのない多くのことにできる限り関わりを増やそうとしているのだから、初めはほとんどのことができないだろう。だから、そこに助力が必要になる。

　多くの家庭でやっていることであれば、改めて園であれこれとその種の活動を初めからすべて行う必要はないだろう。家庭で少々やっているが不十分であるなら、園で行うことになる。家庭でやってはいるが、漠然としていて明瞭な形でないため、園では正面切ってきちんと学ぶようにするかもしれない。子ども同士の集まりのなかで互いの関係を取り結び、小集団さらに大きな集団へと活動を展開するようなことは、地域での子ども集団がほとんど成り立っていない現在では、とくに園に求められるだろう。

　そういったことの見通しのうえで、子どもにとって必要な経験を保証していくために、保育内容を定めている。必要な活動から子どもは内容に即した経験を得て、それを広げ、深めるなかで発達を遂げていく。

4 子どもの発達を促すとは

　幼児期の教育を子どもの発達を促すこととして捉えた。しかし、その発達とはさほど自明のことではない。発達学とか発達心理学とかで扱うものが、幼稚園での保育での大まかの流れを規定するのではあるが、その保育の実際にまで立ち入るものではない。むしろ、そこでいう発達とは、家庭・地域・園がつながるなかで子どもが経験し、その経験が相互に重なりながら、次の時期へと発展していく大きな「川」のようなものだとイメージするとよいだろう。たくさんの支流があり、また分岐し、合流しつつ、しだいに川は大河となって流れていく。その川の流れやまわりの景色の様子を記述していくと、発達が見えてくるが、それはかならずしも細部まで固定したものではない。大まかな川筋の線だけが決まっていて、あとは、実際の子どもを囲む環境や人々や文化のあり方でその詳細が成り立っていくのである。

　そういった総体が発達を進めていくのはよいとしても、そこで、とくに園において専門家である保育者がその発達を促すとはいかにして可能なのだろうか。すでに生じている・動き始めているところを促すのである。だから、すでに起きているところを見定めつつ、さらにそれが進むように、関連する活動が生じるような素材を用意する。すると、子どもがその素材に関わり、その素材をもとにさまざまな活動を展開する。その活動の流れのなかですでに生まれている発達の流れをもとに学びが成り立ち、子どもはいろいろなことができるようになったり、気づいたり、その他の経験を深めるだろう。その経験が子どもにとってその発達に入り込み、発達を促すことになる。

　だから、どういった発達を促し、そこでいかなる学びを可能にし、どういった経験が結果していくかを保育者は見定めて、環境にしかるべき素材を用意する。またその素材へどう関わると、とくにそういった学びと経験と発達の経路が成り立つかを考えて、それを刺激し、動かしていくであろう活動を支え、助言し、ときに指示していくのである。

5 保育内容がもつ意味

　幼児期の特徴の大きなものに、その発達は物事への関わりのなかで、いわばそれに含み込まれるところで進むということがある。その物事の種類が保育内容である。その意義はふたつに大きく整理できる。

　ひとつは、家庭から学校への移行の期間としての幼児期において、子どもはこの世の中を構成する諸々と出会い、そこでの関わりを通して、次に成長していくであろうさまざまな芽生えを出していくということである。そういった諸々とは、たとえば、人であり、動物であり、植物であり、砂であり土であり、積み木でありすべり台である。あるいはまた自分自身であり、自分の身体である。また、他者とコミュニケーションをとるための手段であり、とりわけ、言葉であり、また自分の考えや感じ方を表す表現の方法であり、表現されたものである。そういったものが、健康、人間関係、環境、言葉、表現といった具合に大きくまとめられている。

　そういった物事についてそれが何であり、どのようにして成り立ち、どのようにいろいろな仕方で動くかということをわかるだけではなく、それに対して自分がどのように関わることができて、どのような経験が可能なものなのか、自分がそこで考え、感じ、さらには感動することがあるのか、その様子はどのようなものかなどが感性的に把握できるようになる。それが幼児期の発達である。

　もうひとつは、その対象をいわば素材にして、自分がそこでもがき、感じ、考えることが大事だということである。子どもは抽象的なことを相手に学ぶわけではない。生活はつねに具体物からなる。そこで子どもが能動的に関わるとき、それが遊びという活動になっていく。そういった遊びや生活が幼児期の特徴だということは、保育内容を切り離して、子どもの活動はあり得ないということである。しかも、その活動が展開し、そこで子どもの経験が深まるには、その対象となる物事の特質に応じた独自の関わり方が不可欠である。何でもよいからそれに触れれば、そこにおのずと子どもにとって意味のある経験が成り立つのではない。その物事にふさわしいあり方を子どもは模索するのである。とはいえ、子どもの遊びにおいては、かならずしも大人の正答とか正しい規則にのっとらねばならないのではない。物事は実に多様な可能性を秘めているから、むしろ幼児期はその可能性を逐一試していき、そのうえで、正しいとか適切だとされる関わり方の方向へと習熟していくのである。

§4 環境を通しての教育

　幼児教育は園の環境を通して、そこでの子どもの出会いを通して成り立つ。その経緯をていねいに追ってみよう。

1 環境に置かれたものと出会う

　子どもは園の環境に置かれたものと出会い、そこから自分でできることを探し、取り組む。むしろ、園に置かれたものからやってみたいことを誘発されるというほうがよいだろう。すべり台を見ればすべりたくなる。積み木を見れば積みたくなる。

　とはいえ、園にはルールがあり、何でもしてよいというわけでないことは入園したての子どもでもわかる。また、さわりたくなっても、実際にどうしたらよいかがすぐにわかるとは限らない。保育者が説明をしたり、見本を示すこともある。ほかの子どもがやっているのを見て、まねすることもある。ある3歳の子どもが入園後すぐに砂場に入り、どうやら初めてらしく、おずおずと砂に触れていた。砂を手ですくい、それを何となく、そばにまいていた。そのうち、まわりの子どもの様子を見ながら、手で浅い穴を掘り始めたのである。おそらくほとんど初めて砂に触り、砂場に入ったのだろう。砂の感触もなれないだろうし、穴を掘ることもわからない。何より、そこでのおもしろさがピンとこない。でも、一度始めると、ほかの子どもの刺激もあり、自分で始めたことを発展させていくことも出てくる。何より、自分がしたことの結果を見て、さらに何かを加えていくことにより、工夫の芽があらわれる。

　どうしてもっと簡単に保育者が使い方を指導し、正しいやり方を指示することをなるべく避けようとするのだろうか。ひとつは、園に置かれたもの、またそこにいる人、そこで起きている事柄は実にたくさんあり、その一つ一つを保育者が指示するより、子どもが見て取り、自分で始めるほうがいろいろなことについて学べるからである。

　また、どのもの・人をとっても、多様な可能性の広がりがあり、その動かし方の全体を知ることが必要だからである。積み木は置くだけではなく、叩くことも、転がすこともできないわけではない。置き方だって、上や横や斜めといろいろとある。置いて見立てることも、その上を歩くことも、ものを転がすことも可能だ。体の動き自体だって、数百という体中の関節での曲げ方や回転の仕方とその組み合わせだけでも膨大な可能性があり、その一つ一つ

を子どもは経験することで、その後のもっと組織的な体の動かし方の基礎ができる。そういった経験のうえに、場に応じ、対象の特性を考慮し、目的にふさわしい使い方を習得するのである。

　園に置かれたものとは、子どもがいわば世界に出会い、その基本を学ぶための一通りの素材である。おそらくどんなところであっても、人間として生きるのに必要な最小限の出会うべき対象があり、関わりがあるだろう。水や土や風や光といった自然や、動植物、さまざまな人工物、いろいろな人、自分自身、そこで可能な社会的文化的に意味のある活動。そういったものへの出会いを保証する場が園である。

2　園という場が探索の場となる

　園にはいろいろなものがあり、さまざまな子どもがいて、絶えず多種多様な活動が並行して生じている。小さな子どもにはめまいがするほど、することのできる可能性が目の前に繰り広げられている。だが、それらのほとんどは眺めていると楽しくて時が過ごせるとか、ボタンひとつでめずらしい光景が展開するというものではない。いくら積み木を眺めていても、自動的におもしろいことが起こるわけではない。あくまで子どもが関わって、おもしろいことを引き起こすのである。いや、子どもが初めて、動かし、工夫し、発見し、思いつくからこそ、楽しいのだろう。一見、何でもないようなものを一転させて、変化をつくり出せることがおもしろいのである。

　そういったものが園にはほとんど無数に置いてある。保育者がとくにそういった意識をもたないような何でもない隅っこや単なる都合で置かれたものでさえ、子どもはそうした遊びの素材に変えてしまう。雨の日に、雨樋から水がポトポトと垂れてくれば、それに見ほれ、入れ物を置いて、水を溜めてみたり、音を楽しんだりするかもしれない。

　園のどこに何があり、そこで何が可能かを子どもはしだいにわかっていく。それでも、季節や天候により何ができるかの可能性は広がる。ほかの子どもが楽しそうに遊んでいれば、そういうこともできるのかと新たな気づきもある。自分の技術が向上すれば、また可能性が大きくなる。「園は子どもの宇宙である」と私はあるところで述べたことがある。

　園のいろいろな箇所に子どもが動く動線を毎日重ねていってみよう。その無数の線が重なっていくに違いない。そのさまざまな箇所で子どもがする活動や動き方の種類も広がっていき、動線の重なりをいわば立体化し、時間の流れのなかでの展開をイメージしてみる。子どもは園という生態学的環境の一部になり、そこでの潜在的可能性の探索者になるのである。

3 子ども同士の関係のなかから始まる

　子どもの間の関係はまた独自の活動のあり方を構成する。園の物理的なものの場のあり方とは異なる独自の人間としての関係を子どもは取り結ぶからである。園は子どもが見知らぬところから互いに親しくなり、協力の関係をつくり出す経験をする場でもある。子どもは園においてほかの子ども、すなわち対等につきあう相手に出会うのである。

　子ども同士の関係は友情という心理的人間関係にいずれ発展していくが、まずは共に遊ぶということから始まる。平行遊びという言葉があるように、たとえば、砂場で一緒にそばで遊んでいつつも、しかし互いに話し合ったり、明確に模倣し合ったり、共に同じものをつくるということはまだない。だがどうやら一緒にいるということはうれしいようである。実はそういった関係はある程度協力して同じものをつくったり、遊んだりするようになっても続いていく。大型積み木を使って、ふたりがともに「遊園地」をつくっていた。しかし、時々どうするか話し合ったり、遊んだりするものの、大部分の時間はひとりずつで組み立てている。ただ、5歳児くらいになると、分担して、各々が何をつくっているかを互いに了解し、また全体のテーマに合うように工夫している。大事なことはそのものを使う遊びに関心があって、その遊びがいわばほかの子どもを巻き込むようにして、広がることを基本形としているところにある。

　といっても、子ども同士がもっと直接に交渉することはしばしば見られる。交渉があまり生じていなくても、数名が一緒に動きまわるといったことは始終ある。そこでは、同じようなことをするということ自体に喜びを感じているようである。相手がすることと同じことをする。相手が跳び上がれば、こちらも同じように跳び上がり、楽しい感情が伝染し、その感情に浸っているようである。人間関係は、共にいることの楽しさといった感情を中心に成り立つ。

　しだいに特定の相手との安定し持続した関係が生まれる。園に朝行くと、特定の子どもを探し、いつもその数名で動く。またその子どもが来たら、何も文句を言わずに仲間に入れてやる。だがその一方で、始終、遊ぶ相手が変化し、毎日入れ替わるのも幼児期の特徴である。子どもは園でのさまざまな子どもと遊ぶことを通して、さまざまな人柄の人とのつきあい方の学びをしているのである。同時に、特定の人と親しくなるという経験も始まっている。

　子どもが同じ目標をもって、互いにそれを実現しようと、相手に配慮し、話し合ったり、工夫したりして、活動することは、つまり協力する関係が成り立つことである。子ども同士の関係は親しみを感じるということと、目標に向けて協力するということの両面をもち、そのつながりが濃密であることに大事な意味がある。

4 保育者が支える

　園が単に子どもが集まり、安心して遊べる公園以上の意味をもつのは、保育者が園の環境を整え、また随時、子どもの活動を支えるからである。その支えは専門的なものであり、その専門性が何であるかを理解し、それを身につけることにより、初めて、プロとして一人前になる。そこには、ピアノを弾くといった個別の技術を必要とするものがあるのだが、根幹はこれまでも述べてきたような子どもの活動を促し、子どもの深い経験を支えていくことにある。この点は節を改めて、後ほどさらに詳しく述べよう。

5 子どもが活動を進め組織し計画する

　子どもは環境との出会いから活動し、学んでいく。そこではただそのものを眺めたり、誰かと一緒に定まったことをしていても、子どもの経験として深まっていかない。何より、子どもがその子なりにやってみたいと心が動くことが肝心である。そうなって初めて、子どもの力が存分に発揮され、またまわりのものや人を利用しようという気持ちも生まれる。といっても、実際には、何かを眺めて、そこでおもしろく思って、すぐに活発に工夫して取り組むとは限らない。まず取りかかる。そこでふとおもしろくなる可能性に気づく。さらにやってみる。だんだん、楽しくなる。こうしたらどうだろう、と工夫も出てくる。そういった対象と子どもの間のやりとりが成り立って、活動は発展していく。その過程で子どもがもつ力や好みその他が発揮され、またまわりを巻き込んでいくだろう。

　子どもにとって園の環境が大事だとは、単に図書館のようにまた公園のように、子どもに有益な遊具その他の素材を配列して、順番にそれに接するようにすることではない。子どもが対象とやりとりをして、ほかの子どもとの協同する関係に広がる一連の過程を刺激し、持続させていくところにある。

　そこから、子どもは思いついていろいろなことをする楽しさや、どんなことでも関わり試してみると、おもしろい活動が広がるものだということをわかっていく。まわりのいろいろなことへの興味が生まれ、それがその後の大人になるまでの長い生活や学習の基盤となる。さらに、試してみることから、もっと計画して、こうやってみようと先をイメージして、そこに向けて、自らのまたまわりの子どもの活動を組織することの芽生えも出てくる。そういったことが園の環境において成り立つことが幼児教育の核である。

§5 幼児教育の基本

以上述べてきたことを改めて、幼児教育の基本として整理してみよう。

1 幼児期にふさわしい生活の展開

　子どもは園のなかでたとえば、造形活動を保育者の説明のもとに行うといった活動もする。だが、それは小学校の授業とはかなり異なっている。明確な時間割というわけではない。その製作はたとえば、七夕の笹の飾りというように、行事やその他の活動に用いるためである。また、とくに保育者が指示しない自由遊びを選ぶ時間でも子どもが造形活動を行えるように、部屋にはクレヨンや絵筆や紙などが用意してあり、やりたいときに使えるようにしてある。そして設定での造形活動はそういった子どもが自発的に取り組む活動への刺激にもなり、またそこで使えるような技法の導入をも意図している。逆に、そういったふだんやっていることが子どもの設定での活動の工夫としてあらわれてもくるだろう。子どもが、たとえば日頃から親しむウサギやザリガニを絵に描くことがある。そういう毎日のように世話したり、遊んだりする経験がもとになり、豊かな絵の表現が生まれてくる。

　そもそも、子どもが朝、園に来て帰るまでのその全体が子どもにとっては生活である。そこでは、服を着替えるとか、トイレに行くといったこと、お弁当や給食を食べることも含めて、保育の活動である。幼児期にはそういったことも生活習慣の自立として大事だし、また、子どもが自分でできるようになるという自信を得るためにも大事な活動となる。そういった流れのなかで子どもの遊びの活動は生まれているし、設定の活動だって、意味をもつ。さらに、設定の活動と子どもの自由な時間の遊びがさほどに違うともいえない。子どもが興味をもって集中するように設定の活動を行えるようにするには、子どもの遊びの要素を組み込む必要がある。逆に、ふだんの遊びだって、それが子どもにとっておもしろくなり、発展していくには、保育者の助力が不可欠である。

　幼児期の生活は子どもにとって遊びと切り離せない。衣食住の生活自体と遊びそのものは異なるが、その間はつながりが深く、すぐに生活から遊びへ、遊びから生活へと移行するし、重なっていく。またそこで体を使い、実際に関わり、動いていくところで、子どもにとっての経験が成り立つ。

2 遊びを通しての総合的な指導

子どもの行うどの活動をひとつとっても、そこには保育内容の領域でいえば、さまざまなものが関係している。たとえば、大型の積み木遊びをするとしよう。子どもは想像力を働かせ、どういった場にするか、どこを何に見立てるかと考えるに違いない。そこにはさらに言葉による見立てや言葉を使っての子ども相互の了解が行われるだろう。互いの意見の調整があり、誰を仲間に入れるか、誰をごっこの役割の何にあてるかでも、子ども同士のやりとりがなされる。

積み木を積んでいくのだから、そこには手の巧緻性が必要となる。ずれないようにしっかりと積まないと、何段も積むことはできない。斜めの坂にしたり、門にしてくぐれるようにしようとか思えば、どうやれば可能かと考える必要もあり、試行錯誤からよい工夫を編み出すことも出てくる。積み木というものの特性を考慮し、ものの仕組みのあり方を捉えていく必要もある。さらに、三角や四角（正確には三角柱や立方体や直方体）の形を生かそうともする。積んでいくのは四角い積み木であり、上には三角を置いて、屋根みたいにする。平たい板を使って坂にする。形の特性の利用がなされる。

こう見てみると、ひとつの遊びのなかに、領域健康（手先の運動）、人間関係（友達同士の交渉）、環境（仕組みの理解や図形）、言葉（見立てやりとりの言葉）、表現（積み木の組み立ての全体が表現）のすべてのものが関係していることがわかる。小学校につながるという面では、生活科（遊び）、算数（図形）、国語（言葉）、図工（表現）、道徳（一人一人の子どもの意見を生かす）、等々につながることも理解されよう。

遊びが総合的であるとは、そういった多くの領域が遊びのいろいろな面を構成するからであるが、さらに、もっと未分化な遊びのなかの子どもの心身の躍動があるからである。子どもの心も思考も遊びの展開のなかで生き生きと動き始め、子どもの体の動きと密着し、分けがたいものとして、流動し、形をなし、活発化し、また静かになり持続する。その基底にある経験の流れからそれが対象につながり、活動を引き起こすことで内容に関わる気づきが生まれていく。

3 一人一人の発達の特性に応じた指導

子どもはその時期にふさわしく、時期に固有の発達の経路をたどって、進んでいく。その大きな道筋はどの子どもをとっても、ほぼ共通である。だが、その流れを仔細に見ると、ちょうど川は上流から下流に流れ、海に注ぐのは同じで、その上流・下流といったことに伴う

特徴も大きくは共通である。だが、一つ一つの川は独自の道をたどり、勢いも異なり、幅も違うし、まわりの光景もさまざまである。それは川の独自性であり、その土地の様子や気象風土、天候などにより異なるのである。子どももまた、大きな筋は共通でも、子どもの生来の気質、それまでの家庭の養育条件、誰が友達となったか、子ども自身がどのように遊びを展開してきたかなどにより、経験が少しずつ異なり、発達の独自性が生まれる。

さらに、子どもが特定の対象に関わり、そこで繰り返し活動するなかで、ある程度はどの子どもにも共通する流れとその踏んでいく順序が成り立つ。すべり台であれば、初めはおずおずと段を登り、すべるにしても緊張して少しずつ足を突っ張りながらすべるだろう。だが、しだいに慣れていき、すべりを楽しむようになる。次には、すべり方を変えてみたり、誰かと一緒にすべったりもする。すべり台の板を逆に登ってみるなどの冒険もするだろうし、腹ばいとか段ボールを使ってすべるなども出てくるかもしれない。

そうすると、発達を3つの水準で考えることができる。第1は、大きな時期ごとの流れであり、大まかでかなりの幅がある。第2は、その場への適応を含んだ、対象との関わりの進化である。第3は、子どもによる独自の経験による、その持続と展開の流れであり、それは一人一人異なる。

保育者はつねにその3つを念頭に置き、一般的な年齢や時期の特徴だけではなく、対象に応じて、また一人一人の発達の流れのありように応じて、活動を計画する。大きな枠としての計画と、そこでの対象に対する技術指導を含めた適応や習熟への指導、さらにひとりごとへの配慮を並行して考えるのである。

4 計画的な環境の構成

繰り返し述べてきたように、幼児教育の基本的なあり方は、園にさまざまなものを置き、そこへの関わりを誘導することである。だとすると、保育者が子どもに相対し、どう関わり指導するかということ自体とともに、どのように園の環境を整え、子どもの活動を導き出すための素材とするかに十分に配慮する必要がある。

一年中置いてあるいわば基本素材というものがある。保育室や庭の空間がそうである。

それが、走りまわったり、運動遊びや踊りをおどったり、遊具を取り出して展開する場となる。また保育室には絵を描く道具や紙が置いてあるだろう。セロハンテープその他の文房具類がある。紙やテープや段ボールが置いてあることも多い。コーナーに積み木があったり、ままごと用の台所セットや衣装が置いてもある。庭に出ると、すべり台やブランコや砂場がある。砂場のそばには水道があり、バケツやスコップが使えるようになっている。

ちょっとした木立があり、そこには虫なども来るかもしれない。飼育小屋があり、動物を飼って、子どもが世話をしたり、遊んだりする。果実のなる木があったり、畑があり、栽培やその後の活動が可能となる。こういった年中あるものは動かせないものもあるにしても、大体は毎日のように子どもがしたがり、またするほうがよい活動に対応している。

　その時々で保育者が入れ替えたり、出したり引っ込めたりするものもある。壁面構成などは適宜変えていき、そのつどの子どもの活動の刺激剤となるべきだろう。秋の活動となるなら、ドングリや柿の実やススキなどを飾っておくかもしれない。部屋の絵本もそういった秋の素材に関わる図鑑とか、物語絵本を揃える。ある時期に保育者が導入することもあるだろう。編み物を教えてみる。そのための道具はいつも部屋にセットしておく。

　環境に年中置かれていながら、変貌を示すものもある。落葉樹があれば、落ち葉の季節に注目を浴びる。季節の変化に応じて、夏ならプールが出され、水遊びが展開する。花びらを使った色水遊びも行われる。冬は氷に興味をもち、どこならできやすいかを試してみる。

　そのつど、生まれる環境や呼び込まれまた出ていく環境もある。激しい雨の後に絵を描くとか、虹を見ることができた。小学生や中学生が訪問してきた。外に出て、散歩をして、近所の小川で遊び、ザリガニを捕まえる。

　子どもにはできる限り多様な環境を用意する。だが同時に、そこでの活動にじっくりと取り組むことを可能にして、経験を深める。環境との出会いからいかなる活動が生まれるかが肝心な点であり、それを見越した環境の構成が求められる。

§6 保育者のさまざまな役割

　保育者が園の環境を保育のための場と転換させる鍵である。どのように助力し、指導するかで、子どもの活動の幅も多様さも集中力も工夫の度合いも大きく変わってくる。その保育者の働きはいくつかに分けることができる。

1 用意し、見守り、支える

　子どもから離れ、子どもを見ていく働きである。環境を構成することは準備であるが、その日の保育を予想しつつ、行うことである。そのうえで、実際の保育の活動が始まり、子どもが遊びを進めていくとき、保育者は子どもの様子を見守り、必要ならいつでも助力に行ける体勢で、クラス全員の子どもの一人一人がどのようであるかを捉えていく。安全への配慮を含め、保育者は特定の子どもとのやりとりにあまり長い時間を費やすことを避けて、どの子どももその視野に入れるようにする。

　すぐそばでまた遠くから、子どもが何をしているかだけでなく、落ち着いているか、何か問題やもめ事が起きていないか、楽しそうかなどを把握できるものである。あるいは一通り遊んではいるが、どうやら遊びが停滞しているようだとか、いつもと同じことを繰り返しているだけではないかといったことは、そばに寄らないとわかりにくいが、捉えるべきことである。

　子どもは保育者に見守られているということで安心して遊びに没頭できる。困ったら相談し、助けを求めることができる。どこに行けば、保育者からの助力を得られるかがわかっている。その際には、保育者はよい知恵を出してくれるし、いつも味方するとは限らないにしても、遊びがおもしろくなるような提案をしてくると感じられる。時々、保育者に声をかけたり、目を合わせると、にっこりと励ましの合図をくれる。

　保育者は必要ならすぐに子どものところにかけつける。危ないことがあったり、もめ事が拡大しそうだったり、誰かがいじめられているようであったりする。遊びが沈滞し、退屈そうだったり、乱暴になっていたりする。ふらふらととくに何をするでもない子どもがいる。せっかくのおもしろい遊びが進んでいるのに、ほかの子どもが気づいておらず、もったいない。いろいろな場合に保育者は子どもの遊びに入っていく。そういったいつでも動くという準備をもちながら、見守ることが支えるという働きなのである。

2 指導し、助言し、共に行う

　保育者はまた子どもの活動に直接、関与して、指導していく。ここに指導技術の違いが最も顕著にあらわれる。子どもが対象に関わって、そこにおのずと発展が可能になり、子どもが工夫しつつ、豊かな遊びとなり、子どもが多くのことを学ぶ、となればよいのだが、そういうことはかならずしも起こるとは限らない。通常は、その活動を広げていく保育者の働きかけが必要なのである。

　保育者は指導助言の機会をためらってはいけない。だが、その仕方はかなり難しい。ひとつは、子どもに何をしたらよいのかの明確な指示をどの程度に行うか、子どもの活動の手伝いをどの程度までしてやるかである。もし子どものやりたいことがはっきりとしており、しかし自力ではできそうになく、しかもそのための技術がわかっていないなら、この際、やり方を教えてみる手もある。途中までやってやり、あとはやってごらんと渡す手もあるだろう。子どもたちが何とか考えて、上手なまた正規のやり方ではないにせよ、やれそうな力があり、また課題であるなら、任せてみて、「どうすればできるのかな」と子どもに委ねることもできる。あえて、「一緒に考えてみよう、もしかしたら、このあたりを試してみるとよいかもしれないね」と誘うこともあってよい。

　子どもに考えさせ工夫させることが大事だが、同時に、ある程度の達成感を覚えられないと、先に進もうとしなくなる。技術指導はちゃんと行って、子どもが遊びに活用できるようにすると、かえって子どもの遊びが広がることが多い。その際一方で、子どもの遊びの価値とか、そこでの素材への関わりから何を学ぶとよいかの見通しをもつことが大事だ。つね日頃からそのことを念頭に置いておくと、いざという機会に指導が可能となる。もうひとつは、子どもの側の動きを捉え、それを拾い上げ、流れの勢いを大事にすることだ。教えておきたいことや気がつかせたいことはあるにせよ、それはまた次の機会として、子どもの側のやってみたいことや発見を尊重することも多い。子どもの願うことを察知して、その素材で実現でき、かつその素材の特性を生かすような活動を思いつけると、もっとよいだろう。一緒に活動して、子どもの感じているおもしろさのポイントを捉えることがヒントになる。

3 共感し、受け止め、探り出す

　子どもの気持ちを捉え、その感情を共にすることは、保育の最も基礎にあることである。そういった共感を感じてもらっていると子どもが思えるからこそ、その指導も命令ではなく、子どもの活動をふくらませるものとして受け止められる。何かの折に助けを求める気にもなる。うまくできたときに達成の喜びを声や笑顔で知らせもする。

　子どもがいろいろなことをする。保育者の指示の範囲であったり、園としてのルールのなかのこともあり、また時にそこからはみ出しもする。あるいは、そういった違反ではないが、なかなか保育者の期待に沿わず、たとえば、ほかの子どもの遊んでいるところに加われない

とか、砂や土に触れないといったこともあるかもしれない。そういった場合に、注意を与えたり、時に叱ったり、励ましたり、適切なやり方を示したりもするだろうが、その前提には何であれ子どものすることを受け入れるということがある。全部を是認し、許容するという意味ではない。子どもがそれなりの重みや流れのもとでそうしたということを理解し、そこで動いている子どもの気持ちに共感することである。「やってみたかったんだ」と、いけないことであっても、理解を示すことはできる。なかなかやろうとしないことについて、「難しいことだからね」と気持ちのうえでの大変さの了解を言葉にすることもできる。そうすると、子どもは思わずしてしまうことの理解があるのだと安心して、そのうえでの是非の説明や教示を受け止めるゆとりができるだろう。

　子どもがあることにこだわり、何度も試してみる。そういったことについて、理解を働かせるには、その場で様子をよく見たり、子どもの言葉に耳を傾けるとともに、記録を整理したり、思い起こしたりして、子どもの活動での経験を探り、追ってみるとよい。本当のところはわからないとしても、子どもの視点に立っての深い共感的理解を具体的な活動の場に即して進めることが次の援助の手立てにつながる。

4 あこがれのモデルとなる

　保育者が子どもに向き合うだけでなく、子どももまた保育者を見ている。助けを求め、確認や励ましを得るためでなく、子どもには保育者は親とは異なりながら安心できる相手であり、困ったら頼りにすることができ、そもそも園でどうふるまったらよいのかの見本となる。どうしてよいかわからないときに保育者を見て、参考にするだろう。だが、それだけではなく、日頃から保育者や5歳児の子どものすることを参考にしつつ、こういったことができるのかと子どもは思い、それをめざしたり、自分たちが大きくなったときに思い出して試してやってみるだろう。

　特定の遊びとか遊具の使い方という以前に、保育者の立ち居ふるまいが子どもの日頃の様子に影響していくものなのではないだろうか。歩き方ひとつとっても、ゆるやかながらスムーズな足の運びというものがある。ドタバタとするのではなく、急いでいるにせよ、落ち着

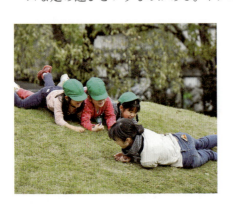

きのある歩き方である。歩きながら、まわりに配慮でき、ぶつかったりしない。まわりの子どもの様子に気を配る。

　説明をするとか、歌をうたうとか、絵本の読み聞かせの声の出し方や調子はもっと直接に子どもが模倣することがある。ものを作るときの手さばき、「どうしたらよいかなあ」と考える様子、「もっとがんばってみよう」と粘り強く取り組む仕方なども、子どもは保育者のやり方を見習うだろう。

保育者の服装や趣味にもよいセンスを発揮したい。保育室の飾りつけとか、花の生け方とか、歌の歌詞を紙に書いておくことひとつでも、センスがあらわれる。そういったものが子どもの感性に沈み込み、いつの間にか変えていくのである。

とはいえ、あまりに大人の「よい趣味」に寄りすぎないように注意することも必要だ。子どもは、ちょうど、苦みの味を嫌い、甘いものが好きなように、明快なものや格好よいもの・かわいいものが好きなのである。そういったものを大事にしつつ、ほかの好みにもセンスを広げてほしいのである。

5 園のチームとして動く

保育者ひとりが自分が担任する子ども全員へのすべての対応を担い、そこに全責任を負うというのは、本来、園においてあってはならないことである。園の保育は園長以下、全員で取り組み、保護者から委託された子どもの保育・教育にあたるのである。たしかに担任がいて、クラスの子どもに責任をもつのであるが、それはすべてを担い、ほかの保育者や園長などの介入や支援を排除すべきだということではない。園の保育は子どもに直接また継続的に関わる人もそうでない人もいて成り立つ。

子どもの保育に迷ったら、ほかの保育者と相談し、管理職からの助言をいつでも受けられる。改めて会議といわずとも、ちょっとした業務の合間とか、子どもが帰ったあとのお茶の席にでもそういう話題が出る。そのためにも、日頃から研修その他を通して、そういった相互に信頼のおける、また園の全体の目標や考え方を共有している間柄をつくっていくのである。

保育室での配置や園庭のあり方なども、園長の考えに従い、ある程度の整備を進めるだろうが、そこにクラスの担任の意見を反映し、また逆にそちらの設計意図を理解しつつ、クラスの活動を計画するだろう。そもそも、保育の指導計画は担任がつくりつつ、ほかの担任とも調整し、また園全体の教育課程と年間計画に合わせていく。園長に見てもらい、添削をしてもらうこともある。

子どももまたいつもクラスとしてまとまって動くとは限らない。自由に遊ぶなかで園のいろいろなところに広がることもあるだろう。3歳児の子どもが5歳児の遊んでいるところに呼ばれて混じって遊ぶこともある。時に、多動な子どもがいろいろなクラスに行ってしまうこともある。そういった折など、自分のクラスの子どもでないなどと思わずに、目の前に来た子どもの世話をし、指導もするだろう。そのためにも、ふだんから、どのクラスの子どもであれ、その情報を共有しておく必要がある。

園の保育とは、このように、各々の保育者がその力量を発揮しつつ、互いの得意や特徴を組み合わせ、園全体のいわば保育力を、個々の保育者の力の足し算以上に上げていくものなのである。そして、そういった園全体の保育に個々の保育者が加わることにより、その力量も伸びていく。園内の話し合いや研修の機会とともに、まさにチームとして保育に取り組むこと自体が保育者の力量形成の主要な場ともなるのである。

§7 領域「健康」と他の領域との関係

1 領域「健康」のねらい

　領域「健康」では、自分の心身との出会いについて大きくまとめられている。「健康な心と体を育て、自ら健康で安全な生活をつくり出す力を養う」ことが目的とされ、そのためのねらいとして、次の3つがあげられている。

（1）明るく伸び伸びと行動し、充実感を味わう。
（2）自分の体を十分に動かし、進んで運動しようとする。
（3）健康、安全な生活に必要な習慣や態度を身に付け、見通しをもって行動する。

　これらのねらいを実現していくうえでとくに気をつけなくてはならないのは、乳幼児期を通して心と体の健康が相互に密接な関連をもちながら成長していくということである。体だけを鍛えれば健康になるかというとそうではなく、心の安定が得られることが大事になる。保育者との信頼関係が得られることで、外に向けて活動する力が子どもたちに育まれる。そうして、さまざまなものや人と関わるなかでいろいろな諸機能を発達させ、学びも深まっていく。このように、保育は「養護と教育が一体となって」展開されることが重要である。養護は、園の環境を子どもたちにとって安全で安心なものにして発達を保障していくような関わりであり、教育は、子どもたちの知的興味や関心を引き出し、学びを生み出すような関わりといえるだろう。このような養護と教育とが一体的に行われることで、乳幼時期の子どもは豊かに育つことができる。

　領域「健康」では、健康・安全な生活を営むうえで必要となる基本的な生活習慣の形成もねらいにあがっている。こうした習慣を決まりきったものとして子どもたちに押しつけるのではなく、子どもたちが必要感をもって獲得できることが大事になる。獲得する過程で保育者がていねいに関わることによって、習慣を守っていこうとする意志が子どもたちに芽生え、生活習慣の自立もスムーズになる。これは、「非認知」といわれている力にも通じる。習慣を守ろうとする意志は、自分の気持ちを調整する「自己抑制」の力にも結びつき、また、自分で自分のことができるようになることで「自信」をもつことができる。

2 他領域との関連

遊びは総合的な活動であり、幼児教育のさまざまな内容やねらいを達成するための経験が含まれている。領域「健康」から活動を捉えるときも、たとえば、鬼遊びのなかで走る力や機敏性などが養われたり、友達と競うなかで一輪車にチャレンジしながら平衡感覚が身についたりするなど、運動遊びのなかで経験を保障していく。そして、鬼遊びや一輪車などの運動遊びは、すなわち領域「健康」のねらいが立つ、というように固定的に捉えられるものではない。友達との関わりを育てる活動として捉える、あるいは、自己主張するよい機会と捉えるほうが子どものその時点での実態と合っている場合もある。

ひとつの活動をひとつの領域から固定して捉えるのではなく、多面的、複眼的に子どもたちの活動を捉えていくことが、子どもの活動の現状に即している。同じように見える活動であっても、展開されている時期、子どもの発達段階、子ども同士の関係などによって、保育者の援助の仕方は変わってくる。そして、同じ活動であっても、指導のねらいとして立てられることが、子どもの様子によっては異なる領域のねらいとなることもあるだろう。

事例1-1は、戸外での水遊びの事例である。保育者は、遊びに対する子どもの興味関心を探りながら援助している。

事例
1-1 泥水遊び

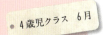

保育者は、常日頃、部屋のなかでごっこ遊びに興じている子どもたちを戸外に誘い出そうと、室内から見える砂場で泥水遊びができるように、バケツやシャベル、水を用意した。そして、この日はさらに小さいコップも用意して、泥水を使ったお店屋さんごっこができるように準備を整えた。いつものメンバーが泥水遊びを始めると、部屋のなかにいた子どもたちも出てきて泥水で遊びはじめ、泥水をすくってコップに入れだした。保育者が机を出すと、泥水をそこに並べて、保育者に「コーヒーどうぞ」と言う。保育者が「おいしいですね」と応じていると、ほかの子どもも「コーヒーください」とやってくる。　（事例：筆者）

「戸外で遊ぶ」ことが健康によいと考えるのは大人側の判断であり、子どもたちはそう思って戸外で遊んでいるわけではない。この事例のように、子どもたちにとって魅力的な泥水遊びの準備を整えることで、子どもたちは興味をもち主体的に関わった結果として戸外で遊ぶ姿となっている。そして新たに机を出すことによって、子ども同士の関わりが生まれている。この遊びには、「進んで戸外で遊ぶ」（領域「健康」）、「先生や友達と共に過ごすことの喜びを味わう」（領域「人間関係」）を始め、各領域の内容が含まれている。戸外に出て遊ぶことができたあと、どのような活動の展開を援助していくのかは、そのときの子どもの興味関心、発達的な時期などから考えていかなければならない。「泥水遊び」を通して、泥や水の性質に気づかせるなど領域「環境」に関わるねらいを立てたり、泥で汚れた手や洋服の始末の仕方に気づかせることで領域「健康」の基本的な生活習慣のねらいを立てたりすることも可能となる。この事例の保育者は、友達とのやりとりを楽しみはじめている子どもたちにとって、ごっこ遊び的な展開のなかで関わりを深めることが必要と考え、領域「人間関係」の側面を重視して援助をしている。「机を出す」という環境構成は、子ども同士の関わりを生むことを考えた保育者の工夫である。

次は、子どもたちの間でよく見られる「鬼ごっこ」の事例である。運動遊びとしても捉えられるが、ここでは保育者は異なる領域のねらいを立てている。

事例 1-2 鬼ごっこ

● 5歳児クラス 6月

　アスレチックのある場所で、男児たちが高鬼を始めた。しかし、鬼になる子どもはいつも同じで、その子どもはだんだんと鬼遊びがつまらなくなってきていた。高いところに登った子どもはなかなか下りてこない。足の速い子どもだけが下りてきては、鬼を挑発して、すぐに高いところに登っていく。そんな状況では、鬼はなかなかつかまえることができなかった。鬼になった子どもは保育者のところに行って、自分の状況を訴えていた。保育者は、なかなかつかまえることができないようだから、自分も鬼になることを提案する。つまり鬼が2人いるということだ。子どもたちはこの提案を受け入れた。
　保育者は、鬼になった子どもと作戦会議を開く。そして遊びが再開すると、2人の鬼は大きな声を出したり、機敏に動いたりして、つかまえていく。その様子を見ていた子どもたちは、鬼になるのを嫌がらずに、鬼の交代を積極的に行うようになった。

（事例：筆者）

領域「健康」のねらいである「自分の体を十分に動かし、進んで運動しようとする」ためには、鬼ごっこはとても適した活動ではある。しかし、この事例のように、鬼ごっこという活動のなかには、自分の言いたいことを主張する場面や、楽しく遊ぶために考える場面などがあり、領域「人間関係」や「言葉」に関わるねらいも立てられそうである。

この事例の保育者は、指導のねらいを「友達と相談したり考えたりしながら、好きな遊びを楽しむ」としている。子どもたちの実態として、鬼遊びは楽しみたいものの、自分は鬼になりたくないという思いが強い。そのため、時には、勝手なルールをつくる姿も見られた。鬼が固定化してあまり動きのない鬼遊びであっても、子どもたちがやめないでやり続けているのは、友達とのつながりを求めるこの時期だからかもしれない。だからこそ、保育者は鬼になってできることの楽しさを、自分が鬼になることで子どもたちに伝えようとしている。そして、鬼を複数にすることで、どうやったらつかまえられるかを鬼同士が相談して考えられるようにしていた。

活動に対するねらいは、子どもの実態を保育者が解釈して、現在の子どもにとって、また未来を見越したときに何が必要かを考えて立てられることになる。もちろん、そうしたねらいが子どもの実態とずれていて、子どもたちが興味関心を抱かないということもあり得る。それは、保育者の子どもたちに対する解釈が適切でなかったからで、保育者は何が間違っていたのかを再考する必要がある。そうやって、子どもたちの実態、興味関心に即したねらいを立て、子どもたちが主体的に取り組むなかで、さまざまな力をつけ、学びが生じるようにしていく。

さまざまな領域の視点から活動を捉えられることで、ひとつの活動から子どもたちが受ける影響が多方面にわたっていることがわかる。そうしたさまざまな影響をより効果的なものにしていくためにも、領域について保育者が総合的に理解することが必要である。

3 領域「健康」を深める

子どもの遊びは総合的ではあるが、領域ごとの側面から捉えていくこともまた必要なことである。たとえば、領域「健康」のねらいのひとつである「健康、安全な生活に必要な習慣や態度を身に付ける」ための場面を考えたときに、3歳児と5歳児ではその発達的な違いから、身につけるべき習慣や態度は異なってくる。子どもたちの発達段階によって、ねらいで示される子どもたちの姿は異なってくるだろうし、季節や時期によっても、ねらいが実現できるような子どもたちの活動は異なってくる。領域の視点で子どもたちの姿や経験を整理す

ることで、領域ごとのねらいを実現するために保育者がどのような環境を整えればよいのかが見えてくるようになる。総合的な活動を複眼的に捉える保育者の視点は、この時期に子どもたちが出会う偶発的な出来事を意味のある出来事に変えることができる。また、この時期の子どもたちにとって必要な環境を意図的に構成することもできるだろう。

　各領域の理解を深めていくことで、他領域とのつながりも深まっていく。たとえば、先にあげた領域「健康」のねらいである「健康、安全な生活に必要な習慣や態度を身に付け、見通しをもって行動する」ためには、仲間に関心を向けたり、仲間から注意されたりするような場面が子どもにとって大きな意味をもつことがわかるだろう。そうすると、領域「人間関係」に関わる子どもの育ちを検討しつつ、領域「健康」の育ちにつなげていくことになる。

　また、小学校との接続を考えたときに、領域の視点から子どもの姿を捉えることで、子どもの育ちを小学校側に伝えやすくなる。その際、領域に関わる子どもの育ちは活動を分節化することによって得たものではなく、遊びという総合的な活動のなかで育てられたものであるということを、小学校の教師も保育者も共通理解する必要がある。そのうえで、子どもの具体的な育ちの姿を領域ごとに整理して共有できれば、児童期の子どもに関わる小学校の教師も、幼児期の子どもの学びの履歴が理解しやすくなるだろう。

　子どもは乳幼児期にこの世の中を構成する諸々と出会う。そういった諸々のものが領域にまとめられている。領域「健康」では、とくに自分の体との出会いが大きくまとめられている。その一方で、子どもは、自分の体と出会う同時期に、仲間や自然物や言葉や、さまざまなイメージに出会っている。これらの出会いについては、他領域で詳しく扱っている。領域「健康」のねらいをより効果的に実現していくためには、領域「健康」についての知識はもちろん、他領域についての知識ももって子どもと関わっていくことが不可欠なのである。

第 2 章

子どもの育ちと領域「健康」

―――― この章で学ぶこと ――――

この章では、乳幼児期を通して子どもの運動機能や身体の発達の姿を概観する。
発達の姿を理解したうえで、各時期にふさわしい生活習慣について学んでほしい。
また、心と体の健康は相互に密接な関連がある。子どもたちはさまざまな事柄に向かって
積極的に働きかけ、諸機能を発達させるが、そのためには外に向かっていこうとする
意欲が必要である。この意欲は子どもたちが心の安定を得ることによって生じる。
子どもたちが何かを獲得したり学んだりするためには、
心の安定が不可欠であることを学んでほしい。

§1 乳幼児期を通しての運動能力の発達

1 身体の発達

　乳幼児期は、身長・体重の変化が、生涯にわたる発達のなかで一番大きい。図2-1は、厚生労働省が10年ごとに施行する「乳幼児身体発育調査」のデータである[1]。ここでは、2010（平成22）年の調査結果を掲載する。

　生後から1年の変化を見ると、男女とも体重は約3倍に、身長は約1.5倍になっていることがわかる。1歳を過ぎると成長はゆるやかになってくるが、1歳から6歳までに、体重も身長も大きく伸びていく。

　体格の発達に着目すると、年齢とともにプロポーションが大きく変化することがわかる。図2-2では、身長に対する頭部の割合を示した。誕生時4頭身であったプロポーションが、8頭身近くの成人に近づいていく様子がわかる[2]。

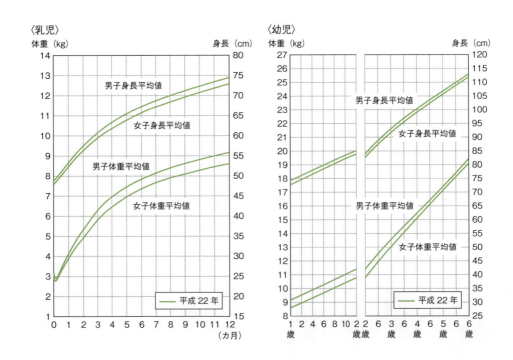

図2-1　乳幼児（男子・女子）体重及び身長の比較

出典：厚生労働省、2011

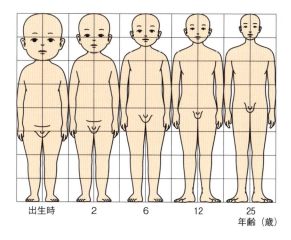

図 2-2 身長と頭長の比

出典：シュトラッツ、1952、p.60

2 運動の発達

（1）全身運動

　乳幼児期は運動面の発達も著しい時期である。首が据わり、寝返りをするようになり、お座りをし、ハイハイし、つかまり立ちをして、やがて歩きはじめる。図 2-3 は、これらの動作について、どのくらいの割合の子どもができるのかを年齢ごとに示している[3]。また、2000（平成 12）年と 2010（平成 22）年を比較した。

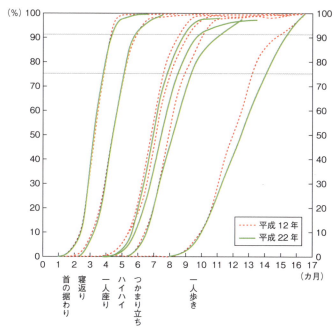

（注）「ハイハイ」は、這って移動できるものを「できる」とする。

図 2-3 一般調査による乳幼児の運動機能通過率

出典：厚生労働省、2011

厚生労働省によれば、データから次のことが読み取れる。
① 「首の据わり」は、生後 4 〜 5 か月未満の乳児の 90％以上が可能である
② 「寝返り」は、生後 6 〜 7 か月未満の乳児の 90％以上が可能である
③ 「一人座り」は、生後 9 〜 10 か月未満の乳児の 90％以上が可能である
④ 「ハイハイ」は、生後 9 〜 10 か月未満の乳児の 90％以上が可能である
⑤ 「つかまり立ち」は、生後 11 〜 12 か月未満の乳児の 90％以上が可能である
⑥ 「一人歩き」は、生後 1 年 3 〜 4 か月未満の幼児の 90％以上が可能である

各運動ができるようになる時期を 2000（平成 12）年と比較すると、「首の据わり」と「寝返り」では前回に近い値を示しているが、これ以外では全般的にやや遅くなる傾向にある。

首の据わり

寝返り

一人座り

ハイハイ

ハイハイ

つかまり立ち

一人歩き

全身運動の発達の方向性は「頭部から尾部へ」といわれている。最初に首が据わり、寝返りができ、座れるようになり、そして歩けるようになる様子を表している。各段階の運動ができるためには、その前段階の運動を十分にしている必要がある。たとえば立てるようになるには、ハイハイをして足の力をつけておくことが必要である。1歳までの様子を図2-4に示した[4]。

　2歳以降の全身運動については、表2-1に示す[5]。年齢とともに、走る、跳ぶ、投げる、蹴る、バランスをとるなど、さまざまな動きが可能になっていく様子がわかる。

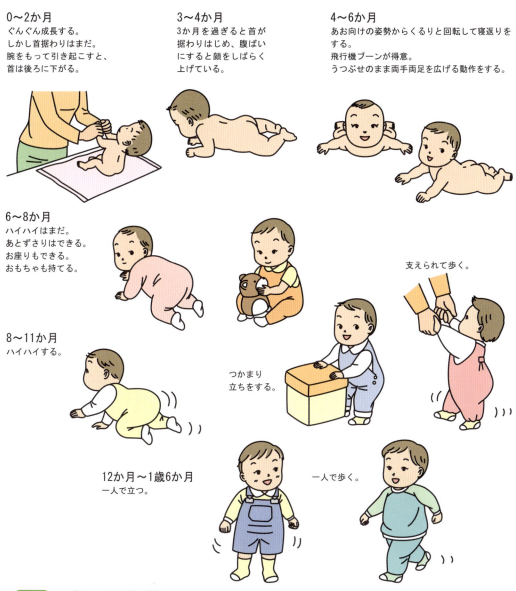

図2-4　1歳までの発達の様子

出典:『発達と保育』、2006、p.35を基に作成

表 2-1 全身運動の発達

	体のバランスをとる動き （立つ・座る・回る・ぶら下がる など）	体を移動する動き （歩く・走る・跳ぶ など）	用具などを操作する動き （運ぶ・投げる・蹴る など）
2歳	段ボールなどにもぐったり、動物などになりきって寝転んだり転がったりするなど、さまざまな動きを楽しむ	歩行が安定し、走ることも自由になる／相手の速さに合わせることができる／両足跳びや、少し高いところから飛び降りることができる	三輪車にまたがり、足で地面を蹴って遊ぶ／手に物を持っていても上手に歩ける／ボールや泥だんごを転がして遊ぶ
3歳	ケンケン（片足を上げながら前に進む）など、「○○しながら○○する力」がつきはじめる／鉄棒などにぶら下がることができる	ゆっくり歩いたり速く走ったり、スピードを調整できる／3歳以降、スキップができるようになってくる	三輪車に乗れるようになる／スコップやシャベルなどを使って砂を掘る／バケツやリヤカーで砂を運ぶ
4歳	平均台を渡れるようになる／傾斜を転がって楽しむ（マットなど）	じっとしているなど、自分の体をコントロールすることができる／利き足が徐々に明確になり、走るときの重心のかけ方も上手になる	障害物を迂回しながら三輪車に乗れるようになる／ペダルを後ろにこぐこともできる／目的に向かってボールを投げたり蹴ったりできるようになる
5歳	鉄棒など、地面から足を離した体勢での全身制御がかなり上手になる	木登りなどの全身制御がかなり上手になる／舞台などで、お互いの位置関係を意識して動くことができる／ルールのある鬼遊びなどを楽しむ	キャッチボールができるようになる／竹馬などもできるようになる

出典：秋葉ほか、2011／幼児期運動指針、2012 などを基に作成

　ここまで述べてきた全身運動は、子どもたちの自主的主体的な活動、つまり遊びのなかで生じる。保育者が環境を整えたり、子どもたちの活動意欲が高まるような働きかけをすることによって、子どもの主体性を保障しつつ遊びのなかで運動面の発達を促すことができるのである。子どもたちは遊びや生活を通してさまざまな動きを楽しむなかで、表2-1に示すような力を獲得していく。

（2）手指の操作

　全身運動より微細な動きとして、手指の操作がある。生後3か月頃には、目の前に自分の手をかざしたり近づけたり遠ざけたり、両方の手を絡ませたりする。4か月になると、興味のあるものに対して手を伸ばす行動をし、5か月になると手でものにさわれるようになる。最初は自分の手を自分のものとしてまだしっかり認識していないが、それがわかるようになると、手を使って自分の欲求を満たそうとするようになる。思っていることとそれに応じて手を動かすという協応的な行動がしだいに確立するようになるが、手を指先まで器用に動かせるようになるのは、幼児期後半である。

　手指の操作の発達の方向性は「中心から末梢へ」といわれる。ものを把握できてからの動きを図2-5に示す[6]。最初は手全体を使ってかぶせるように握ることから、手のひらで握る、指でつかむ、二本指でつかむという順番になる。最初は手のひら全体を使っていたのが、しだいに手先を使えるようになり、細かいものもつまめるようになってくる。

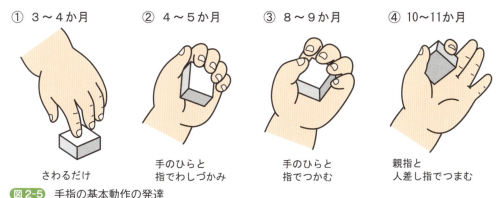

図2-5　手指の基本動作の発達

出典：『発達と保育』、2006、p.36を基に作成

　2歳半以降の手指操作の発達の様子を表2-2に示した[7]。子どもたちの日常的な遊びのなかで取り組むことが多いはさみの扱いについて見てみると、細かい動きが年齢とともに可能になることがわかる。4歳半以降になると、紙を持ちながら切ることができたり、自分の考えと手先をうまく協応させながら形をつくれるようになってくる。

表2-2 手指の操作の発達

2歳	・それぞれの指を別々に動かすことが可能になる（指で「ひとつ」「ふたつ」をつくるなど） ・手指をコントロールして描画できるようになってくる（円が閉じる、円の中に点や線を描きこむなど） ・はさみに挑戦（両手の使い分けは難しい）
3歳	・両手を協応させて使う力が高まる ・指を独立させて動かすことも上手になる（手でキツネの形を作り、歌に合わせて動かすなど） ・スプーンからはしへ移行
4歳	・みかんの皮むきや卵の殻むきなど、両手の協応動作がより発達する ・片手に紙を持ち、ぐるっと回して切ることができる ・利き手が決まってくる
5歳	・4歳から5歳頃にかけて指先の巧緻性が高まり、エンピツやはしの使用も上手になる ・自分の頭の中のイメージに沿って道具を使うことが上手になる ・包丁を使うことができる（調理活動など）

出典：秋葉ほか、2011 を基に作成

3 発達の個人差

　身体発達と運動発達について、おおよその年齢ごとに述べてきた。ただし、一人一人の特性や生活環境によって発達に個人差が生じる。運動発達についていえば、ハイハイをせずにつかまり立ちを始める子どももいる。身体発達についても、体が大きくなる時期が図2-1に示したような平均値と異なる子どももいる。

　身体発達や運動発達の個人差が、発達にふさわしい経験を得られないような生活環境によるものであれば、環境の改善が必要になる。乳幼児期には、生涯にわたる体の基礎ができる。その時期に必要な環境を与えるのが、身近な大人の役割である。

　何らかの障がいが考えられる場合は、専門機関につなげていく。早期の治療が有効な場合がある。専門機関と連携しながら、保育の場でその子どもに豊かな生活体験を保障していく。

　このように、身体発達や運動発達の個人差が何によるものなのか見極めて、必要な対応をしていくことが保育者には求められる。さまざまな運動が経験できる環境を整えて、成長発達が著しい乳幼児期を支えることが、保育者の大きな役割である。

§2 情緒の安定

1 愛着

　子どもは、養育者など特定の大人との継続的な関わりにおいて、安心安定を感じることで基本的な信頼感をもち、情緒的な絆（愛着）が形成される。

　何か不安なことが生じても、この人のもとに来れば大丈夫、安心だ、という信頼感をもつことができると、その人を安全基地にして徐々に行動範囲を広げていく。そして、安心して多様な探索活動をすることが可能になると、子どものさまざまな学習が効率的かつ適切に行われ、心身ともに健やかな成長が保障されるといわれている[8]。このような愛着関係の形成は、乳幼児期に不可欠である。

　乳幼児期に愛着を形成できないと、さまざまな困難を抱える危険性が高くなることが、発達心理学の研究から指摘されている。たとえば仲間に対して過剰に攻撃的だったり、逆に引っ込み思案だったりして、関係をうまくつくれない場合がある。仲間と関わるなかで得られるもの、学ぶものは大きい。そのためにも、関係づくりの基盤となる愛着形成が重要だといえる。

　愛着を形成するうえで大切なのは、子どもに対する大人の応答性である。言葉を使って意思を伝えることがまだ難しい乳幼児は、時には、泣くことで要求を伝えようとしたり、喃語でおしゃべりしたり、大人が理解しがたい言動を示したりする。そんなときに、何らかの応答を示すことがとても大切である。「今日はご機嫌なんだね」「ちょっとだけ待っててね」「本当によいお天気だね」などと返し、様子を見守ることで、子どもたちは安心感を得ることができる。自分の発したことが受け止められたという感覚は安心感となり、心の安定感につながる。こうした関わりが、子どもの自己肯定感を高めることにもつながっていく。

2 自己肯定感

　自己肯定感とは、自分に対する肯定的な評価のことである。文部科学省の調査によれば、日本の子どもは諸外国に比べて自己肯定感が低い傾向にある[9]。日本の子どもの自己肯定感が低い理由は明らかにされていないが、いろいろなことに取り組む意欲と自己肯定感の高さが関連していることは知られている[10]。幼児期の子どもたちにとっても、自己肯定感をもつ

ことが大切である。自分に対する肯定的な感情は外に向かっていく力となり、興味関心を広げ、探索活動を活発にする。多くのことを経験し、学ぶ機会を増やすことにもつながるだろう。安心できる環境で自己を発揮し、自己が受け止められる応答的な関わりのなかで、自己肯定感が養われていく。

表2-3は、東京都教育委員会が実施した自尊感情や自己肯定感を高めるための研究から抜粋したものである[11]。さまざまな保育場面での保育者の援助によって、子どもたちは自分自身に自信を得て、園生活を充実させることができる。

表2-3 自尊感情を高めるための指導上の留意点

発達段階			就学前教育
観点		項目	
自分への気づき	自分のことを肯定的に認めることができるようにする	1 活動を評価し、その子自身を認める	・自分の思いで取り組んでいたり、できるようになったり、新しいことに挑戦したりしていることを評価する
		2 活動を自己決定させる	・遊びや生活を主体的にできるようにする
		3 活動のルールや目標をもたせる	・生活の仕方など決まりを守って行動できるようにする
自分の役割	自分が周りの人の役に立っていることに気づかせる	1 自分が周りの人の役に立っていることを実感させる	・保護者や友達など、周りの人のために行動できたことに気づかせる
		2 自分の力でできることがあると気づかせる	・片づけや準備など、自分でできることを最後までやらせる
		3 周りの人からの肯定的な評価を受ける場を設定する	・遊んだことや考えたことをみんなの前で紹介し、友達から認められるようにする
自分の個性と多様な価値観	自分のよさや、ある事柄に対して多様な考え方があることに気づかせる	1 自分の考えを大切にさせる	・やりたい遊びを選び、自分のよさを発揮できるようにする
		2 考え方や行動の多様性を理解させる	・同じ遊びでもやりたい子とやりたくない子がいることに気づかせる
他者との関わりと感謝	多様な関わりを経験させ、周りの人の存在の大切さに気づかせる	1 グループで話し合ったり活動したりして、多様な関わりを経験させる	・友達などと共に活動し、遊び方を工夫したり、ルールを決めたりできるようにする
		2 周りの人に支えられていることを実感させる	・友達などがいることで、活動が楽しくなったり新しいことを見つけたりできると気づかせる
自分の可能性	達成感を味わう、努力の過程を認められるなどの経験を通して、やればできるという気持ちを高める	1 できたことやその過程を認め、達成感や充実感を味わえるようにする	・ひとりでできたことや友達にしてあげたことに気づかせる
		2 否定的な面に対する気持ちを切り替えさせる	・失敗や間違いがあっても、がんばっていることを評価する
		3 他者も困っていることがあるということに気づかせる	・やりたいことなどをがまんすることは、ほかの子も同じであると気づかせる

出典：東京都教職員研修センター、2008、p.24（一部改変）

3 児童虐待の現状と対応

　前述したように子どもの安心安定のためには愛着形成が重要だが、虐待などにより養育者と愛着が形成できない場合がある。

　児童相談所が対応した虐待件数は年々増加している[12]。また、被虐待児を年齢別に見ると、幼児期から児童期の子どもが多い[13]。これは、保育者が毎日視診を行うので、不自然なあざややけどから虐待の発見につながり、統計上の数字に表れていることもあるだろう。実際に、幼稚園や保育所や認定こども園を含む学校・児童福祉施設等からの虐待相談が多くなっている。また、虐待者は実母が多い。つまり、保育者は虐待者とも被虐待者とも直接接する機会があるということになる。

　「児童虐待の防止等に関する法律」（以下「防止法」）では、目的として第1条に「児童虐待が児童の人権を著しく侵害し、その心身の成長及び人格の形成に重大な影響を与えるとともに…」とうたっている。体のみならず、精神的発達にとっても児童虐待が大きな危険となることが、法律制定の理由として明示されているのである。

　保育所保育指針第3章「健康及び安全」には、「子どもの心身の状態等を観察し、不適切な養育の兆候が見られる場合には、市町村や関係機関と連携し、児童福祉法第25条に基づき、適切な対応を図ること。また、虐待が疑われる場合には、速やかに市町村又は児童相談所に通告し、適切な対応を図ること」とある。また、第4章「子育て支援」にも、「保護者に不適切な養育等が疑われる場合には、市町村や関係機関と連携し、要保護児童対策地域協議会で検討するなど適切な対応を図ること。また、虐待が疑われる場合には、速やかに市町村又は児童相談所に通告し、適切な対応を図ること」と示されている。園では、虐待が疑われる場合の対応方針・方法を決め、それを職員が共有し、各関係機関と連携することが必要である。

　また、児童虐待を防ぐには早期発見が不可欠である。保育者は毎日子どもを迎え、保護者と言葉を交わすので、子どもや保護者のSOSを感知しやすい。また、複数の保育者がいるので、子どもや保護者の変化などに気づく機会も多くなる。各自治体なども、虐待防止のためのチェックリストなどを作成し、早期に気づけるような取り組みをしている。表2-4は、神奈川県が作成した虐待防止のための資料である[14]。虐待の早期発見・防止のために、具体的にはどのような点に気をつけるべきか、参考にしてほしい。

表 2-4 虐待防止のためのチェックリスト

子どもの様子

身体的な変化	□不自然な傷や同じような傷が多い □原因のはっきりしないケガをしている □治療していない傷がある □身長や体重が順調に増加していない
表情	□表情や反応が乏しく笑顔が少ない □おびえた泣き方をする □養育者と離れると安心した表情になる □落ち着きがなく警戒心が強い
行動	□身体的接触をひどく怖がる □衣服を脱ぐときに著しく不安がる □不自然な時間に徘徊が多い
他者との関わり	□他者とうまく関われない □他者に対して乱暴である □保護者が迎えに来ても帰りたがらない □他者との身体的接触を著しく怖がる
生活の様子	□衣服や身体がいつも不潔である □発達段階相応の基本的な生活習慣が身についていない □給食をむさぼるように食べる □予防接種や健康診断を受けていない □年齢不相応の性的な言葉や性的な行為が見られる

保護者の様子

子どもとの関わり	□子どもへの態度や言葉が否定的である □子どもの扱いが乱暴である □子どもに対して冷淡である □きょうだいに対して差別的である
他者との関わり	□他者に対して否定的な態度をとる □他者との関係がもてない □保育者との会話を避ける □説明の内容が曖昧で二転三転する □子どもに対する他者からの意見に被害的・攻撃的になる
生活の様子	□地域の交流がなく孤立している □不衛生な生活環境である □夫婦関係や経済状態が悪い □夫婦間の暴力が認められる
表情・言動	□ひどく疲れている □精神状態が不安定である □被害者意識が強い、偏った思い込み、衝動的、未成熟 など □連絡がつきにくい

出典：神奈川県、2011（一部改変）

§3 生活習慣の形成

1 生活習慣の獲得

　園のなかで生活習慣を獲得することには、大きく3つの意義がある。第1に、生活習慣を獲得すると園生活をスムーズに送ることができるため、より多様で豊かな体験をすることにつながる。生活習慣として必要な行為は、活動の節目に行うことが多い。たとえば外遊びから帰ってきて昼食の準備をするときは、まず手を洗い、うがいをする。昼食を食べて次の遊びを始める前には歯磨きをする。手洗いや歯磨きをしないまま次の活動に取り組んでいると、すっきりせず不快に感じたり、あるいは保育者や友達から指摘されたりするだろう。取り組んでいる活動を中断するというのは、子どもたちにとっておもしろくないことである。途切れてしまった活動をやりなおしたり途中から参加したりするのも、興味関心が失われてしまい、最初に取りかかっていたときのようにはならない。しかし、基本的な生活習慣が獲得されていれば、自然に体が動き、スムーズに次の活動に移ることができるだろう。

　第2に、生活習慣の獲得は子どもたちの自立につながる。生活習慣の獲得とは、自分で状況を判断して自分の行動を決めることでもある。たとえば、汗をかいて気持ちが悪ければ着替える、寒くなれば一枚多く着る、汚れた手を洗うなどは、自分の身体感覚によって実行することであり、本来は人から言われるのを待つものではない。しかし、手指の操作が未発達で、脱ぎ着が上手にできない、蛇口が上手に開けられないようなときは、大人の力を借りる。また、着替えることの気持ちよさ、手を洗うことによるさっぱりした感覚は、大人のていねいな関わりによって実感できるものだろう。こうした大人の援助の過程を経て、自分自身で適宜、適切な行動がとれるようになってくる。自分で決めて自分で行動した結果、快適な感覚が得られたという経験は、自分に対する自信も深めることになるだろう。

第3に、園で身につけた生活習慣は、これから子どもたちが社会で生きていくうえでの基礎となる。大人になったから、あるいは進級したから必要なくなる生活習慣はほとんどない。自然に体が動くほど、いつでもどこでもできる力として生活習慣を獲得しておくことが、今後の彼らの生活にとって必要である。子どもの健康で安全な生活を長い目で考えると、園で生活習慣を獲得することはとても大切である。

　表2-5は、2歳以降のおもな生活習慣について、保育者が援助すべき内容をまとめたものである[15]。

表2-5　生活習慣の援助

	食事	排泄	着脱
2歳	・自分で食べたい気持ちを受け止め、好き嫌いも長い目で見ていく ・スプーンやはしなどを正しく使えるように援助する	・トイレの使い方を、ていねいに根気よく、具体的に教える ・排泄の間隔は個人差が大きく、季節によっても変動することを踏まえて援助する	・手指の発達段階を踏まえて援助する ・家庭と連携して「自分でできた」という達成感につなげていく（前後がわかりやすい服、子どもの指でつまめるサイズのボタンなど）
3歳	・はしの使い方や食器の持ち方などを伝えていく ・多様な味を経験できるように献立を工夫する	・活動の変わり目にトイレに行くよう促す ・幼児用のトイレに慣れない子どもには保育者がついていく	・「自分でできる」という気持ちと「先生に見ていてほしい」気持ちを大切にしながら見守り援助していく ・環境が変わると力を発揮できないことがあるので、個別に様子を見ながら援助する
4歳	・苦手な食べ物や難しそうなことにも挑戦する意欲を大事にする ・徐々に自分の食べられる量が予測できるように援助していく	・「自分でできる」という自信がつくまで、園と家庭で連携して援助していく	・活動の見通しをもって着替えたり、着替えの服を準備したりできるように促す
5歳	・調理活動やお泊り保育などを通して、調理から片づけまで経験できるようにする	・活動の見通しをもってトイレに入れるように促す	・身体感覚がより確かになり、気温や体調に合わせた着脱も自分でできるようになる

出典：秋葉ほか、2011を基に作成

2　心の安定と生活習慣

　生活習慣は、子どもたちが「自然に」身につけるものではなく、まわりの様子を見て学習したり、大人との関わりによって学んでいく。子どもたちが何かを学び取るためには、心が安定していることがとても大切になってくる。いくら教えても習慣が身につかなかったり、

自分のこととして受け止められなかったりする子どもには、心の余裕がない場合がある。そのような場合、保育者は、その子どもの言葉にならない不安や心配に思いを馳せて、園のなかで安心して落ち着いて生活していけるようにすることを最優先に考えるべきだろう。

　園の生活は、大きく分けて遊びと生活場面から成り立っている。各々の場面は分断しているのではなく、すべて連続している。昼寝の寝付きがよくないときは、午前中の遊びが充実していなかったのかもしれない。食事のとき、スプーンを持つ手に力が入らないようなら、手指を使うような遊びの環境を用意することもできる。また、生活場面での様子によっては、遊びのなかで十分に自己発揮できる機会が必要かもしれない。逆に、生活場面での自信が遊び場面での積極性につながることもある。生活習慣の獲得は、乳幼児期を通して大きな課題になるが、獲得させることを優先するあまり、子どもの実態を見失ってはならない。子どもの園生活全般を見渡し、今この子どもにとって何が課題となり、何を大切にしなければならないのかを考えていくことが、結果的に生活習慣の獲得につながっていく。

3　園と生活習慣

　園だからこそ生活習慣が獲得しやすいという側面がある。園生活の特徴を考えてみよう。

　ひとつには、園で一緒に過ごす仲間の存在がよいモデルとなる。マイペースな子どもでも、まわりの子どもたちが目に入り出すと、みんながしていることに興味をもつようになったりする。また、ひとりではあまり気が進まないことでも、みんなと一緒に取り組めば楽しいこととなり、習慣づいてくる場合もある。生活習慣の獲得には、仲間の存在も大きな役割を果たしているのだ。

　もうひとつは、生活習慣が園生活のなかで毎日決まって繰り返されているという点である。たとえば昼食後の歯磨きなど、ほぼ決まった時間、同じ順序で繰り返されることで、子どもたちは見通しがもちやすくなり、取り組みやすくなる。繰り返しのなかで、保育者にていねいに指導されることで、生活習慣は獲得しやすくなる。それをいつでもどこでも取り組める力にしていくためには、家庭との連携が欠かせない。園での取り組みを都度伝えて、家庭でも取り組むことができれば、生活習慣はより確実に身につくだろう。

4 生活習慣の獲得と発達

　前述したように、身につける生活習慣の内容によっては、手指の発達を待たなければならない。着脱のためのボタンかけ、はしの操作などは、手先に力を入れて細かいものをつかめるようにならなければ、なかなか難しい。子どもたちの手指、身体面での発達状況と照らし合わせながら、今の段階で獲得すべき生活習慣を導入していくことで、無理なく獲得することができるだろう。

　また、手洗いや片づけなど、日々の生活の流れのなかで習慣化していくものは、必要感を得ていることが大切になる。必要感を得るためには、見通しをもてる力が必要だ。うがいをすることで風邪をひかなくなる、片づけをすることで次の活動に気持ちよく移れる、汗で濡れた服を着替えることで体がさっぱりして気持ちがよいなど、今取り組んでいるこの活動が、先のどのような事柄と結びついているのかを予測できるようになると、習慣として身につきやすくなる。さらに、生活習慣が身についたことで、自分の生活が過ごしやすくなったり、他人から認められたりする経験が、その子どもにとっての自信となる。自分で自分の生活をつくりだしているという実感をもって、あらたな活動に取り組めるようになるだろう。

　生活習慣は、自分自身の必要感から獲得していくが、やがて周囲にとっての必要感まで視野を広げられるようになると、自分の取り組んでいることにさらに自信をもつことができる。たとえば、こぼさず食べると一緒に食べている人が気持ちよいこと、スリッパをそろえる習慣があとで使う人にとって役に立つことなど、自分の作法によって、共に生活する人が気持ちよく過ごすことができるという実感は、子どもたちの力になるだろう。

5 未来をつくる生活習慣

(1) 食育

　食は、生涯にわたり健康な体をつくるために必要不可欠である。そして乳幼児期は、食習慣や食に対する考え方の基礎が身につく大切な時期である。

　「保育所における食育に関する指針」では、「子どもは身近な大人からの援助を受けながら、他の子どもとのかかわりを通して、豊かな食の体験を積み重ねることができる。楽しく食べる体験を通して、子どもの食への関心を育み、「食を営む力」の基礎を培う「食育」を実践していくことが重要である」としている。乳幼児期の子どもたちが過ごす保育所や幼稚園、認定こども園などでは、「食育」のさまざまな取り組みが行われている。とくに保育所や認定こども園では、乳児であれば朝のおやつ、昼食、午後のおやつ、と食べる機会が多く、幼児についても長時間園で過ごす子どもがいるため、園での食事の計画が重要である。たとえば、一日で必要な栄養摂取量のなかで、園で提供する昼食やおやつの配分量を考えて献立が作成されている。

　「保育所における食育に関する指針」は、食育を通じて子どもに期待する育ちの姿として次の5つの子ども像を掲げている。

　①お腹がすくリズムのもてる子ども
　②食べたいもの、好きなものが増える子ども
　③一緒に食べたい人がいる子ども
　④食事づくり、準備にかかわる子ども
　⑤食べものを話題にする子ども

　幼稚園についても、文部科学省から食育の推進についての通知が出ており、「幼稚園は幼児が生涯にわたる人間形成の基礎を培う場であり、食材との触れ合いや食事の準備をはじめとする食に関する様々な体験を通じて、幼児期からの適切な食事のとり方や望ましい食習慣の定着、心と体の健康など豊かな人間性の育成等を図ること」と示されている。

　園で食育に取り組む際、家庭との連携が欠かせない。園での食への配慮を保護者に伝えていくことで、保護者にとってもよい情報となり、家庭に活かせることもあるだろう。

　また、食の嗜好や食べられる量などは個人差が非常に大きく、その日の体調などによっても食欲は変動しやすい。こうしたことを考慮し、保育者同士で連携しながら、子ども個々の状況に応じた臨機応変な対応が大切である。

食物アレルギー

　2009（平成21）年に、日本保育園保健協議会が、保育所における食物アレルギーに関する全国調査（953保育所、園児105,853人を対象に調査）を実施した。

　報告によると、保育所では小学校よりも4.9％と高率で、3歳以下では小学生の2倍、1歳では3倍以上にもなっていた[16]。保育者がアレルギーについての知識をもち、それを常に更新しておくこと、保育所としての対応を共通理解しておくことが必要だ。

　厚生労働省は2011（平成23）年に「保育所におけるアレルギー対応ガイドライン」を作成した。保育所における食物アレルギー対応の原則（除去食の考え方等）を下記に抜粋する。

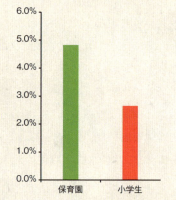

図2-6　食物アレルギーの有病率の比較
出典：厚生労働省、2011

①食物アレルギーのない子どもと変わらない安全・安心な、保育所での生活を送ることができる。
②アナフィラキシー症状が発生したとき、全職員が迅速、かつ適切に対応できる。
③職員、保護者、主治医・緊急対応医療機関が十分に連携する。
④食物除去の申請には医師の診断に基づいた生活管理指導表が必要である。（診断時＋年1回の更新）
⑤食物除去は完全除去を基本とする。
⑥鶏卵アレルギーでの卵殻カルシウム、牛乳アレルギーでの乳糖、小麦での醤油・酢・麦茶、大豆での大豆油・醤油・味噌、ゴマでのゴマ油、魚でのかつおだし・いりこだし、肉類でのエキスなどは除去の必要がないことが多いので、摂取不可能な場合のみ申請する。
⑦除去していた食物を解除する場合は親からの書面申請で可とする。
⑧家で摂ったことがない食物は基本的に保育所では与えない。
⑨共通献立メニューにするなど食物アレルギーに対するリスクを考えた取り組みを行う。
⑩常に食物アレルギーに関する最新で、正しい知識を職員全員が共有し、記録を残す。

　園では、エピペンの使い方を練習したり、アレルギーのある子どもの食事用トレイを常に分けたりするなど、保護者と連携しながら工夫・対応していくことが求められる。

（2）睡眠

　子どもにとって、睡眠は、脳と体の成長に大きく関与する大切な営みである。幼児期は熟睡状態にあるときに成長ホルモンが分泌し、身体的・精神的成長に結びつく。したがって、熟睡状態ができないような夜更かしを乳幼児期に続けることは、発育途中にある体や脳に悪影響を及ぼす。いらいら感の強い子どもは、共通して夜更かしであったという調査結果もある[17]。質のよい睡眠をとることは、成長発達には欠かせない。

　それでは、午睡はどうだろうか。幼稚園では午睡の時間はないが、保育所や認定こども園では日課に組み込まれていることが多い。子どもの発達と睡眠の様子を見ると、子どもはその発達に伴い、睡眠覚醒パターンが変化していく（図2-7）[18]。生まれたばかりの新生児はまだ中枢神経系の発育が不十分で、睡眠と覚醒の時刻が定まらず一日の大半を眠って過ごす。しだいに夜間睡眠へと移行し、1歳頃になると1～2回程度の午睡になる。そして、幼児期後期には午睡はなくなっていく。

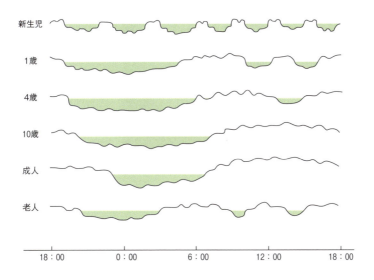

図2-7　睡眠覚醒パターンの発達

出典：大熊、1977、p.12

　保育園児と幼稚園児を比べると、保育園児の方が平均で約30分入眠時刻が遅いという研究がある[19]。保育園児の母親の就寝時刻が遅い、あるいは、母親の寝る時間が遅いほど子どもの寝る時間が遅くなる、といった関連はないという。幼稚園児が昼寝をするときは、前夜の睡眠不足によるものではないこと、昼寝をするとその日の入眠時間が30分遅くなることがわかった。この結果から、昼寝を必要としない子どもに昼寝をさせると、夜更かしになってしまうのではないかと考察されている。

このように、幼児の午睡には個別の対応が必要になってくる。保育所保育指針でも、「午睡は生活のリズムを構成する重要な要素であり、安心して眠ることのできる安全な睡眠環境を確保するとともに、在園時間が異なることや、睡眠時間は子どもの発達の状況や個人によって差があることから、一律とならないよう配慮すること」と示している。午睡は、子どもの発達や日々の活動、家庭での様子に応じて、休養方法のひとつとして捉えていくとよいだろう。

　また、一人一人の寝つきや睡眠中の様子、起床時の状態などを適宜観察するなどの配慮も重要である。2016（平成28）年には、全国の保育施設や幼稚園などで13人が死亡している[20]。

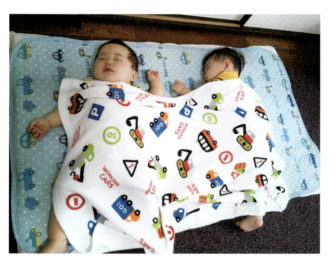

死亡した子どもの年齢は、0歳が7人、1歳が4人、6歳が2人で、10人が睡眠中に体調が急変し、このうち4人は窒息などの突然死の危険性があると指摘されているうつ伏せ寝の状態で発見された。乳幼児突然死症候群（SIDS）に関する正しい知識（第6章 p.188 参照）や、安全な午睡環境を確保するために、保育者同士が連携し、適切な保育を行うことが求められる。

§4 子どもの発達と事故

　心身機能の未熟な乳幼児期の事故は、生命や予後の発達に大きな影響を及ぼす危険がある。子どもの事故による傷病の防止は、健やかに育つために不可欠である。子どもの事故を防ぎ、安全に安心して暮らすためには、事故を防ぐためにどのような物理的な環境が必要かを理解することが必要であると同時に、もし事故があったときにどのように対応すれば子どもを救うことができるのかを知っていることも必要である。

　事故の原因と子どもの発達は密接に関連している。図2-8を見ると、身体的な成長や認知能力の発達によって事故の種類が変わってくることがわかるだろう[21]。たとえば、寝ていることの多い0歳児は、吐物や異物などが気道を閉塞して生じる窒息が多く、乳児の事故死の多くを占めている。さらに寝返りが打てるようになる乳児期後半になると、何でも口の中に入れたがり、ナッツ類やアメ、おもちゃなど小さな物を自分でつまんで口に入れ、気道を詰まらせたりする。

　特に、寝返りを始め、一人歩きができるようになる6か月から1歳半までの誤飲が非常に多く、細心の注意が必要になる。表2-6には誤飲の主な原因をあげたが、年齢によって異

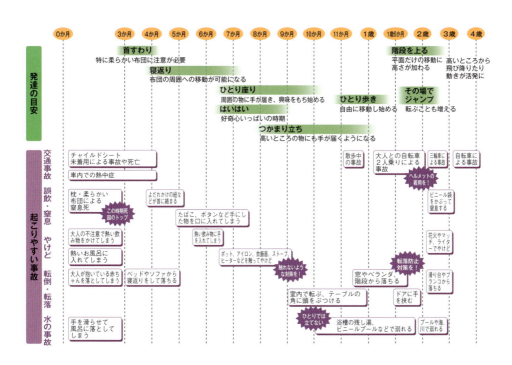

図2-8　子どもの発達と事故例

出典：山中、2012、p.3

なるのがわかる[22]。

　図2-9には、チャイルドマウスの型紙と完成図を示した[23]。乳児の最大口径は32mm、3歳児の最大口径は39mmで、飲み込める長さの値は51mmというデータがある。このサイズ以下のものは子どもの口のなかに入る危険性がある。このチャイルドマウスを通過するものは誤飲の危険性があると認識し、床から1m以上の高い場所に上げておくことが必要だ。

　園や小学校に通う5～9歳児は、自動車による交通事故が多く、この年齢階級の事故死の約半数を占めている。外で遊んでいてボールやほかの子どもを追いかけて急に飛び出したり、買物や外出時に車の直前・直後の横断をして発生することが多くなる。

表2-6　乳幼児の窒息や誤飲の主な原因

年齢＼順位	1位	2位	3位	4位	5位
0歳	包み・袋 85人	タバコ 57人	その他の玩具 41人	薬剤等 12人	電池 11人
1歳	薬剤等 45人	タバコ 34人	電池 28人	その他の玩具 21人	洗剤等 19人
2歳	薬剤等 29人	その他の玩具 16人	魚等の骨 16人	ビー玉類 13人	アメ玉類 12人
3～5歳	ビー玉類 38人	アメ玉類 29人	その他の玩具 27人	魚等の骨 21人	薬剤等 19人

（注）2015年中、東京消防庁管内

出典：東京消防庁、2015

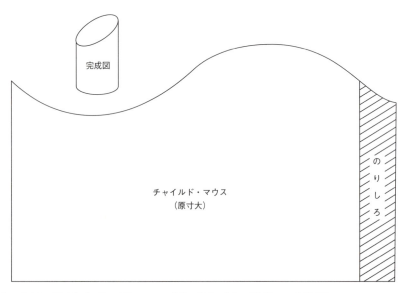

コピーして切り抜くと、原寸大（円筒の直径32mm、乳児の最大口径）の型紙として使用可能。

図2-9　チャイルドマウス

出典：京都市子ども保健医療相談・事故防止センター「京あんしんこども館」

また、子どもの特性のひとつに視野が狭いことがある。大人が左右150度、上下120度見ることができるのに比べて、5〜6歳の子どもは左右90度、上下70度と約半分の視野しかない。幼い子どもではさらに狭い視野と言われている。子どもの歩行中、自転車乗車中の巻き添え事故が多いのは、大人には当然見えるだろうと思っていたものが子どもの視野では狭くて見にくいことも原因だ。子どもは、「危ない」「気をつけなさい」といったあいまいな言葉では、何が危なく何に気をつければよいのかがわからない。もっと具体的な言い方、たとえば、「今は見えないが、向こうから車が突然来るかもしれない」から、「右・左、右とよく見て、まわりからよく見えるように手を高く上げて道路を渡る」などと明確に教えることが必要である。

　何が危険で、どうすれば安全かなど、危険回避の方法や、製品、遊具などの安全な使い方を子どもに教えることも大事だ。図2-10は、子どもの視野が体験できるキットである[24]。自分で作成し、体験してほしい。そして、子どもの視野で子どもが過ごす環境を見て、安全面について考えてみよう。また、保育者は子どもが事故に遭遇したときの救急法について、身につけておく。

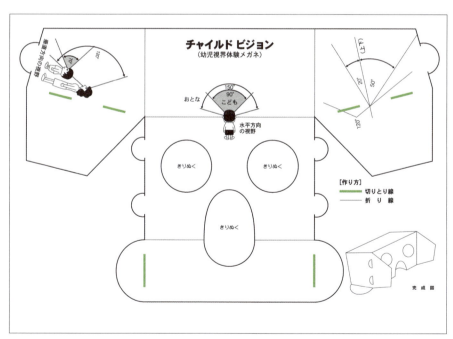

①本図をA4サイズで印刷する（250％拡大、もしくは出典元からダウンロード可能）
②印刷した①を、のりで厚紙に貼り付ける（黒い厚紙を使うとより効果的）
②はさみで黒線を切り取り組み立てる
③子どもの目の高さになり、メガネをのぞいてみよう

図2-10 幼児視野体験メガネ

出典：東京都福祉保健局「東京都版チャイルドビジョン」

鬼遊びと身体感受性

　身体感受性を育むために鬼遊びは非常に有効である[25]。身体感受性とは、簡単にいえば、体が感じ取るさまざまな感覚である。たとえば、ハンカチ落としは、目をつぶり背後に神経を集中させ、自分の後ろにハンカチが落とされていないか感じ取ろうとする。かくれんぼでは、鬼は人がいそうな気配を感じ取るために神経を集中させるし、隠れている側は体を縮めて気配を消そうとする。こうした遊びでは、足の速さや瞬発力も養われるだろうが、それ以上に体が周囲の変化を察知する能力がとぎすまされていく。こうした感覚が、危険を察知する力に結びついていくのかもしれない。子どもたちは、さまざまな遊びを通して安全に対しての構えを形成していく。安全に対しての構えのなかには、こうした身体感受性を高め、危険を察知する力を身につけることも含まれるだろう。遊びのそうした側面についても注目したい。

———— この章で学んだこと ————

● 乳幼児期の身体発達と運動発達は、順序性があるとともに個人差も大きい。

● 心と体の発達には密接な関係があり、保育者は子どもが安心安定して育つ環境をつくる大きな役割を担っている。

● 保育者は、園で生活習慣を獲得することの意義を理解し、子どもの必要感から獲得できるように援助していく。

● 子どもの発達と事故の原因は関連している。事故が起きないような環境設定、起きたときの対応方法を知っておくことが保育者には必要である。

第3章

子どもの「健康」をめぐる現状と課題

――― この章で学ぶこと ―――

この章では、子どもの「健康」をめぐる現状のひとつとして、最近の子どもの運動能力低下の問題を取り上げた。子どもの運動能力低下の背景や原因を検証することによって、幼児期に育てるべき運動能力とは何か、大人とは異なる子どもの発達特性とは何かを明らかにしていく。さらに、子どもの発達特性を理解したうえで、幼児期に必要な身体活動は運動遊びであり、大人のスポーツとは異なるということを学んでほしい。

§1 最近の子どもたち

1 最近の子どもたちの姿

　昨今の子どもたちの体力・運動能力は、1985（昭和60）年以降低下傾向を示したのち、下げ止まりの状況にある。毎年、「体育の日」の前後になると、新聞などのメディアが子どもたちの体力・運動能力低下について取り上げている。

　子どもたちの体力や運動能力の低下に関してはさまざまな改善策が行われてきたが、十分な成果が見えていないのが現状である。この体力・運動能力低下の大きな理由のひとつとして、「最近の子どもたちは外で体を使って遊ばない」ということが、これまでさまざまな立場から主張されている。外で体を使って遊ぶという活動は、私たち大人が子どもだった時代には当たり前のように行われていた。ところが、最近の子どもたちは外で体を使って遊ばないというのである。

　子どもたちが外で体を使って遊ばない理由を考えてみると、テレビゲームの普及、塾の早期化、子どもを狙う犯罪の増加、交通事情の悪化、遊び場の不足など、子どもたちを取り囲む現象のなかに多くの原因が見いだせるだろう。つまり、こういった生活環境の変化が、子どもたちの遊びや体の使い方に影響を及ぼし、結果として体力や運動能力の低下につながっていると推測できる。

　また、われわれ人間が行動を起こすときは、かならずそこに「心」が介在している。社会や環境の変化によって「心」と「体」の両側面が影響を受けているということを忘れてはいけない。運動能力や体力が低下したという情報ばかりを問題にしてしまうと、その根底に隠れている心と体の問題が見失われ、「どうしたら体力や運動能力が昔のような値に戻るか」ということに関心が寄せられてしまう。

2 最近の子どもたちの遊び

　表 3-1、図 3-1 は、ベネッセ教育総合研究所が幼児を対象に行った調査研究の報告である[1]。表 3-1 を見ると、遊びの項目の多くはこの 20 年間で増加傾向にあるが、「自転車、一輪車、三輪車などを使った遊び」や「砂場などでのどろんこ遊び」などの外遊びは減少傾向にある。

　また、図 3-1 は、降園後の子どもの遊び相手に関して、1995（平成 7）年から 2015（平成 27）年の 20 年間での変化を調査した結果である。母親が 30.9 ポイントも増加している一方、「きょうだい」や「友だち」は減少傾向にあり、とくに、「友だち」は 28.8 ポイントも減少している。

　このような調査結果から、家庭での遊びの質の変化が浮かび上がってくる。実際、子ども同士で遊ぶときと同じような内容を、母親が自分の子どもに経験させることは非常に難しい。

表3-1　よくする遊び（経年比較）

(%)

	95年	00年	05年	10年	15年
公園の遊具（すべりだい、ブランコなど）を使った遊び	66.0	68.4	76.1	78.1	80.0
つみ木、ブロック	55.0	55.5	63.1	68.0	68.4
人形遊び、ままごとなどのごっこ遊び	51.2	53.5	56.9	56.6	60.5
絵やマンガを描く	45.0	43.6	57.5	53.5	50.4
ミニカー、プラモデルなど、おもちゃを使った遊び	39.5	43.8	45.5	46.1	49.8
砂場などでのどろんこ遊び	49.5	52.0	57.6	53.6	47.7
ボールを使った遊び（サッカーや野球など）	35.0	33.2	46.8	46.9	46.2
自転車、一輪車、三輪車などを使った遊び	46.3	51.5	53.9	49.5	45.7
マンガや本（絵本）を読む	30.4	28.1	44.9	44.5	43.8
石ころや木の枝など自然のものを使った遊び	26.2	33.8	37.6	40.2	40.3
ジグソーパズル	21.9	17.9	28.8	32.9	33.0
おにごっこ、缶けりなどの遊び	13.9	13.6	20.9	23.0	27.7
カードゲームやトランプなどを使った遊び	19.4	17.8	26.2	25.6	27.7
なわとび、ゴムとび	14.1	12.6	19.3	21.1	20.5
＊携帯ゲーム				17.8	18.1
テレビゲーム	24.2	20.2	15.1	17.0	10.5
その他	7.2	9.2	13.2	10.1	9.6

（注）複数回答。項目の並びは、15 年調査結果の降順。「＊」は 10 年調査、15 年調査のみの項目。

出典：ベネッセ教育総合研究所、2016、p.30

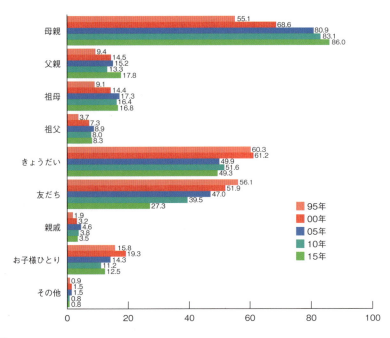

（注）複数回答。

図3-1 平日、幼稚園・保育所以外で一緒に遊ぶ相手（経年比較）

出典：ベネッセ教育総合研究所、2016、p.29

　前述したとおり、かつては、体を使った戸外遊びが日常的に行われていた。言い換えれば、絶え間ない変化と刺激に満ちた戸外の環境に対して、子どもたちが意図的に関わるのが当たり前だったということである。しかし、少子化や、地域の安全性の低下などを背景に、戸外遊びや子ども同士の遊びは減少傾向にある。自分で考え、自分で決めて関わっていくという、子どもの遊びの本質といえる活動が経験しにくくなっているのである。昨今、「指示待ち」の姿が幼児期から増加しているといわれているが、遊びの変化とも関連があるのではないだろうか。

　遊びの質の変化は、心と体両側面の発達に大きな影響を与えていると推測される。そこで、続く§2では、具体的なデータから最近の子どもの運動能力や心の変化について考えていきたい。

§2 運動能力調査に見る子どもの心身の変化

1 最近の子どもの体力・運動能力の傾向

　ここでは、子どもの体力・運動能力が実際どの程度の低下傾向を示しているか見ていくことにする。文部科学省は、全国の児童生徒の体力・運動能力の測定結果を調査し、1964（昭和39）年から1997（平成9）年の変動を報告している[2]。報告によれば、測定開始当初から1975（昭和50）年にかけては、体力・運動能力が毎年確実に上昇し、1985（昭和60）年まではある程度安定している。しかし、小学校以上の児童生徒の体力・運動能力は、1985年以降、1997年まで急速に低下し続けている。この結果は、小学校以上の子どもたちの体力・運動能力が、前述したようにこの40年近くで急激に低下していることを示している。

　では、幼児ではどうであろう。図3-2は、1966（昭和41）年から2008（平成20）年の間、ほぼ10年ごとに筆者らが行ってきた運動能力検査（MKS幼児運動能力検査）の結果をもとにしている[3]。2008年の平均値を基準として、各調査年の数値の増減を示した。1973（昭和48）年から1986（昭和61）年を比較すると、体支持持続時間を除いて大きな低下は見られない。しかし、1986年から1997（平成9）年の間には、すべての種目で前回の調査結果を下回っていた。

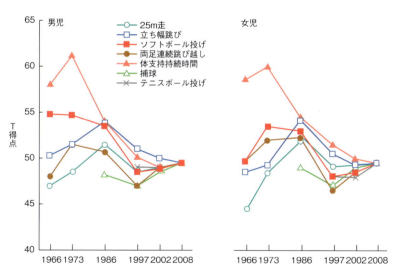

（注）調査対象児のすべての年齢段階（4歳前半～6歳後半）を組み込んだ平均値を調査年ごとに算出し、2008年の平均値と標準偏差を用いてT得点に換算した。

図3-2 T得点で表した幼児の運動能力の時代推移

出典：森ほか、2010、p.66

これは、小学校以上の児童生徒だけでなく、幼児に関しても、この期間に運動能力が急激に低下したことを示している。一方、1997年から2002（平成14）年の5年間では変化の幅が小さくなり、2002年から2008（平成20）年ではさらに緩やかになっている。このように、1986年から1997年にかけての低下以後は、下げ止まりの状態で推移し現在に至っている。

子どもの体力や運動能力の急激な低下について理解するためには、上記のような客観的な情報も活用しながら、この低下の背景にある原因をていねいに検証していくことが重要である。

2 心の粘り強さの低下

前述したように、幼児の運動能力検査の年次推移を見ると、1973（昭和48）年から1986（昭和61）年の間に体支持持続時間だけが著しく低下しており、以降も下がり続けている。この点については、海野の研究が原因の一端を示してくれる[4]。海野は、この種目で20秒持続できない子どもたちを集めて時計を掲示し、1分間がまんするように教示を行ったあと、再度測定を行った。結果、20秒持続できなかった子どもたちの3分の2が、1分間がまんできたと報告している。同様の報告として、2004（平成16）年に東京都で行った「東京都公立幼稚園5歳児の運動能力に関する調査研究（その9）」がある[5]。数園で同種目を実施したあと、再度、時計を見せて比較調査を行ったところ、男女とも平均で25秒前後伸びたのである（図3-3）。つまり、腕で体を支える力が著しく低下しているわけではない、と考えられる。では、体支持持続時間の検査結果をどう考えればよいのだろうか。

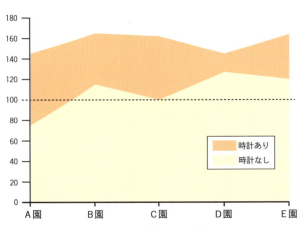

（注）全体平均を100とした場合の指数による比較

図3-3 体支持持続時間の時計の有無による変移
出典：東京都教職員研修センター、2005、p.167

実は、この種目はほかの4種目と異なり、検査を受ける子ども自身の意思で「終わり」が決まる。自分で「もう限界だ」と判断するまでが記録となるため、子ども自身の長く続けたいという気持ちの強さが結果に表れているといえる。つまり、昨今の子どもたちの体支持持続時間が低下し続けている原因は、単に腕力が低下しているというわけではなく、むしろ、「ここまではがんばろう」と自分で目標を見つけ、その目標に向かって粘り強く続けようとする気持ちの低下ではないだろうか。この体支持の事例にも見られるように、幼児期においては、運動能力の低下を、心身両方の問題として捉えることが重要である。

3 体の動きの変化

　これまで述べてきたように、1986（昭和61）年から1997（平成9）年にかけての調査結果によれば、子どもの運動能力は確実に低下し、2008（平成20）年の時点では下げ止まっている。この、距離が短くなったり時間が遅くなったりしているという量的な低下の背景には、投げ方や走り方といった動きの質的な低下も考えられるだろう。

　動きの質的な低下の代表例として、幼児の運動能力測定の種目のなかの「ボール投げ」があげられる。このボール投げで想定されている動きは、たとえば右利きの場合は左足が前に出て、右手でボールを投げる動作である（図3-4）[6]。

　しかしながら、最近、ソフトボール投げの測定において、右利きの子どもが右手でボールを投げるとき、右足を前に出しているケースが以前より増えている。できるだけ遠くにボールを投げるための合理的な動きは、右利きの場合、右手で投げ、足はもちろん左足が出ることである。そうすることで、全身のひねりを使って遠くに投げることが可能になる。ところが、最近では右手右足の子どもが増え、遠くへ投げるための合理的な投げ方をしていない。その結果、最近の測定ではソフトボール投げの遠投距離が下がっているのである。このような、投げ方の未発達という質的な側面が、ボールを遠くへ投げられないという量的な変化につながっている。この問題の背景には、子どもたちがキャッチボールをしなくなったなど、投げる経験が少なくなっていることが考えられる。

　ガラヒュー（D. L. Gallahue）[7]や近

図3-4　5歳男児・6歳男児の投球動作
出典：宮丸、1980、p.466

藤[8]の研究によれば、本来、小学校の低学年までには経験を通じて基本的な運動技能を獲得することができる（図3-5、図3-6）。つまり、子どもたちはこの時期までに、大人がふだん行っているのと同じようなレベルの基本的動作を獲得しているのである。言い換えれば、この時期に基本的な動きができていないということは、動きの獲得が遅れていると捉えられる。そして、この基本的な運動技能の発達は、脳機能の発達と不可分である。私たちが体を動かすとき、脳が動きを決定し、決定した動きを体で表現しているのである。幼児期は中枢神経系の発達に伴い、さまざまな動きを獲得できる敏感な時期である。このように考えると、幼児の運動能力の低下の背景には、動きを獲得するのに最も大切な時期に十分な経験をできていない子どもたちの姿が浮き彫りになってくるであろう。

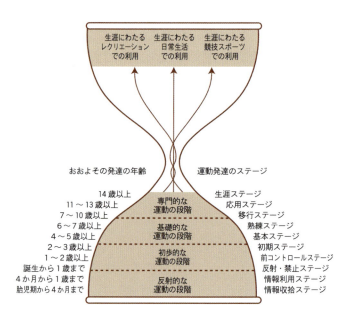

図3-5 運動発達の段階とステージ

出典：ガラヒュー、1999、p.69

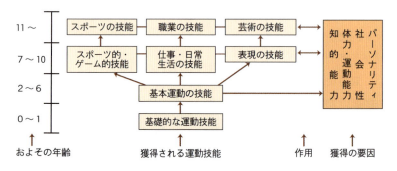

図3-6 運動機能の獲得過程

出典：近藤、1999、p.66

§3 運動能力を低下させた原因

　以上、述べてきたように、最近の子どもの運動能力は低下傾向にある。そしてその低下の背景にあるのは、大人が言う意味での「（量的な）運動不足」だけではないようだ。大人と子どもを同様に捉えて量的な経験の不足を検討するだけでは、幼児期の運動能力の低下は解決されない。ここでは最近の子どもの運動能力低下の原因について、子どもの運動経験や彼らを取り囲む園環境、家庭の環境などから検討してみよう。

1　園環境が運動能力の発達に与える影響

　幼稚園や保育所、認定こども園などにおける全身を使う運動遊びの頻度や指導方法は、子どもたちの運動能力の発達に直接影響を与えると考えられる。さらに、園における運動経験には、園庭や園舎の広さや保育形態といった環境面が大きく影響していると思われる。そこで、続いては、最近の子どもの運動能力と、園での経験・園環境との関係について考えていくことにする。

（1）園での運動経験と運動能力の関係

　子どもたちは、園でさまざまな活動を経験している。なかでも、体を動かす経験の程度は、運動発達や身体発達などに直接影響しているはずである。

　この点について、杉原らは、自由遊びの時間に運動遊びを行う頻度と、運動能力（25m走〔代替：往復走〕、立ち幅跳び、ソフトボール投げ〔またはテニスボール投げ〕、体支持持続時間、両足連続跳び越し、捕球の標準点の合計点：以下に述べる運動能力の結果も同様）の関係を調べた[9]。その結果、自由遊びのときに運動遊びを好んで行う頻度が高い幼児ほど、運動能力が高いことを報告している（図3-7）。

　このように、園において、戸外で体を使って活発に運動遊びを行っている子どもはそうでない子どもに比べ運動能力が高い傾向を示している。

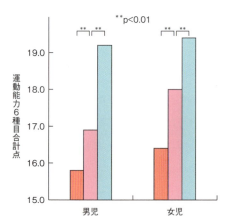

図3-7 自由遊びのときの運動遊びをする頻度による運動能力の比較
出典：杉原ほか、2010、p.345（一部改変）

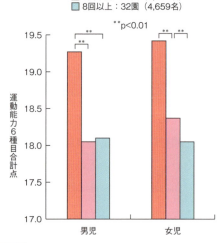

図3-8 幼稚園での一か月当たりの運動指導頻度による運動能力の比較
出典：杉原ほか、2010、p.343（一部改変）

　戸外で活発に身体活動を行っている子どもと、そうでない子どもによって、運動能力に違いが出てくる。ということは、最近の子どものなかでも、外で体を使って遊んでいる子どもの場合、著しく運動能力が低下しているとは考えにくい。運動発達に直接影響を与える外遊びをあまり経験していない子どもが増えているため、運動能力検査の平均値が下がっていると考えられるだろう。また、昨今話題になっている児童・生徒における運動の二極化現象とも結びついていると予想される。

　また、杉原らはさらに、保育時間内に、体育を専門とする指導者によって体操や球技などの運動指導を行う頻度と運動能力との関係を分析した[10]。結果、運動指導を行っている園のほうが、行っていない園に比べて運動能力が低かったと報告している（図3-8）。

　図3-7、図3-8に示したような結果は、体育の専門家による運動指導を実施するよりも、子ども一人一人が運動遊びを行うほうが運動能力を向上させると示唆している。

　まとめると、園での運動遊びの場面において子ども一人一人が主体的に自分の目的に向かって体を動かす経験をしているかどうかが、運動能力の発達に大きく影響すると考えられる。

（2）園の環境と運動能力との関係

前項では、運動能力の発達に直接的な影響を与える要因として、園での運動遊びの実践状況について言及した。では、子どもが生活する園の環境はどうであろうか。園の環境は、運動能力の発達に間接的な影響を与える要因として捉えられる。そのような環境のうち、ここでは、子どもたちの活動内容に大きく影響してくる保育形態に焦点をあてる。

杉原らは、「一斉保育」中心に保育を行っている園と、「自由保育（遊び）」中心に保育を行っている園と、一斉・自由半々の園とを調査して比較した[11]。その結果、一斉保育を中心にしている園の運動能力が最も低かった（図3-9）。このように、保育形態の違いも子どもたちの運動経験に影響を与え、結果として運動能力の低下につながっていると考えられる。また、人的環境である保育者の資質が、子どもの運動能力に影響を与えているという報告もある[12]。保育者は、子どもたちにとって重要な人的環境である。実践を行う保育者自身が「体を動かすことは楽しい、気持ちいい」と感じているかどうかは、子どもたちの運動経験を左右するだろう。

保育形態や保育者を含む人的環境は、間接的ではあるが、子どもの運動経験に確実に影響しているといえる。園におけるさまざまな要因が、子どもたちの運動経験に対して直接的・間接的に影響を与えているのである。

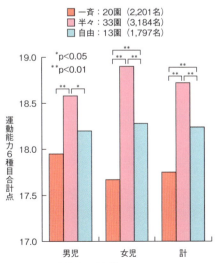

図3-9 幼稚園の保育形態別にみた運動能力の比較

出典：杉原ほか、2010、p.345（一部改変）

2 家庭や地域の環境が運動能力の発達に与える影響

　幼稚園や保育所や認定こども園などの環境が、子どもの運動能力低下の直接的原因である運動経験に間接的に影響していることが示唆された。では、家庭環境における子どもの運動経験はどうであろうか。

(1) 家庭での運動経験

　「昔の人」、少なくとも、1985年以前に子どもであった人たちは、帰宅後に外で体を使って遊ぶことが当たり前であった。ところが、最近はどうであろうか。筆者らは、家庭での運動遊びの頻度と運動能力の関係を調査した[13]。すると、運動遊びを「わりとよくする」「非常によくする」子どもたちは、そうでない子どもたちに比べて運動能力が高いことが示された（図3-10）。つまり、家庭での直接的な運動経験の違いが運動能力の発達に影響していると示唆されたのである。表3-1でも示したように、最近は、降園後に室内で遊ぶ子どもも増えているようだ。家庭で体を使った遊びをしなくなってきていることも、運動能力の低下につながっていると推測できるだろう。

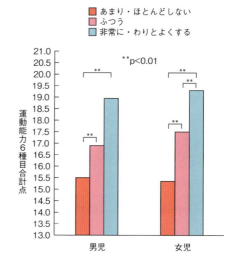

図3-10　家庭での運動遊びの頻度による運動能力の比較
出典：森ほか、2011、p.24（一部改変）

(2) 家庭環境と運動能力

　では、家庭環境はどのように変わってきたのであろうか。戸外で群れ遊びが当たり前だった時代とは異なり、現代の家庭にはおもちゃやゲームなどが豊富にあり、子どもがひとりでも過ごせるような環境になっているといえるだろう。筆者が学生に「幼少期、帰宅後にどんなことをして遊んでいたか」と聞くと、以前は、鬼ごっこ、ドッジボールなどの外遊びという答えが多かったが、最近は「室内遊びが多かった」という学生も増えてきている。表3-1にも、実際の状況が表れている。

　本章の冒頭で述べたとおり、背景には、子どもが育つ社会環境の変化がある。子どもが安心して戸外遊びができる空間も激減しており、さらに、一緒に遊ぶ子どもの数自体も減少している。そして、このような現状だからこそ、同年代の友達と思いきり体を動かして遊べる機会を、保育者が保障することが重要なのである。

　実際、子ども同士で遊ぶ機会が多いほど、運動能力の発達が促される。図3-11は、よく

遊ぶ友達の人数を示しているが、3人以上で遊ぶ子どものほうが、1人で遊ぶ子どもに比べて高い運動能力を示している[14]。また、保育者の意識が子どもの運動経験に影響を与えることについて前述したが、同じように、親の意識の違いも子どもの運動経験に影響を与えている。たとえば、子どもと日頃一緒に運動遊びを行う頻度が高い家庭の子どもは、運動能力が高かった[15]。

家庭で十分な運動経験をすることが難しくなっている今、園での経験の意味は、ますます大きくなっているといえるだろう。

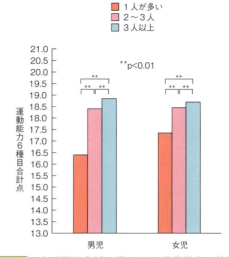

図3-11 よく遊ぶ友達の数による運動能力の比較
出典：森ほか、2011、p.28（一部改変）

第3章 ▶ 子どもの「健康」をめぐる現状と課題

§4 「健康」を支える集団保育の役割

1 気になる乳幼児の姿

　本章では、子どもの「健康」をめぐる現状について、主に運動能力低下の問題を見てきた。しかし、幼児期の「健康」をめぐる問題は運動発達だけにとどまらない。夜遅い時間に外食をする親子、朝食を食べない子、多くの習い事の話をする子、公園でゲーム機を操作している子など、さまざまな幼児の姿を身近で目にする。ベネッセ教育総合研究所による20年間にわたる年次比較では、幼児の約半数が21時台に就寝しておりこの時間帯をピークとする傾向には変化はないが、22時以降に就寝する幼児の比率は1995（平成7）年の32.1%から、2005（平成17）年には28.5%、2015（平成27）年には24.0%と減少しており、この20年間で早寝傾向が見られると報告されている[16]。しかし、1936（昭和11）年の幼児は、8割以上が19時台から20時台には就寝しており（図3-12）、これと比較すると最近の幼児は約1～2時間も遅寝であるといえる[17]。22時台以降に就寝する子は朝食を欠食する割合も高くなっており[18]、遅寝や睡眠時間の短さだけの問題ではない。また、習い事をしている子は幼稚園児で73.0%、保育園児でも56.7%おり、この傾向は年々高くなっている[19]。多くの習い事をしていればそれに費やす時間も長くなり、遊びも限定されることになる。このように、子どもの「健康」に関する課題はさまざまな要因があり、それらが複合的に関連し合っている。

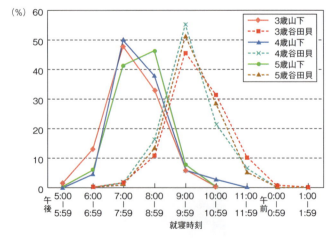

（注）山下調査：山下俊郎『幼児の生活指導』（保育学講座5）、フレーベル館、1972

図3-12 就寝時間の分布（山下調査：昭和11年、谷田貝調査：平成15年）

出典：谷田貝・高橋、2008、p.37（一部改変）

2 乳幼児の健康を支える保育者の援助

　2017（平成29）年改訂の幼稚園教育要領では、幼児教育と小学校教育との接続をいっそう強化するべく、資質・能力の3つの柱を踏まえて、「幼児期の終わりまでに育ってほしい姿」が10項目に整理された。このなかのひとつ「健康な心と体」は、「幼稚園生活の中で、充実感をもって自分のやりたいことに向かって心と体を十分に働かせ、見通しをもって行動し、自ら健康で安全な生活をつくり出すようになる」ことをめざしている。この姿は幼児期の終わりまでに育てたい姿であるとともに、小学校の始まりの姿でもある。ここでは、この姿を「遊びを通しての総合的な指導により一体的に育む」ために必要な保育者の援助について、とくに運動、身体活動との関連で考えてみたい。

（1）遊びとしての運動と総合的な指導

　運動発達において、運動指導を行う頻度の高い園ほど幼児の運動能力が低く、特別な運動指導を行っていない園の幼児の運動能力が高いことが示されている（図3-8参照）。この一見すると矛盾する結果は、子どもにとっての遊びであるかどうかということが関係している。杉原は保育に役立つ遊びの捉え方として、遊びを内発的に動機づけられた行動とし自己決定と有能さの追求が重要なポイントであるとした[20]。この立場に立てば子どもに自己決定的に運動を行えるようにすることが運動指導の基本指針、すなわち運動を遊びとして指導するということになる。そして園での運動指導の遊び要素の程度と運動能力との関係を調べたところ、遊びとして行っている園の幼児の方が運動能力は高く、遊び要素の低い園の幼児の方が運動能力は低くなっていた[21]。また、Martinらも子どもの自己決定が尊重され努力が評価されるなど熟達（マスタリー）傾向にある指導グループと、教師が中心となり子どもが指示に従う子どもの自律性が低い（自己決定が低い）グループの指導効果を比較し、熟達（マスタリー）群の運動技能が有意に高いことを示している[22]。子どもの身体活動は自己決定（子どもの選択と構想）に依存し、子どもがより少ない制約や規則のもとで自由に遊ぶことができると身体活動が活発になるとする報告もある[23]。これらのことは、指導者が一方的に教えるという指導が幼児の運動発達を阻害しており、運動発達の初期にあたる幼児期には自己決定的に運動に関わること、すなわち遊びとして行う運動が最もふさわしい運動であることを示している。

　遊びとしての運動は、運動発達を促すだけではない。運動能力の高い子は運動能力の低い子に比べて、積

極的、リーダーシップをとる、好奇心旺盛、社交的、自信がある、粘り強い、友達関係が良好など行動傾向が肯定的である（図3-13）[24]。運動発達と自己概念の形成には密接な関連があると考えられている[25]。すなわち、子どもがさまざまな遊びのなかで思いきり体を動かしたり試したり楽しく運動したり、自分なりにやり遂げるような達成経験は、運動有能感を形成する。運動有能感を形成した子どもは自信をもち、行動傾向が肯定的になり、運動することも好きになり運動する機会（経験）もさらに増え、運動発達もいっそう促される。これに対し、苦手なことやできないことを強制されたり他児と比べられたり、競争で負けたりといった経験は運動無力感を形成する。運動無力感を形成した子どもは自信ももてず劣等感が強くなり消極的になるだけでなく、運動そのものが嫌いになってしまう。

　このように、単に運動すれば（させれば）よいのではなく、子どもが運動をどのように経験したのかが重要なのである。遊びとしての経験、有能感を形成するような経験は心も育てるが、指導の方向性を誤ると、心の発達に弊害をもたらす危険があることに注意しなければならない。2017（平成29）年の学習指導要領改訂に向けた審議において、小学校の体育科では「すべての児童が楽しく、安心して運動に取り組むことができるようにし、その結果として体力の向上につながる指導等の在り方について改善を図る」ことがあげられている。運動は成果が目に見えてわかりやすいため、ややもすると数値や出来栄えに評価が偏りがちだが、まずは楽しく運動に取り組み、充実感や満足感を味わう経験を重ねることが大切である。それが、結果的に体力・運動能力の向上につながっていく。このような姿勢で行う指導は、幼児期だけでなく児童期にも必要であるといえる。

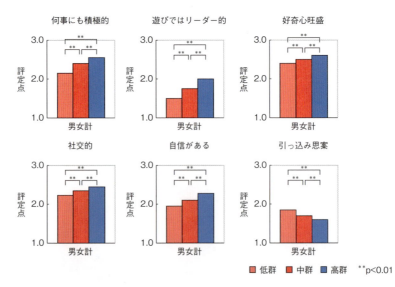

（注）保育者にクラスの子ども一人一人に対する園での様子について「はい」「どちらともいえない」「いいえ」の3件法で尋ねた。運動能力の高い子は行動傾向がポジティブであるのに対し、運動能力の低い子はネガティブであった。

図3-13　運動能力高・中・低群別にみた園での行動傾向

出典：杉原ら、2010、p.59（一部改変）

（2）遊びとしての運動指導の方向性

　遊びとしての運動指導、すなわち子どもの自己決定を促す指導とはどのような指導なのだろうか。子どもの自己決定というと放任をイメージするかもしれないが、そうではない。保育にはねらいがあり、保育者はそのねらいに基づき環境を構成し保育を展開する。つまり、経験させたいと考える活動において、できるだけ子どもが主体的・自己決定的に関われるように、活動の内容ややり方、ルールや目標などについて、子どもが決める割合をできるだけ高めるということである（図3-14）。指導者が細かく指示したり、一律のやり方を押し付けることは、子どもの自己決定を低くする。一人一人が自分なりにできることをやりたいように行うことは、多様な動きの経験にもなる。他児の動きをヒントにまねてみたり、取り入れて工夫してみたりするなど、動きだけでなく活動の広がりも期待できる。

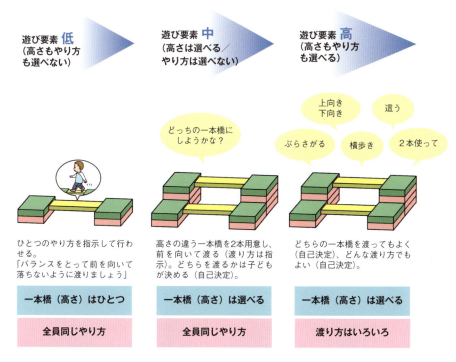

図3-14　指導の方向性（例：一本橋の渡り方）

（3）遊びとしての運動指導と主体的・対話的で深い学び

　保育者が遊びを指導するうえで、子どもたちが「充実感をもって、自分のやりたいことに向かって心と体を十分に働かせ」ながら取り組むために、具体的にはどのような関わりが求められるのだろうか。

　前述したように、遊びとしての指導においては子ども自身で決めることを大切にする。環境には動きを引き出すという性質がある。経験させたい動きを引き出すような環境、やってみたくなる環境を構成することで子どもは主体的に環境に関わっていく。また運動活動にお

いては勝ち負けや競争を強調することが多く見受けられるが、勝ち負けを重視するのではなく、過程に注目し行為そのものを認める言葉がけが有効である。保育者が子どもの努力（がんばり）に対して励ましや承認をすることにより、子どもの身体活動が活発になるという報告もある[26]。

　さらにはルールややり方、遊具の扱いに対して固定観念にとらわれず、柔軟で自由な発想も重要である。子どもの豊かな発想を遊びに取り入れながら思考の幅を広げ、みんなでつくっていくという姿勢が必要である。ただし自由な発想といっても、危険が伴うようなことを容認してはならない。このような場面では、ものの扱いや決まりの理解を促し、また安全に対する認識を高める機会と捉えて指導するとよい。

　また、保育者の人的環境としての役割が子どもの運動遊びに与える影響は大きい。保育者が率先して行ったり、仲間として一緒に活動したり、時には補助をするなどさまざまな役割を演じることが求められる。

3　乳幼児期の動きの重要性

　乳幼児期の動きは、生涯にわたる運動発達の基礎の段階である。この基礎が確立されていること、すなわち基本的な動きの種類を多く獲得していると、その後の動きの組み合わせが多様になる可能性も高まる（第2章、第4章参照）。

　保育所保育指針等には、乳児及び1歳以上3歳未満児の保育のねらい及び内容、内容の取扱いに基本的な動きが列記され、体を動かすことや全身を使って遊ぶことが示されている。また、幼稚園教育要領、保育所保育指針等の3歳以上児の保育では領域「健康」の内容の取扱いに「多様な動きを経験する中で、体の動きを調整するようにすること」と明記されている。多様な動き（第4章参照）は、2012（平成24）年に策定された幼児期運動指針の運動の行い方のポイントのひとつにもなっている[27]。多様な動きの獲得は運動場面において必要なだけでなく、場に応じた身のこなしができ、いざというとき自分の身を守れる、自分の思い通りに動ける、やりたいことができることなどと密接に関連している。

　一方、把握・操作運動にみられる微細な運動や目と手の協応動作は、自立とも関連が深い。食事や排泄、着脱衣や手洗いなど、基本的な生活習慣を確立するためにはそれに伴う動作が不可欠である。動きを獲得することにより自分ひとりでできることが増え、それが自立や自信につながる。乳幼児にとっての動きは「運動」場面だけに限らず、生活すべてに関係の深いものである。また自分の身を守るためには、危ないことを「理解」し、それを「回避」できる体がなければならない。ものの操作や場に応じた身のこなしなどができれば、自身を守ることにつながる。動きの獲得は安全能力（身体的、知的、社会的、精神的な面）を育てることでもある[28]。これらの生活習慣に関わる動きややり方の理解は、ふだんの生活のなかでの繰り返しの経験により身につくため、家庭と園で一貫した方法で行うことも必要である。また、園での生活習慣は他児の行為が刺激になって実践できることも多い。一緒に過ごす他児

の影響も大きいといえる（第5章参照）。

4 ふだんの生活における身体活動

　文部科学省が実施している高齢者の日常生活活動テスト（ADL）の項目には、「立ったままでズボンやスカートがはける」「布団の上げ下ろしができる」「正座の姿勢から手を使わずに立ち上がれる」「バスや電車に乗ったとき立っていられる」などがある[29]。将来的にこのような動作が不自由なくできる体であるための基礎も、乳幼児期につくられるといえる。しかし、近年、靴の履き替えを座ったまま行っている子どもを目にすることが多い。また、しゃがめない、座ったまま姿勢が保てないといった子どもの姿も、多くの保育者から耳にする。乳幼児期は基本的な動きを身につけやすい時期だが、この時期を逃すとその習得が困難になることもある。さまざまな動きはスポーツ場面においてのみ必要なのではなく、ふだんの生活を自立して行うために欠かせないものである。発達の連続性を考慮すれば、乳幼児期に体を育て、動きを育てることは生涯にわたって自己実現を果たすためにも非常に重要である。椅子に座っていられない年長児は、小学校で授業を受けるための体も心も育っておらず、学習に向かう姿勢もとれないということである。

　動きや運動発達というと運動やスポーツ活動をイメージするかもしれない。しかし、誰でもふだんの生活のなかでさまざまな動きを経験している。動きの経験を限定的に捉えるのではなく、ふだんの生活のなかの動き（生活活動）という視点から、生活場面での体を動かす機会を考え確保することも必要である。訓練や練習として繰り返さなくても、日常の営みとして行う毎日の積み重ねが結果として健康な心と体を育むことになる[30]。

椅子に座って姿勢が保てない子どもの姿から、年長児に背もたれのない椅子を取り入れた例（写真：奈良教育大学附属幼稚園）

メダカを救え！

　東京都内に、大雪が降った日のエピソードを紹介しよう。筆者がふと園庭の隅を見ると、数名の子どもたちが池の中を覗き込んでいた。この寒さで、池の水はすっかり凍っている。そこに年長の子どもたちが集まり、池の中にいるメダカの心配をしていたのであった。

　数名の子どもたちが、砂場から大型スコップ（プラスティック製）を持ってきて氷を割ろうと試みるが、ヒビも入らない。1本のスコップでは割れないことに気づいた子どもたちは砂場に戻り、さらに数本のスコップを持ち寄って再度割ろうと試みるが、それでもびくともしない。

　そのうち、レンガで割ろうと試みる子どもが現れた。この子どもは、池から離れた場所に置いてあったレンガを両手で持ち、雪で覆われ滑りやすくなった地面でバランスをとりながら、園庭の隅の池まで上手に歩いてきたのである。もちろん、このような動きは、ふだんの日常生活ではなかなか経験できないものである。

　このとき、数名の子どもたちが池を取り囲みそれぞれの考えで氷を割ろうと試みていたが、友達がレンガを池の氷に落として割ろうとしているのを見ると、誰が指示したわけでもなく、子どもたちは安全な位置へと下がっていた。レンガを池に投げ込んだあとは、子どもたちは池を覗き込み、氷の状態を確かめている。割れていないことを確認すると、またすぐに手持ちのスコップで氷を叩きはじめた。レンガを落としたり、スコップで叩いたりすることを繰り返すうちに、ようやく氷が割れた（氷の厚みはなんと5cm以上もあった）。

　このような行動に関して、大人はつい安全面から制止してしまうかもしれないが、子どもたちは氷を割ろうというひとつの目的のために、それぞれが自分の役割、友達の役割を理解しているからこそできたことで、そこにはお互いの仲間意識が働いているのである。まるで日常の保育のなかで行われる当番活動のように。

この章で学んだこと

- 外遊びの減少のような子どもたちの遊びの質の変化は、運動能力や動きの低下など、運動発達に影響を及ぼすとともに、主体的に粘り強く遊びに取り組む心の発達に影響している。

- 運動能力検査やさまざまな研究を検証すると、基本的な動きを獲得する敏感期に十分な経験ができていない子どもたちの姿が見いだせる。

- 保育実践や園環境での運動経験が、子どもの体力・運動能力に大きく影響する。体を動かす機会を保障する場として、園や保育者の役割はいっそう大きくなっている。

- 幼児期から児童期は遊びとしての運動経験を重ねることが大切であり、それが運動能力や運動有能感の形成につながっていく。

第 4 章

子どもの健康と遊び

――― この章で学ぶこと ―――

子どもは、興味をもった遊びに夢中になって取り組むなかで、心を動かし、体を動かしていく。
自分の思いを実現しようと能動的に活動することは豊かな遊びとなり、
子どもの身体諸機能の発達を促していく。この章では、こうした子どもの心と体の発達を促す実践を
知るとともに、子どもの多様な動きを引き出すための、保育者の関わり方や教材研究の重要性、
場所の使い方など、具体的な環境の構成について考えていく。

§1 乳児・1〜2歳児の遊び

1 基本的な動作の獲得

　生まれたばかりの赤ちゃんは、母親の胎内から外界にでるという大きな環境の変化に適応していく。ミルクを飲み排泄をし、小さな体全体を使って泣き、目覚めている時間と睡眠の時間のリズムをしだいにつくっていく。身長と体重が著しく増加するとともに、身体機能、運動能力も発達していく。首がすわる、寝返りをする、ひとりで座る、はいはいをする、つかまり立ちをする、つたい歩きをする、ひとりで歩くなどの運動機能は、順を追って獲得していくものであり、発達のひとつの目安にもなっている。「母子健康手帳」でも、これらができるようになった時期を記載する欄が設けられており、それぞれの子どもの発達を保護者も確認できるようになっている。心身の発達については第2章に詳しいので参照してもらうこととして、ここでは乳児および1〜2歳児が遊びのなかで基本的な動作を獲得していく様子を見ていこう。

事例 4-1　寝返りをする・はいはいをする

● 0歳児クラス　6月

　布団の上で仰向けになっているA太は、自分の指を見つめたり、口の中に指を入れたりして機嫌よく過ごしている。保育者が動いている様子を目で追って、音がするほうに首を傾ける。A太の様子に応えるように、保育者は「いいものあったよ」「これで遊ぼう！」と声をかけながら、少し離れた場所に遊具を置く。するとA太は、遊具を取ろうと手を伸ばす。あと少しで届きそうだが、届かない。A太は手を伸ばして、反対の腕で体重を支えながら、自分の体を回転させて寝返りをした。遊具に手が届いて、満足そうに触ったり、押したりして、遊具の形やしかけを探索しはじめた。
　そばにいたB子も、A太の触っている遊具が気になって、ハイハイをして近づいてきた。

（事例／写真：学芸の森）

事例 4-2 座って遊ぶ

● 0歳児クラス 6月

　お座りができるようになったC子は、手を自由に動かして、設定された遊具を次々に触っていく。その中から、ドーナツ型のものを手でつまみあげる。ドーナツ型の穴が棒に入るよう、調節しながら動かして、入れることと出すことを繰り返し楽しんでいる。

　満足したC子は、別の遊具を見つけるとそちらに這って行って、それで遊びはじめた。右手で遊具を押さえて動かないようにし、左手で丸や四角のビーズを動かす。ビーズをつまむ動作はまだぎこちないが、自分の意思でものを選び、動かすことに集中している。

(事例/写真：学芸の森)

事例 4-3 おさんぽ

● 1歳児クラス 6月

　「お散歩に行くから、帽子をかぶるよ!」と保育者が声をかけると、子どもたちはうれしそうに準備をし、保育者と一緒に外に出る。お散歩車に乗って、保育者に押してもらいながら、目的地の農場をめざす。

　途中で、「歩きたい人はいる？　歩きたい人？」とお散歩車を押していない保育者が声をかけると「はーい」と何人かの子どもが手をあげる。「交代交代しようね」と保育者は言ってから、ふたりをお散歩車から降ろすと、両手でそれぞれの子どもと手をつないで歩く。

第4章 ▶ 子どもの健康と遊び

歩けるようになったばかりの子どもたちは、バランスを崩したり、転びそうになったりしながらも、楽しそうに歩いていく。

保育者は、「自転車がいっぱい走っているねー」「日なたは暑いね」「日陰は涼しいね」「アジサイ、咲いてるね」と楽しそうに声をかけたり、歌を歌ったりして散歩を楽しんでいた。

農場に着くと、お散歩車から降ろしてもらって、子どもたちは思い思いに動きはじめる。「うわー！」「きゃ〜！」と歓声をあげながら芝生の上を走り出す。保育者が「てんてん、いたかな？」としゃがむと、何人かの子どもたちも同じ場所に来て、しゃがんでテントウムシを見る。そこにバッタが跳ぶと「バッタさん、ぴょーんってしたね」という保育者の言葉を聞くやいなや、A男もぴょんぴょん跳びはじめた。

芝生の上では、他の保育者がシャボン玉の準備をしている。シャボン玉が風にふかれて動き出すと、それを追って、子どもたちも左右に揺れながら、バランスをとって歩きはじめていた。

（事例／写真：学芸の森）

生後1年間の成長はとくに著しいので、同じ0歳児のクラスでも月齢によって発達が大きく異なる。事例4-1のA太は寝返りが打てるようになったところだが、事例4-2のC子はお座りをして遊んでいる。自分で座ることができるようになると、両手が自由に使えるようになる。置いてある遊具や、まわりの子どもの動きに刺激を受けて、興味や好奇心をもとに自分から活発に環境に働きかけるようになる。それぞれの動線がぶつからないよう、遊具の置き場所や空間の使い方など、安全面には十分に配慮したい。

お散歩から帰って手を洗う　　　　　　　靴を履く・脱ぐ、這い上がる

1歳児の事例4-3では、歩けるようになり「自分で歩きたい」という気持ちが子どもたちにあふれている。保育者は順番に手をつないで歩くことができるようにし、子どもが満足感を得られるようにしていた。目的地は、芝生のある安全な場所である。着いたところでしっかりと活動することができるように、往復はお散歩車を使用する、5分くらい

で交代しながら歩くなど、保育者が見通しをもち子どもの体力を考慮しながら活動を進めていることが読み取れる。アジサイやテントウムシ、バッタなどの自然物に関心をもたせながら、また、シャボン玉という教材を用意することで、立ったりしゃがんだり、走ったり跳んだりする動きを楽しく経験することができていた。

　このように遊びながら子どもたちは、這う、歩く、走るなどの水平動作を獲得している。寝転んで過ごしていたところから座れるようになり、つかまり立ちし、最後は自分で立つというように運動面が発達することで、子どもたちの視野が広がり、興味や関心のあることに向かって自由に移動することができるようになる。座る、立ち上がる、しゃがむ、寝転ぶなどの姿勢変化を繰り返すことで、動きが洗練されていく。また、這い上がる、のぼる、おりるなど、上下運動もできるようになっていく。おおむね3歳頃までに、走る、跳ぶ、投げる、転がる、ぶら下がるなど基本的な運動動作ができるようになる。

　このような運動面の発達は大切で、乳児期はとくに著しい変化の時期である。保育者の関わり方や環境の構成によって体を動かす経験に差が出ることも懸念される。保育者は、乳児の動きの獲得について見通しをもちながら関わることを大切にしてほしい。一方で、次々と急いで先のことをできるようにしていくのではなく、今、獲得しつつある動きや姿勢を十分に、繰り返し経験していくようにしたい。

2　乳児・1〜2歳児の遊びと保育者の援助

　乳児・1〜2歳児では、とくに毎日の子どもの様子をよく見て、いつもとの違いやちょっとした変化に気づけることが重要である。検温、食事、睡眠、排泄（便の色や量）、着脱、清潔など、家庭と連携しながら健康面の管理をする。転倒や誤飲などの事故が起こらないよう、保育室のなかの環境を安全に清潔に保つことも保育者の基本的な役割である。

> 事例
> **4-4** おおかぜこい！
>
> ● 0歳児クラス　6月
>
> 「♪うえから、したから、おおかぜこーい、こい、こい、こい」と、保育者がわらべ歌を歌いながら、薄い布をひらひらと動かしている。A太とD男は寝ながら布の動きを目で追い、布が近くに来ると手や足をばたばたさせてつかもうとする。布が動いて風がくるのも心地よさそうにしている。B子もお座りをして手を伸ばし、布を触ろうとする。保育者は、B子が触れるように、布を近づけた。

（事例／写真：学芸の森）

　事例の場面では、わらべ歌や柔らかい布を教材として、楽しくふれあう遊びをしていた。わらべ歌の旋律やリズムを、子どもが心地よく聞けるようにしながら、手足を動かすよう促している。保育者は、子どもの様子を見ながら何回も繰り返しわらべ歌を歌ってやっていた。また、保育者はA太とD男をあやしながらも、近くで座っているB子の様子も適切に捉えており、丁度良いタイミングで布をB子の触れる位置まで動かしている。一人一人の状況を捉え、子どもの欲求を保育者が満たしていくなかで、さらに信頼関係が構築されていく。保育者といることへの安心感が満ちていた。個々の子どもに応じて担当する保育者を位置づけたり、決まった生活のリズムで毎日同じように関わったりすることで、こうした信頼関係や安心感が育まれていく。

　また事例のように、大人とのふれあいを楽しみながら遊ぶことや、耳で聞く、風を肌で感じる、柔らかい布を手で触るなど、感覚を通して遊ぶことができるようなものを保育者が提供していきたい。

§2 ルールのある遊び

「子どもの健康と遊び」という章題から思い浮かぶのは、サッカーやドッジボール、鬼遊び、リレーなどの、いわゆる運動的な遊びであろう。こうした遊びは、子どもが自分の体を思いきり動かせるようにすることで、気持ちを発散させ、情緒的にも安定するものとなる。また、サッカーが楽しくて毎日繰り返していると、結果的に走るのが速くなったり、ボールの扱いが上手になったりするなど、運動技能の獲得や身体諸機能の発達を促すことにもなる。さらに、こうした遊びはルールに沿って友達との遊びを進めていくため、大勢の友達と一緒に遊ぶ機会ともなる。

つまりルールのある遊びは、ルールに沿うことで大勢の友達と一緒に遊ぶことができることから、健康面だけではなく、道徳性のめばえを培うことや、保育者と子ども、子どもと子どもなど、人間同士の関係性を築いていくことにもつながっていく。そのため、子どもの認識や理解、人間関係の育ち、身体運動の能力など、発達を捉えた遊びを保育者が意識して選択し、展開することが重要である。

ここでは、保育者と一緒に簡単なルールのある遊びを楽しんでいくことから、しだいにルールを自分たちのものとして集団的な遊びを楽しんでいく過程を見ていきたい。

1 事例から育ちを読み取る

園では、さまざまなルールのある遊びが行われている。次にあげる3つの事例は、その数ある遊びのなかの一部分でしかない。発達による違いがわかりやすいように、鬼遊びとして括れるものを抽出した。したがって、3歳児で入園間もない時期だから「むっくりくまさん」の遊びをすればよいとか、5歳児になったら「ケイドロ」を教えなければいけないなどといったものではない。その園によって、これまでよく遊ばれてきた鬼遊びがあるだろうし、地域によって遊び方や名称が異なることもあるだろう。実際、同じ名前で呼ばれている遊びでも、遊び方やルールが異なることも多い。事例4-6の「しっぽ取り」も、つねに同じ遊び方として存在しておらず、子どもの姿とともにルールを変化させていったものである。

このように保育に取り上げるルールのある遊びは、種類や名称、具体的な遊び方としては違いがあっても、そのなかに見られる子どもの育ちには共通するものがある。事例から育ちを読み取り、それぞれの鬼遊びのポイントを見ていこう。

事例 4-5 むっくりくまさん

●3歳児クラス 5月

「グー、グー、グー、グー」と、くまのお面をかぶった保育者が、寝た振りをしていると、喜んで近づいてくる子どもたち。喜ぶ子どもたちに合わせて、いびきの音を大きくしたり、「むにゃむにゃ……」と寝言を言ったり、寝ぼけた振りをしたりして、くま役の保育者も雰囲気を盛り上げていく。

子どもたちと一緒に寝ているくまさんに近づいていくのは、副担任の保育者。「むっくりくまさん、むっくりくまさん、穴のなか。眠っているよ、グーグー、寝言を言って、むにゃむにゃ……」と歌いながら、そっと迫っていく。くまが目を覚ましたら、追いかけられるのに、その相手に近づいていくスリル感。「目を覚ましたら、食べられちゃうよ！」のフレーズに期待しながら、ぎりぎりまで近づいて、それを合図に逃げるのだ。

「きゃー！」「うふふふー」と、保育者と一緒に逃げるのに夢中な子ども、くま役の保育者にわざと近寄って「えいっ、えいっ」と挑んでいく子ども、怖くて怖くて大人の側にぴったり寄り添いながらもくまさんの様子が気になる子ども。それぞれの個性が、多様な姿にあらわれている。「くまさん、また来る？」「また、くまさんの遊び、やりたい！」という子どももいれば、「くまさん、来るなら幼稚園行かない……」という子どもも出てきた。追いかけられたり向かっていったりして、保育者と一緒に遊ぶことを楽しめる子どもには、さらに雰囲気を盛り上げて、くまの役を張り切りながら関わる。怖がる子どもには、しっかりと受け止めたり抱いて逃げたりして、保育者間で役割を分担し、スキンシップを図る場面としていく。

園外保育で親子一緒に楽しむ

くまさん目を覚ますかな？

ちょっと怖いけど、ママと一緒だからやってみようかな

（事例／写真：学大小金井）

「むっくりくまさん」の事例は、3歳児の前半の姿である。保育者との関係を軸として、そっと近寄る、相手に追いかけられる、走って逃げるなどの単純な動きの楽しさを知っていく。保育者と一緒に遊ぶ心地よさを中心としながらも、自分と同じように動くまわりの子どもの雰囲気を体で感じていく時期である。「むっくりくまさん」のような鬼遊びは、簡単な歌があることで、遊びの始まりと終わりが明確で子どもにとってわかりやすい。1回の遊びが短く簡潔なので何回も繰り返すことができ、反面「おしまい」と切り上げやすいので、遊びの継続を子どもの様子に応じて柔軟に展開できる。「やりたいな」と思った子どももすぐに遊びに加わることができるし、何回か繰り返して満足感をもった子どもが「もう、やめる」と抜けることも可能である。くま役に見立て、ごっこ性を楽しみながら、保育者とふれあって遊べる鬼遊びである。

事例 4-6 しっぽ取り

● 4歳児クラス 1月

　もこもことした質感の布を細く切り分けて、しっぽに見立ててズボンに挟めるようにした。以前に、5歳児がしていた、しっぽ取りの遊びが子どものイメージに残っているので、すぐに喜んで走りはじめる。保育者が追いかけると、「きゃー！」とさけびながら、さらに広い園庭をかけまわる。しっぽは人数分以上の量を十分に用意してあるので、保育者に取られてしまった子どもも、すぐにまた、しっぽの入っているカゴから布をつかみ、自分のズボンに挟みながら逃げはじめる。

　保育者の近くまで来て、追われる動きを誘う子どももいれば、絶対に取られないように保育者から遠く離れたところを行き来する子どももいる。それぞれの動きを出しながら遊ぶなかで、保育者に追われるだけではもの足りなくなってきている様子だ。そこで、2ティーム対抗のしっぽ取りとなるように、新たなルールを加えていった。しっぽの数も参加者と同数にして、しっぽを取られた子どもは陣地から出られないことにする。そのかわり、仲間が相手から手に入れてきたしっぽを受け取って、再び参加するというルールである。保育者対子どもという遊びの関係から、子ども対子どもという関係になり、ある程度の時間、継続して遊ぶようになった。

　始めは、しっぽを取られて泣いてしまう子どももいた。「どうしたの？」「大丈夫。しっぽ、取ってきてあげる」「また、しっぽをつければ遊べるよ」と友達が声をかけている。しばらく泣いていて気分が戻らなかったが、実際に友達が取ってきてくれたしっぽを受け取ると、再び動き出せることがうれしい様子だった。こうした姿がしばらく繰り返されたが、大勢で遊ぶ雰囲気が楽しく、毎日続けて参加するなかで、しだいに新しいルールがわかり、しっぽを取られても泣かないで遊びを続けられるようになってきた。

陣地でしっぽをつける子どもたち

次は誰をねらおうか……？

背後に回って「取ったー！」

しっぽを取られて泣いてしまうことも

（事例／写真：学大小金井）

　「しっぽ取り」の事例は、4歳児の後半の姿である。時期的にも、子ども同士の人間関係ができてくることで、以前に比べてルールのある遊びを楽しめるようになってくる。遊びながら、後ろに回り込む動きや、相手と自分の動きを感じるなど、走りまわること以外にも動きの幅に広がりが出てくる。

　簡単なルールなのでわかりやすく参加しやすい。すぐに参加することができるので、遊びの途中からでも参加したり抜けたりすることが可能な遊びである。また、大枠が決まっているだけの緩やかなルールのため、そのなかで「しっぽを取られないように逃げる」「友達のしっぽをたくさん取りたい」など、自分の気に入った動きや好きな動きを繰り返すことが許される。みんなと一緒に動きながら、自分なりの動きが認められる。友達とふれあえる喜びを感じながら、自分の自由な動きをしっかりと楽しんでいくことができる場面となっている。しっぽをつけるだけで誰でも仲間に入れるので、新たな友達との関わりがめばえたり、日頃の関係性を変える場面となったりする姿も期待できる。遊びを続けていくことで少しずつルールに対する理解も深まっていく。動きながら、遊びながら、ルールがわかっていく過程と、ルールを変化させながら継続して楽しむ過程が見えてくる。

事例 4-7　ケイドロ

● 5歳児クラス 11月

　庭の中央に「牢屋の鍵」を用意する。そして、「ケイドロやろう!!」の呼びかけで「入れて！」「私も」と友達が続々と集まってくる。子どもたちで声をかけ合って遊びはじめるので、保育者は様子を見守っている。警察役の子どもたちは、この「牢屋の鍵」を守りきり、泥棒を全員つかまえれば勝ちである。泥棒役の子どもたちは、どうにかして全員がつかまる前に、警察からこの鍵を奪い取れば勝ちである。この警察と泥棒のかけひきが楽しくて、ケイドロは連日のように繰り返される。

　反面、遊びが硬直する場面も出てきた。警察役よりも泥棒役に人気が集中してくると、役決めでもめるようになり、なかなか遊びが始まらない。「そっちが警察になってよ！」「そっちこそ、警察やればいいだろ」、「泥棒が多すぎて、これじゃ、つまんないよ」とけんかになることも増えてきた。泥棒も警察も同じくらいの人数がいるからこそ、おもしろいということに気づいてきたためである。お互いが十分に思いを出した頃合いを見て、保育者も人数の少ないほうに仲間入りしたり、言い合いよりも遊びの動きを再開できる方向に仲介したりした。

「まてー」「つかまらないわよ！」

　勝ったり負けたりしながら、少しずつ作戦のようなものが生まれてきた。警察は、泥棒を追いかけるのを控え、みんなで鍵のまわりにスクラムを組んでとにかく守ろうとする。泥棒もまた、むきになって鍵を奪いにいかず、こっそりと隠れるようになったり、潜んでいたりする姿も出てきた。泥棒が警察の前に出てくると、おとりのような動きをして警察役の子どもたちを引きつけておき、その隙に別の泥棒が鍵を奪おうとするなど、連携プレーも見られるようになってきた。

役が決まらず、なかなか遊びが始まらない

　始めは、見渡せる範囲の庭だけで遊んでいたケイドロも、回数を重ねていくなかで園舎の陰を利用したり、築山や固定遊具を生かしたりしながら、しだいに園環境全体を利用した遊び方に変わっていった。また、散歩に出かけた先でケイドロをして遊ぶなど、いろいろな場所を利用して遊ぶ楽しさを味わうようになった。

警察の仲間と一緒に鍵を守る

第4章 ▶ 子どもの健康と遊び

2人で鍵を守る

「鍵」は「宝」に変化してケイドロの遊びが翌年にも引き継がれていく

築山の周囲をケイドロの場として利用することで、高低差や死角を遊びに生かして楽しむ

（事例／写真：学大小金井）

　「ケイドロ」は5歳児後半の姿である。ルールを楽しみ、さらに自分たちのものとしていく様子が捉えられる。友達と動きを共有する、まわりを見ながら自分の動きをとっていく、ティームの勝敗意識をもつ、ティームで楽しみ一体感を味わうなど、集団性が育ってきている。クラス対抗で遊ぶ機会や、保育者が仲間入りしたときの動きなどが刺激となって、子どもの動きにも取り入れられていく。保育者は、子どもが自分たちでルールを発展させていくことや、仲間と作戦を立てて動こうとするような姿を引き出せるような遊びの提案をしていきたい。

2 ルールのある遊びを促す保育者の援助

　鬼遊びに代表されるように、ルールのある遊びは、ある程度の人数が一緒に遊ぶことで楽しさが実感される遊びである。近所の子どもたちが、地域の広場や公園などで、異年齢の集団で遊んでいた時代とは異なり、最近では、鬼遊びなどを家庭生活や地域のなかで経験することは難しい時代になっている。そうした意味でも、鬼遊びを含めた集団性の高いルールのある遊びを園で経験する意義は大きい。

（1）発達に応じた遊びの提案をする

　入園前の生活において、鬼遊びなど集団遊びの経験はほとんどないので、待っていても自発的に子どもから出てくる遊びではない。したがって、保育者が遊び方を伝えていく役割を担う。発達に沿って、子どもの実態に合わせて、保育の計画（週案や日案など）に鬼遊びを組み込んでいく必要がある。ある程度の人数がそろうことでおもしろさがわかるため、集団が必要になること、また、見立てやルールを共有しながら行う遊びであることを踏まえて、子どもに伝える工夫をしていく。

（2）いろいろな状況をつくる

　ルールのある遊びを伝えていく際に、多くの保育現場では、クラス全体でする活動として導入されていくことが多い。新しい遊びを知らせ、みんなで一緒に楽しむ経験から、しだいに自分たちの遊びとして繰り返されていく。しかし、もっと多様な方法で、さまざまな場面をつくりながら、ルールのある遊びを提案していく可能性も視野に入れたい。子どもたちが好きな遊びを思い思いに展開するなかで、保育者が周囲の子どもたちと数人で鬼遊びができるよう状況をつくることもよいだろう。また、「お昼を食べたら、ケイドロしよう！」など、生活時間を意識した展開もある。いろいろな保育の状況をつくり、場面を組み合わせながら、ある程度の時間をかけてゆっくりと子どものなかに、その遊びのおもしろさをしみ込ませていく。

〇好きな遊びを展開するなかで、保育者から「あぶくたった　しよう！」と誘って始める
　（4歳児クラス、4月）

「トントントン」
「何の音？」

「おーばーけーの
おーとー！」
「キャー！」

「おふろに
入って
寝ましょ……」

○十分に遊び込んできたゲームをティーム対抗にして学年で大会を開く（5歳児クラス、2月）

「白の勝ち！」

「やったー！」

（3）十分な活動量を確保する

　走ること、逃げることなど、簡単な動きを十分に楽しめるようにしたい。最初からルールが難しかったり複雑だったりすると、理解することにエネルギーを費やし、思うように動くことができなかったり、楽しさを実感できなかったりする。また、待つ時間を減らして活動できる時間を優先できることも大切である。

　「しっぽ取り」の事例では、参加する子どもの人数よりも多くの「しっぽ」を用意した。たくさんの数のしっぽがあることで、取られても取られても再び「しっぽ」をつけて活動を続けることができる。十分な活動量を確保する工夫を考えるようにしたい。

（4）場所とものの工夫をする

　遊びの範囲や場所をどうするかも重要な視点となる。広すぎるとなかなか鬼（または相手）と出会えないし、狭すぎるとそれほど動かないで終わってしまう。遊びに参加する人数、動き方を予想して、適度な範囲と場所の設定をしたい。また、陣地や範囲がわかりやすいようカラーラインを使う、目印の旗を立てる、スノコを敷くなど、道具や用具を生かすことも有効である。

忍者鬼：「風忍者」「岩忍者」の看板を作り、陣地がわかりやすいようにする

フープとカラーポリ袋で作ったバスケットゴール

（5）ルールの変化や工夫を図る

　初めから細かいルールや遊び方を保育者がすべて提供し、子どもは言われたとおりの遊び方をしていくような実践も見受けられる。しかし、できるだけ遊び始めはルールをシンプルにして、遊びを重ねていくなかで必要感に応じてルールを変化させたり追加させたりしていくことが大切である。

エンドレスリレー：バトンを引き継ぎながら走ることが楽しい

　たとえば「ケイドロ」では、「警察は泥棒を全員つかまえれば勝ち」「泥棒は牢屋の鍵（宝）を奪えば勝ち」というルールで遊びはじめた。遊び込むなかで、警察が泥棒にタッチしたあと、牢屋まで連れていく必要があるかないかが問題になったり、すでに誰かにタッチされている泥棒と逃げている泥棒がわからないことがトラブルの原因になったりした。困った場面に遭遇し、どうしたらよいかを考え合うなかで、「警察にタッチされた泥棒は（ズルして逃げないで）自分で牢屋に行く」ことや「タッチされた泥棒は手をあげて牢屋に向かう」ことがルールとして追加されていった。遊びの不都合やいざこざの場面を通して、自分たちの遊びをより楽しむためのルールの変化と工夫を生み出すのである。こうした姿は社会性の育ちを促すことにもつながっていく。このように子どもが出会う問題にていねいに向き合い、共に考え、一緒に自分たちの遊びにしていくプロセスそのものを大切にしていくことが重要である。

§3 遊具を使った遊び

　園には、遊びの手がかりとなるような遊具がそろっている。たとえば、ボール、縄、フープなどの小型遊具や、平均台、跳び箱、マット、ゲームボックス、巧技台などの大型遊具である。

　こうした遊具については、それぞれの園で数や種類などの違いはあるものの、子どもの発達を促すものや量、種類などがそれぞれに考えられ、整えられている。いつでも自由に使えるようになっている遊具もあれば、時期や時間、場所を限って使うようにしている遊具もある。子どもの発達に必要な経験が得られるよう、それぞれの遊具を保育に取り入れている。

1 小型遊具の遊び

(1) ボール

　ボールは、片手で持てるものから両手で抱えるものまでいろいろな大きさがあり、素材もビニール製、ゴム製などの違いや、表面がざらざらしているもの、なめらかなものといった、手触りや、やわらかさ、弾力など、多種多様なものがある。サッカーボール、ラグビーボール、テニスボールなど、使用する目的に合わせて作られているものもある。

　ボールを使った遊びでは、持つ、抱える、乗せる、足で挟む、転がす、つく、投げる、受ける、けるなどの動作ができ、自分の体を調節しながら使ったり、柔軟性やリズム感を養ったりする。ひとりで抱えて持ち歩くことで安心感を得ることもできるし、ボールを使ってドッジボールやサッカーなどのルールのある遊びを友達と楽しむこともできる。

ラックに片づけた、いろいろなボール

それぞれが自分のボールを持って

事例 4-8　自分のボール

● 3歳児クラス 11月

　やわらかくて、感触がよくて、両手で抱えると自分の体のなかにすっぽりと入るようなボールを選び、ひとり1個ずつ使えるようにする。感触がよいので抱きかかえ、ほっぺたをボールにくっつけている子どもがいる。それを見て、保育者もボールを赤ちゃんのように抱いて、「この子"ポンちゃん"っていう名前にしようかなー」と言うと、近くにいた子どもが「ぼくのは"ポンくん"にする」「私は"リナちゃん"」とまねして言う。
　「お風呂に入れてあげまーす」「洗ってあげようか」「一緒に寝よう！」などボールを人形のようなイメージで扱い、やわらかいボールに頭をのせて横になる。ゆったりと関わりながら、しだいにボールに親しみをもっていく。

ボールに頭をのせて寝る

ボールをお風呂に入れてあげよう！

（事例／写真：学大小金井）

事例 4-9　あんたがたどこさ

● 5歳児クラス 1月

　ボールを弾ませて何回できるか数えている。「1、2、3、……10。10回できたよ！」と言う子どもがいると、ほかの子どもも「私もやるから、見ててー」と刺激を受けて挑戦しはじめる。「前はね、すぐボールが行っちゃったんだけど、30くらいできるようになったんだよ」と保育者に報告する子どもたち。
　そこで「こういう遊び方もあるのよ」と童歌に合わせて「あんたがた、どこさー。ひごさー」とボールをついて足を回して見せると、次の目標ができたようで「やってみる」とまねしはじめた。
　保育者が調子に乗って、歌いながら最後までやって見せると、「昔の人は、じょうずだねぇ」「昔、とった杵柄？」と言う子どももいて、大笑いになる。

（事例／写真：学大小金井）

事例 4-10 ドッジボール

● 5歳児クラス 2月

　「ドッジボールやろう！」「いーよー」「先、行ってるぞ」「私も入れて！」など、声をかけ合い、誘い合って園庭に出ていく子どもたち。5歳児の3学期にもなると、これまでに築いてきた人間関係や、身につけてきた遊び方などが基盤となって、自分たちで遊びを進めていく。始めはティーム分け。その場にいる友達と2人組になった子どもから「ドン、最初はグー。ジャンケンポイ！」と威勢のよい声が響く。勝ったら青、負けたら白、と帽子の表裏を使い分けてティーム編成をする。おもしろくて仕方ない様子で、勝負がつくと、すぐにまた「ドン、ジャンケンポイ！」と次のドッジボールのためにティーム換えをしている。

　「どうしたら、そんなに上手に逃げられるの？」とこっそり聞くと「敵がボールを持ったらね、すぐに後ろまで下がるの。そうすると、前の人があたるから」「あとは、こっちから投げるときは、足にあてたりするといい」と、ヒソヒソ教えてくれる。外野に出ている子どもは「オレにパスしてくれ！」とさけんでいる。うまくボールがきて、敵をあてると内野に走って戻りながら、「なー、オレが戻ったら勝ちそうだろ？」と得意そうに言っていた。

「行くぞ！」

「よーし」

「あたらないぞ！」

「そっちに逃げるよ！」

（事例／写真：学大小金井）

(2) 縄

　縄には、短縄、長縄、綱など、長さや太さが違うものがある。素材もいろいろあるが、子どもが握ったり引っ張ったりしたときに、摩擦で熱をもたない、手に繊維が残らないなどの素材を選びたい。

　縄を使った遊びでは、跳ぶ、引っ張る、回すなどして縄と自分の体の動きを楽しんだり、電車ごっこや犬の散歩、忍者といったごっこ遊びの小物として活用したりする。

事例 4-11　遊びのなかで基本的な動作を獲得していく

● 4歳児クラス 10月

　運動会で園からのプレゼントとして、4歳児全員に縄を選んだ。跳ぶ遊びを想定しやすい遊具であるが、それ以外の遊び方もいろいろできる。とくに、使いはじめの頃に苦手意識をもってしまうと、縄を使おうとしなくなってしまうので、結んだままの縄を使ってできる遊びを提案して、集合時に遊んでみることを計画した。

　結んだままの縄を障害物に見立ててジャンプしたり、頭の上にのせて落とさないように歩いたりする。自分の縄を使うことへの愛着が出てくると、繰り返し、縄を持ち出していろいろな遊びに使う姿が見られるようになった。

結んだままの縄を並べて「ジャンプ！」

バイクのハンドルに見立てて「バ・バ・バイク！」

頭の上にのせてそっと歩く

大縄を跳ぶ

短縄を跳ぶ

つないで、結んで、電車になるよ

「いろはにこんぺいとう！」さわらないで通れる？

引っ張り合って遊ぼう

結んで「ブランコ作ったの」

(事例／写真：学大小金井)

事 例
4-12 友達と一緒に縄を使って動く

5歳児クラス 9〜12月

　縄を使ったいろいろな遊びを積み重ねてくると、しだいに 1 本の縄を友達と一緒に使って動いてみようとする姿が出てくる。「♪おじょうさん、おはいんなさい〜」とふたりでリズムを合わせながら一緒に縄を跳ぶ。縄の扱いに慣れてきて、ひとりで跳ぶことを体が覚えてくるようになると、相手とタイミングを合わせて一緒に跳べるようになってくる。

　あるとき、3 人で縄をからませ、それぞれが端を持ってぐるぐる動き出した。「わー、プロペラみたい！」「キャー」と、速さや引っ張る力加減を感じ合いながら、3 人での動きを楽しむ姿が見られた。それからも、それぞれの縄をからませてテンポよく持って回る、立ち位置を考える、息をそろえて縄を同時に体に巻きつけていくなど、さまざまな動きを楽しみ、縄のショーを構成する遊びを続けていた。相手の様子を見たり感じたりしながら、自分の動きを調節できるようになるからこそ楽しめる遊び方になっていった。

二人組で跳ぶ　　　　　　　　　　みんなの縄をからませて「プロペラみたい」

縄を三角形に並べて　　　　　　　中央に向けて、一緒に巻きつく

（事例／写真：学大小金井）

（3）フープ

　フープは、サイズが数種類ある。直径が 50、60、80cm などあり、カラーも豊富である。フープを転がしたり、並べたり、手に持って動いたり、腰で回したりして遊ぶ。

事例
4-13 フープを跳んだり転がしたりする

● 3歳児クラス 9月

　直径が小さいサイズのフープを保育者が並べると、すぐに子どもたちが「何してるの？」「これ、ほしい！」と近寄ってくる。フープのなかにしゃがみ込んだり、さわったりしている子どももいる。「ぴょんぴょんじまだよ！」と言って跳んでみせると、子どもたちも「ぴょん、ぴょん」と言いながら跳びはじめる。

　何回か保育者と同じように跳んでみると、今度はフープを手に持ちたくなり、自分の好きな色のものを持って動き出す。木の枝に向かって投げてみたり、転がしてみたり……。ひとりの子どもが、築山の上から転がしてみると、ころころと遠くまで転がっていく様子が魅力的で、「私も！」「ぼくも」とまねして転がす。

フープを並べて「ケンケンパ！」

フープを転がしてみる

（事例／写真：学大小金井）

事例
4-14 フープを使って仲間と踊りをつくる

● 5歳児クラス 10～12月

　いくつかのサイズのフープを取り替えながら遊んでいるうちに、「大きいフープのほうが回しやすい」と気づいて、大きいサイズを意図的に選んで遊ぶようになった。なかなかうまく回せない子どもに「まえ、うしろ、まえ、うしろってやるといいよ」と教えている。体を動かしながら遊び、扱い方を体感している様子が見られる。

　テンポのよい音楽を用意すると、それに合わせてフープを使った動きを合わせようとする。友達同士、腰でフープを回しながら、目と目でタイミングを計りながら、しゃがんだり、順番に回そうとしたり、一緒に回そうとしたりして、フープの形からイメージした「海の泡の踊り」をつくっていった。

フープを回して遊ぶ

友達に目で合図を送る

「海の泡の踊り」でいろいろな構成を考える

(事例／写真：学大小金井)

（4）三輪車や手押し車

　乗るだけで動き出す三輪車、持つと前に進む手押し車などの遊具もある。遊具があることで、遊び出しや動きのきっかけができ、友達とふれあう場面をつくることにつながる。

事例 4-15　三輪車で山をすべる

● 3歳児クラス 9月

　自動車の気分で「ブッブー」とつぶやく子ども、「駅でーす！」と電車のイメージで動く子ども。三輪車に乗って気持ちよく園庭を動く。三輪車をこぎながら築山に登ろうとしたり、斜面の抵抗を受けて下がっていくのを「わぁー」とさけんで喜んだりする。そのうち、三輪車から降り、手で引きながら築山の上に持ち上げる。築山からすべり降りるスピード感を発見すると、あとはひたすら繰り返して遊ぶ。ひとりの子どもの発見がまわりの子どもに伝わり、まねして遊び出す。

山から下りる

山を登る

(事例／写真：学大小金井)

> 事例
> 4-16 手押し車で工事ごっこ
>
>
> スコップで土を掘る、手押し車にのせる、ふらふらしながら押して運ぶ。それぞれの子どもに同じ道具があることで、同じ遊びをしている気持ちになっていく。
>
>
> 「よいしょ、よいしょ」
>
>
> 運んだ土を使って工事ごっこ
>
> (事例／写真：学大小金井)

2 大型遊具の遊び

　大型積み木、巧技台、ビーム、はしご、マット、ゲームボックスなど、遊具を組み合わせることで高さの調節や場のつながりができ、空間や場所に応じて構成することができる。ひとりでは持ち運ぶのが難しいものもあるので、必然的に友達と一緒に気持ちを合わせて運ぶことが経験できる。跳んだり転がったりして、体を動かす遊びになることはもちろん、置き方や組み合わせによって、さまざまな遊びを生み出していくことができる。

　自分たちで自由に組み合わせて使うようになるまでは、あらかじめ保育者が構成しておいた場で遊んでみたり、そこに「冒険」や「遊園地」のイメージを重ねておもしろがって動け

パネルブロックを組み立てて基地にする

パネルブロックで迷路を作って遊ぶ

るような設定をしてみたりする。遊んだあとに片づけるところを一緒にやってみて、重さのあるビームを運ぶときの方法などを少しずつ伝えていく。このようなことを繰り返していくうちに、事例4-17のように、自分たちで大型遊具を組み立てて使おうとしたり、危なくないようにマットを組み合わせたりして、目的に応じて遊具を選び、安全に使うように成長していく。

ワニのいる海に落ちないように、
慎重にビームをわたる

事例 4-17　劇ごっこに巧技台を使う

●5歳児クラス 12月

　ハロウィンから続いたイメージで、魔女やコウモリになって遊んでいる。子どもたちは、もうすぐ予定されている子ども会で、魔女やコウモリが出てくる創作したお話を「劇にしてお母さんたちに見せたい」と張り切って動きを考えている。コウモリが木にぶら下がるところをどうしようかと考えているうちに、巧技台を組み立ててそこで動いてみることになった。子どもたちは、遊具を運んで組み合わせ、そこにさかさまになってぶら下がってみる。「いいんじゃない！」「これでコウモリっぽくできるね！」と喜んでいる。
　保育者が、「舞台の上だし危なくないかな？」とつぶやくと、「マットを持ってこよう」と3人で運んできた。「これなら頭が着いても痛くない」とさっそくコウモリの動きを試していた。

(事例／写真：学大小金井)

3 固定遊具の遊び

それぞれの園には、広さや園児数に応じて固定遊具が設置されている。固定遊具には、ブランコ、すべり台、うんてい、鉄棒、ジャングルジム、登り棒、太鼓橋などがあり、それらが単独で設置されているものもあれば、アスレチック遊具などのように組み合わせ、総合的な遊具として設置されているものもある。

近年、固定遊具での子どもの事故をきっかけとして、グローブジャングルや箱ブランコが撤去されるなど、安全性や管理の問題から遊具の設置が見直されている。安全の観点から、角がゴムで保護された新しい形のシーソーを見かけるようになるなど、同じ固定遊具でも改良が進んでいる。

（1）挑戦する遊びとして

固定遊具の特性としては、子どものさまざまな動きを引き出すということがあげられる。登る、降りる、くぐる、揺れる、ぶら下がる、すべる、渡るなど、遊びながら前後や左右、上下に移動する基本的な運動能力を養い、全身を使った遊びになりやすい。固定遊具を目にすることは、進んで戸外で遊ぼうという気持ちを引き出すための大きな環境ともなる。また固定遊具に関わることで、スピード感やスリル感を経験し、高所での視界の広がりを味わうことや、できなかったことができるようになる達成感や満足感を得ることにもなる。さらに、固定遊具の場に子どもが集まることで、動きをまねしたり、動きの速さや回数を競ったりして、お互いに刺激しあいながら遊ぶ姿にもつながる。ブランコ、登り棒など数の限られた遊具では、順番に並ぶ、交代で使うことを経験する場面になる。うんていや太鼓橋などの遊具では、使う方向を考えてぶつかりあわないよう使用する場面となるなど、体を動かして遊びながら人との関わりについても学んでいく。

アスレチック遊具のすべり台

古タイヤをぶら下げた太鼓橋

4-18 うんていに挑戦する

● 4歳児クラス 6月

うんていの横棒に、ビニールテープを貼り「1」「2」「3」「4」……と番号をつけた。それに気づいた子どもは、「先生、3までいけたよ（いかれたよ）」「8までできたから、見てて」と挑戦することを楽しむ。「カニみたいにできるようになったんだ」と脇の棒を少しずつ進もうとする子ども、うんていの上から足をかけつつ進む子どもなどもいる。

ちょっと難しいけどできそう、前よりもできるようになった、という思いを得られる場面となっている。一人一人の取り組みの過程を見逃さないようにしたい。

こんなやり方もできるよ

順番に並んで

どこまでできるかな

（事例／写真：学大小金井）

（2）ごっこ遊びの拠点として固定遊具を使う

ときとして、固定遊具は安定の拠り所となることもある。ジャングルジムの一番上に乗っていることで気持ちが落ち着く子どもがいたり、気に入った遊具を自分の縄張りのように扱ったりする子どもの姿もある。友達との遊びがうまくいかず、ブランコに揺られる時間が気持ちをゆっくりと立て直してくれるようなこともある。

固定遊具は単独で使用することもあれば、ほかの遊具や用具と組み合わせて使うことや、ごっこや鬼遊びなどのイメージを取り込むことで遊びを広げていくこともできる。たとえば、鉄棒に縄を結んでブランコのようにしたり、板やスノコ、タイヤ、ビールケース、シートなどを固定遊具に合わせてごっこ遊びの拠点にしたりするなどである。

一方で、固定されているためのデメリットも知っておく必要がある。一度設置すると容易には移動することができず、一年間を通してその場所は同じ環境になりがちである。ブランコを時期によっては取り外してその場所をごっこ遊びの場所として使ったり、縄やロープを結んでぶら下がる動きを誘発したりするなど工夫していくことも考えたい。

事例
4-19 忍者ごっこの拠点とする

● 5歳児クラス 1月

　「忍法、山登りの術！」とひとりの子どもが唱えると、「忍法、山登りの術！」とあとからついていく子どもも唱える。忍者ごっこの雰囲気を高める覆面をつけて、アスレチックを登っていく。上では「何か見えるでござるか？」「敵はあそこでござる！」とイメージをやりとりして、ネットをくぐったり、登り棒を上からすべり降りたりする。着地すると、あたりをうかがうように忍び足で移動し、突然走り出す。

　アスレチック遊具を忍者ごっこの拠点とすることで、忍者をイメージした動きを仲間と一緒に十分に楽しんでいる。

(事例／写真：学大小金井)

（3）固定遊具をルールのある遊びに取り込む

事例
4-20 氷鬼の場として使う

● 5歳児クラス 2学期

　鬼にタッチされたら氷になって固まり、仲間に助けられたら再び動き出す。単純なルールの鬼遊びであるが、その遊びを展開する場所としてアスレチックを使うことでおもしろさが増す様子が見られた。上から下への空間移動を一瞬にしてできる登り棒やすべり台など、上下左右の可動空間を生かした遊び方となった。

　庭だけでは走る速さが遊びに影響するが、アスレチックのある空間全体を氷鬼の場としていくことで、走る速さの関係だけではない要素がからまり合って、遊びがさらに楽しくなっているのだろう。

(事例／写真：学大小金井)

4 遊具を使った遊びにおける保育者の援助・配慮事項

(1) 遊具を整備する

　遊具は、時期や遊びに応じて種類や数を調整していく必要がある。遊具に触れて親しみをもつためには、一人一人が自分のものを持って十分に関わって遊べる時間を確保したい。そのためには、たとえばボールでは人数分の数が必要になるし、反対に大勢でルールのある遊びを楽しみたい時期には、数個あれば十分である。空気の抜けたものやゴムが劣化したものは遊びに使いにくいだけでなく、遊びをつまらないものにしてしまうので、使いやすいボールの整備をしておくことも大切である。転がして目標物を倒すような遊びには、少し固いボールが遊びやすい。反対にドッジボールのような遊びでは、あてられて「怖い」「痛い」というマイナスの経験にならないよう、やわらかいボールを使うなど、どのような使い方をし

巧技台のパーツを収納する

容積を考えて、積み木の種類と数を整える

雨上がりに固定遊具の水滴を拭いてから遊ぶ

て遊ぶのかを保育者が意識して選択したい。

　大型遊具では、遊びに使いやすい収納を考える。巧技台のビームやはしご、すべり台などが取り出しやすく、安全に運べるような収納を工夫する。また、大型積み木を形別（たとえば、立方体、直方体、三角柱など）に片づけて目的に合わせて取り出せるような方法もあれば、容積がぴったりになるように片づける方法もある。

　固定遊具では、とくに定期的な安全点検が欠かせない。ネジのゆるみやさび、木製遊具の腐食など状態を確かめて、不具合があれば修理の依頼や交換をして、事故につながらないよう整備することが大切である。また、子どもが使用する前の日々の安全点検でも、登り降りをする場所や着地場所の安全性を確かめる、周囲にマットや人工芝を敷く、雨上がりには水滴を拭くなど、環境を整えることでけがを防止するようにしたい。

（2）個人差・経験差に配慮し、しだいに自分で扱うようにする

　一人一人の取り組みの状況をしっかり見て援助していくことも求められる。ボールや縄などの遊具や、すべり台、ジャングルジムなどの固定遊具は、個人の経験差が大きい。入園前に公園が大好きで固定遊具での遊びに慣れている子どももいれば、戸外に出る機会がほとんどないままに育ってきている子どももいる。こうした経験の違いから、動き方やスピード、遊具の取り扱いなど、取り組み方が異なっている。ある子どもにとっては揺れることがおもしろくても、別の子どもにとっては怖いというような状況もある。それぞれのペースで遊具に関わることができるようにしながら、楽しみ方の違いを保障していく必要がある。

　また、高所での押し合いや揺れている遊具付近の通り抜けなど、周囲の状況を考えながら自分の行動ができるよう育てていく必要もある。安全で楽しく遊ぶためにはどうしたらよいのか、機会を捉え

自分たちで大型遊具を運ぶ

ながら具体的に示していく指導も欠かせない。

　安全面を重視するあまり、巧技台の組み立てや片づけを保育者がしてしまい、子どもはつくってもらった場所で遊ぶだけという保育では、子どもにとっての大切な学びの機会を逃してしまう。もちろん発達や経験を考慮して、最初は保育者が組み立てることや運ぶことも必要である。そうした保育者のしていることを見て手伝うことから始め、自分でも持ってみたり運んでみたりして実際に扱うなかで、遊具の特性にも気づいていく。さまざまな遊具を使って遊ぶ楽しさを味わうことと同様に、自分で扱うことで学んでいく中身を大切にしていきたい。

（3）多様な動きを引き出す

　「縄は跳ぶもの」「跳び箱は跳ぶもの」といった遊具が本来もっている機能にこだわらず、さまざまに見立てたり利用したりできるような遊び方や方法を援助することが大切である。大人の固定概念に縛られず、遊具を多様に扱うなかで子どものイメージをさらに広げ、豊かな動きを引き出せるようにしていく。遊具に親しみ自分から関わるなかで、子どもたちはその遊びを通してさまざまな体の動きを誘発されるのである。

　子どもが生み出した方法や扱い方、見立てたイメージを、保育者も一緒になっておもしろがったりまねしたりするなかで、子どもはさらに意欲的に遊具と関わり、自分の体を動かしていくだろう。

　固定遊具は、それ自体は移動できない遊具であり、遊び方も限られる面がある。そのため、板やスノコ、ロープ、タイヤ、マット、ブルーシートなどを固定遊具に組み合わせることで、あらたな動きを誘発したり、固定遊具の場所をごっこ遊びの拠点としたりするような使い方の工夫も必要であろう。すべり台やジャングルジム、ブランコなどは、それ自体が遊びのシンボル的な存在でもあり、子どもが自分から関わっていきやすい遊具でもある。子どもが固定遊具で遊ぶ場合、簡単すぎるとつまらなくなる、難しすぎるとなかなかできずに嫌になる、などの姿が見られる。そのため、安全管理などの理由から保育者が一方的にルールを決めて限られた動き方しかできないようにしてしまうと、固定遊具はあるのに子どもたちがあまり遊ばないという状況にもなりかねない。たとえば、すべり台では上からすべり降りる動きを十分に経験すると、寝そべって降りてみたり、2人組で降りてみたり、水や砂をまいてみたり、斜面を下から登ろうとしてみたり……と、いろいろな動きを試したくなるのが子どもである。周囲との関係性のなかで、個の動きを試し、遊び方や使い方を共に考えていくようにしたい。

（4）友達との関わりを生む

　ひとりの子どもが三輪車で山から下りてくる動きを発見すると、まわりの子どもにも動きが伝播して同じ遊びを楽しむ仲間ができる。ボールを続けてつくことに目標を見いだした子どもの姿は、刺激となって他児の挑戦する姿を促す。巧技台を組み合わせた「冒険島」の場は、多くの子どもの興味を引き、イメージのなかで動く楽しさを共有できる機会となっていく。このように、遊具を使った遊びを通して、刺激を受けたり、動きを共有したりする経験は、友達との関わりを生み育てる。友達と出会い、他者の存在に気づき、つながりを感じていきながら、しだいに協同的な遊びを育てていく。

　時として、友達との遊びがうまくいかずに仕方なくひとりでブランコに乗っているなど、固定遊具が「逃げ場所」になるようなこともある。子どもにとって、遊具で遊ぶことの意味を保育者は見極めていくようにしたい。

　友達関係の深まりとともに、協同的な活動を多く取り入れるようにすることも重要な視点である。仲間意識が育ってくると、グループやクラスで共通の目的に向けて取り組めるようになる。たとえば、「本当に乗れるくらい大きな竜を作りたい。羽が動く竜にしたい」「坂道をすべり降りるジェットコースターを作って遊ぼう。小さい組をお客さんに呼ぼうよ」などといった遊びである。また、生活に必要なことを進める場面でも、ひとりではできないことを、仲間と分担したり協力したりしながら実現させる姿がある。稲作をするために田んぼの整備をし、深いタライに水をためて4～5人で田んぼまで運ぶ作業をした。水が入った重たいタライを持つ力のバランスや、タイミングを合わせなければ、なかなかうまく運ぶことができない。体を使って友達と力を合わせなければ成立しないような場面を通して、相互に調整しながら動くこともできるようになっていく。

タライの水を運ぶ

田に水を入れる

（5）安全な遊び方を指導する

　縄やフープは、使い方によっては危ない場面につながりやすい。危険のないよう、人の首にはかけないといった基本的な扱い方を指導し、周囲の状況を見ながら調整できる遊び方を援助する必要がある。何か固定物に結びつけて遊ぶときは、結び目がほどけないよう近くで

見守る必要もある。フープを転がしたり、乗用玩具で斜面を降りたりするときも、こうした子どもの動線をイメージした場所の使い方や誘導をする。

大型遊具では、高さや置き方、持ち方、運び方、組み合わせ方など、子どもが構成して遊びを展開するときに安全への配慮が必要である。「長いものは2人組で運ぶ」「自分の背の高さよりも高く積み上げない」など、子どもに伝わりやすい言葉をかけながら、安全な遊び方がわかるようにしたい。

ビールケースを並べて「ドン、ジャンケンポン！」円形なのでどこからでも入れ、エンドレスで遊べる

遊び始めは、慎重に動こうとする子どもが多い。それが、慣れてくるにしたがって「うっかり足をすべらせる」ような事故も起こる。自分のやりたい遊びをめざして走っていく子どもが、周囲をよく見ていないために別の遊びをしている子どもとぶつかることもある。子どもの動きを予測して遊び方を伝えていくことと、遊びのなかで必要な場面を捉えて一緒に考えていくことが、保育者の援助として求められる。危険な行為を禁止することもあるが、そうした取り組みを通して、子どもが「〜したら危ない」と自分で判断して動く能力、安全で楽しい遊び方や使い方をしていく力を養いたい。

園庭は、全園児が使用する公共のスペースでもある。ゆっくりと固定遊具に関わりたい3歳児がいるのに、同じときに5歳児がすごいスピードで固定遊具を利用した鬼遊びをするのは危険である。使い方や遊び方、使う時間の調整など、園内で話し合われていることも大切になるだろう。

ロープ、どこまで登れるかな？

「あーああー！！」

§4 さまざまな遊び

　ここまで、ルールのある遊び、遊具を使った遊び、固定遊具を使った遊びを見てきた。こうした遊びは、全身運動を伴う遊びというイメージがある。しかし、このような遊び以外の場面でも、子どもが心を動かし身近な環境と関わるなかで、十分に体を動かす遊びもたくさんある。さまざまな遊び場面のなかで、自分の体をしっかりと使って、十分に体を動かしていくことにも目を向けていきたい。

1 自然現象との関わりのなかで

　春、庭の蝶を追いかけて走りまわる。桜の花びらが風で舞うのを喜び、自分も花びらと一緒になって風に体を預ける。夏は、暑い太陽の下で水遊びの気持ちよさや木陰の涼しさを存分に楽しむ。秋の落ち葉掃きも、大人にとっては環境を整える仕事だが、子どもにとっては、それは落ち葉のプールを作ることであり、車ごっこのガソリンをためることでもある。凍てつくような冬の朝も、喜々として氷を集め、霜柱をめくって遊ぶ。氷や霜の不思議さを発見し、陽の光の暖かさを感じる。

　季節の変化と自然の力、不思議さは、子どもの心を揺さぶり、そこからエネルギーを得て子どもの体は動き出す。体を使って試し、発見し、自分のもっている感覚を通して身のまわりの世界を理解する喜びを見いだす。

　子どもは集めることが好きである。事例に取り上げた桜の花柄、落ち葉、霜柱はもちろん、アリ、テントウムシ、バッタなど、手に入れること自体も楽しいし、それを見せ合うこともうれしい。

木登り「ヤッホー」

築山から転がって遊ぶ

雪山を滑って遊ぶ

事例
4-21

集める

● 3歳児クラス 5月

　春の暖かな陽差しのなかで、庭に出て行った子どもたち。すべり台や砂場で楽しんだあと、ふと気づくと桜の花柄（花の枯れた軸）がたくさん落ちている。「何だろうね」「こっちも、いっぱい！」「ほら、見てー」とつぶやきながら、手で地面の上の花柄を集める。

　「そうだ」と庭に置いてあった板を見つけると、それを引きずって持ってくる。板の上に桜の花柄をせっせとのせては、また集める。夢中で集めると、板の上に山盛りに……。ひとりが板の端を持つと、もうひとりもつられて反対側の端を持つ。「よいしょ、よいしょ」と、板の上にのせた花柄をふたりで運ぶとうれしそうに笑った。

重いので引きずって板を運ぶ

しゃがんで板に花柄をのせる

ふたりで運ぶ

(事例／写真：学大小金井)

事例
4-22

落ち葉

● 4歳児クラス 10～12月

　10月から11月にかけて、園庭は木の葉が舞い落ちる。保育者が落ち葉を掃き集めて1か所に集めると、近くにいる子どもたちは、落ち葉の上に乗ってカサカサと音を立てて喜んだり、両手いっぱいに落ち葉をつかんで投げ合ったり、落ち葉の山に自分から埋まったりして遊ぶ。

　「たくさん集めて焼きイモ、しようか？」と保育者が言うと、「うん！」と園庭中の落ち葉を熱心に集め出す。飽きることなく、何回も何回も、落ち葉を集めては運んでくる。

　焼きイモを作る当日も、たき火で暖まりつつ落ち葉が灰になっていくのに合わせて、庭の隅に吹き寄せられている落ち葉を拾い集め、友達と一緒に運んできていた。

落ち葉のなかに埋もれる

友達と運ぶ

落ち葉をごちそうに見立てる

落ち葉を手で運ぶ

たき火

焼きイモ「おいしいね」

※たき火は、教育活動として消防署に連絡して行っている。
　地域により対応が異なるので、確認が必要である。

(事例／写真：学大小金井)

事例 4-23　霜柱集めから合鴨の池づくりへ

● 5歳児クラス　2～3月

　寒さで一面に霜柱ができていることを発見する。霜柱を取ろうとするが固くて思うようにいかない。「そうだ」と、ひとりがスコップを持ってくると、仲間も次々にスコップを持ってきて地面の霜柱を外そうとする。ふいに、ぼこっと1m四方くらいの地表が持ち上がり、「うわーっ」「すごい!!」と歓声があがる。固まった霜柱が外れたところに、窪みができた。
　数日後、大雪が降り、子どもたちは雪合戦、雪だるま作りに夢中になる。雪の玉を転がして、自分たちの体ほどの大きさにすると、やっとの思いでみんなで雪玉を持ち上げて雪

だるまにした。それから、ふと、先日の窪みが残っていることに気づくと、再び仲間でそこを掘る遊びに夢中になっていた。
　雪がとけると、窪みの周囲はドロドロ、ベチョベチョになり、その感触がおもしろくて、さらに仲間は集まり掘り返す。「水、入れようぜ」「そーだな」と、タライに水を入れては4～5人で何回も運んでいた。ちょっとした池のようになってくると「ひーちゃん（合鴨）、入れたらどうかな？」と思いつき、飼育している合鴨を小屋から出すと池に入れてみる。合鴨はひと泳ぎすると自分の好きな場所を散歩しようと出ていくが、子どもたちは「まてー」「おい。そっちだ。つかまえろ！」と何回も合鴨を追いかけて、つかまえては、池に入れ、「ひーちゃんが泳いだぞ」と喜んでいた。

地面を掘る

水を運び入れる

ひーちゃんを泳がせる

（事例／写真：学大小金井）

　事例4-21で、ふたりの子どもが力を合わせて運んでいる写真を見ると、3歳児の1学期なのに……、とその姿には驚かされる。板を引きずって運んできたり、花柄をのせた板をふたりでリズムを合わせながら運んだりするのは、たくさんの花柄を集めたい一心からである。花柄の魅力が、この一瞬の協力関係を生み出し、気持ちが伝わり動きが伝わっている。
　事例4-22になると、落ち葉を集めるだけではなく、落ち葉の山が醸し出す雰囲気につられてさまざまな遊びを思いつく4歳児の姿が見える。落ち葉の山は、集める、運ぶ、抱える、投げる、体を横たえる、といった子どもの動きを引き出す環境として影響を与えているのである。
　事例4-23では、全身を使う大きな動きが見られる。大きなスコップを扱って、地表をめくろうとする、大きな穴を掘ろうとする動きは、足を踏ん張り、腕を使い、腹筋や背筋を使い、自分たちで考えた遊びを実現しようとする姿である。タライに水を入れて仲間と一緒に運ぶのは、まさに協同して活動する遊びとなっている。

2 いろいろな遊びに没頭するなかで

　ねこごっこやバレエ教室ごっこ、サメの表現など、対象になりきり、その動きを繰り返す子どもの体はやわらかい。ダイナミックな遊び方ではないものの、ゆっくりとごっこを楽しみ、イメージをやりとりして、言葉と体で友達との空間を共有していく。ねこの家をゲームボックスで構成して入り込み、体を丸くしたり、跳んで逃げたり、ラッパを作って一緒に吹いたり……、次々にわいてくるイメージにのせて、遊んでいる。バレエ教室ごっこは、知っている体験を園生活のなかで再現しようとしている。積み木でバレエ教室を作り、知っている動き方を思い出してやってみながら、友達にまねしてもらい、その雰囲気が楽しくて続いていく。

○ねこごっこ（4歳児、1月）

ねこの家

ねこがラッパを吹くエピソード

○バレエ教室ごっこ（5歳児、6月）

　サメの表現活動は、遠足で見た水族館のサメの動きが印象的だったことがベースになった。じっと動かない静的な部分と、すごいスピードで泳ぐ部分があったことを思い出し、仲間と緩急のある動きや怖そうなポーズを作り上げていった。自分のなかにあるサメのイメージを、ひとりではなく仲間と動くからこそ、ひとりの動きがしだいに数人で重なっていくことや、仲間全員が同時に動くこと、個別に動くことなどを組み合わせ、迫力ある表現活動につながった。

○サメの表現（5歳児、11〜12月）

　投げコマは、紐をコマに巻くとき、手首を返しながら巻くとスムーズにできることや、うまく回すために、力を抜いたり力を込めたりするコツがあることを体で知っていく。フロッタージュのように、紙の下に置いた葉っぱが動かないよう、片手でしっかりと押さえつつ、もう片方の手は滑らかに色をのせていく。目で見て、腕や手先を使い、繰り返し遊ぶなかで、微妙な動きの調整を体で知っていく。

○投げコマ（5歳児、1月）

友達に投げ方を教える　　　　　　　　　　　指、腕をしなやかに使う

○フロッタージュ（5歳児、10月）

生活の取り組みでも、子どもが体をしっかり使って動いている場面が捉えられる。大掃除の写真でもわかるように、長いテラスを雑巾がけすることや、汚れのついている箇所を見つけて、力を込めてこすり取ろうとすること、汚れた雑巾をすすぐ、絞るなど、多様な動きを経験している。

○大掃除（4歳児、3月）

3　さまざまな遊びのなかで子どもの動きを育てる保育者の援助

　ごっこ遊びや室内での遊び、製作活動、日々の生活の取り組みなど、日常のなかに育つ動きがあり、身体能力を伸ばすようなものがたくさんある。いろいろな遊びに没頭するなかで、子どもが感じ、獲得していくものに、保育者は目を留めていくことが必要だと考える。

　また、それぞれの園の地域環境は独自の特徴をもつ。住宅街のなかであったり、商業地域にあったり、郊外にあったり、それぞれの園で立地条件も異なるだろう。自園の自然環境を保育者がよく知り、手入れを行うことは、子どもにとって心を揺さぶられ、体を動かして遊ぶことを十分に引き出す環境となる。そのために、すでにある環境を生かし、足りないところは家庭や地域と連携して整備するなどの取り組みを進めたい。事例4-24では、こうした保護者の協力を得て、園庭の一部を改良している事例である。園庭に高低差がある部分を作ることによって、走り降りたり上ったりすることができる。高い場所からロープに飛び乗る遊びの拠点ともなる。子どもの多様な動きを引き出すように、園全体の環境を考え改善していくコーディネーターの役割も、保育者は求められている。

事例	土を盛って築山と土手を作る	10月 全クラス
4-24	保護者・教職員での環境整備	

　園庭に高低差を出すことで、かけ降りたり、視野の広がりを感じさせたりしたいと考えて、築山と土手を作ることにした。

　地域の電柱工事で出た残土をもらえるよう手配し、それを園庭に運び込む。ここからは保育者、子どもの共同作業だ。

　「土手の位置は、このくらいがいいかな」「傾斜はどうする？」「築山の上に立って、アスレチックとぶつからないかな？」など、作業しながら子どもの身長や動きを考えて、位置や高さ、幅、傾斜を相談しつつ、作っていった。それを手伝ってくれたボランティアの保護者も、「なるほど。いろいろ考えられているのですね」「庭を使うのが楽しみ！」と、理解を示したり、子どもの活動を共に心待ちにしてくれたりする姿が見られた。

　子どもたちは、大人のスコップを持ってみたり、得意になって土運びを手伝ったりして、保育者や保護者と一緒に活動する休日の園を存分に楽しんでいた。

保育者と一緒に、土手づくりを手伝うボランティアの保護者

土手の上から、ロープに飛び乗って遊ぶ

土手の陰も居場所になって……

土手の土で泥だんご作り

（事例／写真：学大小金井）

§5 子どもの興味を引き出す環境の構成

　子どもは、自分の興味や関心に応じて、さまざまな遊びのなかで体を動かしていく。豊かな環境に刺激を受け、主体的に取り組む遊びを通して、子どもたちは動き、結果として身体諸機能は向上していく。子どもが自分の体を動かすのは、それがおもしろいからであり、楽しいから繰り返すのである。

　しかし、子ども自身の興味や関心に任せているだけで、必要な援助がなされなければ、ほとんど体を動かさずに一日を過ごしてしまう子どもがいることも現実である。たとえば、ひとりで絵本を読み、描画を繰り返している子どもがいる。体を動かすことに苦手意識をもっている子どももいる。同じ遊びを繰り返すことで深まる力もあるだろうが、大勢で一緒に動く楽しみを知ることや新しい遊びに気づくことで、その子どもが自分の世界を広げていくようにすることは、保育者の援助として重要だろう。園での遊びが、子どもにとっての豊かな体験の積み重ねになるようにしなければならない。

　そこで、子どもたちがさまざまなことに興味や関心をもつような保育者の工夫が求められる。それは、必要な教材作りであったり、計画的な環境の構成であったり、子どもの気持ちに寄り添いながら活動の深まりや高まりを味わうようにすることであったりする。さらに、地域の文化や家庭の教育力、保育の内容に応じて必要な人の協力を得ることも工夫のひとつである。教材研究を深め、いろいろな人の力を保育に取り入れるコーディネイト役を保育者がとることも、子どもの興味や関心を高めることにつながり、動きを引き出していくことになる。

1 遊具等の配置を考える

　園では、その時期の保育のねらいによって、必要な環境を構成している。あらかじめ子どもの活動を予想して遊具や用具を準備することから、動きや遊びを引き出せるようにする。魅力的な遊具は、その場所に置かれているだけで、子どもたちを遊びの世界へ誘い込んでくれる。手触りのよいもの、温かみのある素材、心地よい色や形、扱いやすい大きさなど、ものの性質を知り、子どもの発達と合わせて選択していきたい。

　また、保育者が用意した環境のなかで、実際の子どもたちの動きはどうであったか。どのような遊び方をしていたのか。子どもの遊び方や楽しみ方を見取り、さらにその経験を重ねていくような環境の再構成も実践現場では大切に行われている。ねらいに沿った環境を構成する、子どもの楽しみ方を見取って再構成するなど、遊具等の配置から考えたい。

（1）入園当初の環境設定を考える

　子どもがのびのびと自分のしたい遊びに取り組むには、園が安心して過ごせる場所になっていることや、保育者や友達に温かく受け止められているという信頼関係が基盤となる。とくに初めての集団体験となる入園当初は、不安感や緊張感が強いので、保育者がていねいに関わり、一人一人を受け止めていくことで、子どもは安定感を得ていく。こうして得た心の健康がさまざまな活動につながり、心身の健康に結びついていく。

　ここでは、とくに幼稚園の2年保育、新入園児4歳児の入園当初の事例を取り上げていく。入園当初といっても、0歳児などの乳児や途中入園児などについては、さらに具体的な配慮がさまざまにあろう。事例からは、安定感を得るような環境を構成し、心身の健康を図るようにしていくことを理解したい。

事例 4-25　安心して動き出せる保育室を構成する

4歳児クラス（2年保育新入園児）4月

〈週案　週のねらいおよび内容〉（4／12〜）

○**幼稚園の雰囲気がわかり、保育者に親しみをもつ。**
・保育者に声をかけられてうなずいたり、挨拶をしようとしたりする。
・マークシールを手がかりに、自分の靴箱やロッカー、コップかけなどがわかる。
・保育者と一緒に所持品の始末をしてみる。
・保育者がする手遊びや紙芝居を楽しむ。

○**自分の好きな遊びを見つける。**
・保育者に誘われて、やりたい遊びに取り組もうとする。
・設定してある遊具や、まわりの人がしている遊びに関心をもつ。
・知っている遊びをしたり、知っている友達や保育者の近くにいようとしたりする。

〈週案のねらいおよび内容に基づいた具体的な環境構成〉

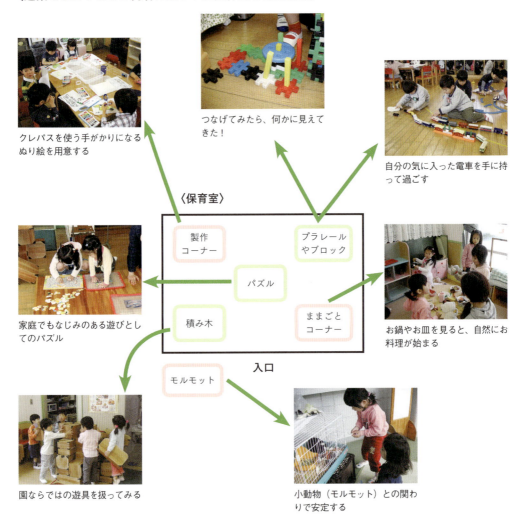

クレパスを使う手がかりになるぬり絵を用意する

つなげてみたら、何かに見えてきた！

自分の気に入った電車を手に持って過ごす

〈保育室〉

製作コーナー／プラレールやブロック／パズル／積み木／ままごとコーナー／モルモット／入口

家庭でもなじみのある遊びとしてのパズル

お鍋やお皿を見ると、自然にお料理が始まる

園ならではの遊具を扱ってみる

小動物（モルモット）との関わりで安定する

　　初めての幼稚園。期待いっぱいに元気よく登園してくる子どもたち。保育室に入ると、保育者が用意しておいた紙やクレパス、遊びかけの状態で設定してあるプラレールを見て、「お絵描きしていいの？」と聞いてきたり、「これ、家にもあるよ！」と思わず手に持ったりする姿が見られる。幼稚園では、10分程度の間に次々と登園してくるので、遊具の配置をきっかけに自分から遊び出せるようにすることが必要だ。

　一方、K子は、靴箱の前で母親の手をしっかりと握って立ちすくんでいる。ここ数日、登園してもなかなか母親と離れられない。新しい場所、新しい人との出会いが、まだまだ不安なのだろう。目に入る場所にモルモットのゲージを置いておいたので、保育者が「モグモグって食べてるね」とつぶやくと、「おいしいのかな？　皮は硬いから残すの？」とK子もつぶやく。ベンリナ（園で栽培している）を抜いて、「あげてみようか」と差し出すと、母親の手を離して受け取り、靴を履き替える。ひとしきり餌をやり終えると、何事もなかったかのように保育室で遊びはじめる。

（事例／写真：学大小金井）

事例	
4-26	楽しみ方を見取り、環境の再構成をする

4歳児クラス（2年保育新入園児）5月

　小型積み木を持つ、動かす、重ねるなどしているうちにできた形が、偶然、知っているものと合致したのだろう。「飛行機だよ！」とＣ夫はうれしそうに言う。「本当。飛行機だね」と保育者も共感して受け止める。近くにいたＤ也も、「ぼくの飛行機も作りたい」と言うので、手伝いながら飛行機が2機できる。最初は喜んで乗るまねをしていたものの、まわりの子どももそこに乗ったり降りたりしているうちに積み木が崩れてしまう。

　「キャー！」「うわーっ」と驚いて声をあげる。すると今度は、崩すことが楽しくなり、積み木を直すと横から押して崩す。崩すと音やまわりの子どもの反応がおもしろい、という状況になった。保育者は「地震になっちゃったね。危ないね」と言いながら、積み木周辺では崩すことも試せるようにしつつ、他児にはケガのないよう安全な範囲を知らせるようにした。

　くずれた積み木の一部がシーソーのようになり、それを発見したＴ介とＵ子は板にまたがり遊びはじめた。「シーソーみたい」「ぎったん、ばったん」と揺れを楽しむ。くずれた積み木の上を歩きはじめる子どももいたので、保育者が素早く整えながら「迷路ですね」と言うと、それを受けて、「ここからスタートなの」「ここは地獄です」いろいろな形の上を慎重に歩くことが遊びになっていった。

「飛行機だよ」「こっちだって」

シーソーごっこのようになる

迷路ごっこの遊び

（事例／写真：学大小金井）

事例 4-27 友達と同じ動きを楽しめる場をつくる

4歳児クラス（2年保育新入園児）5月

　保育室前で保育者が広告紙を丸めはじめると、「何やってるの？」と子どもたちが近寄ってくる。ゆっくりと丸めてテープで貼ると、丸く細長い棒ができる。「わかった！ 剣作ってるんでしょ？」「やりたい」とまねをしはじめる。あらかじめ、広告紙は子どもが扱いやすい大きさに切り揃えてあるので、太かったり細かったり、さまざまになるが、どの子どもも何とか棒らしきものを作る。何本も作ってテープでまとめる子ども、牛乳パックと組み合わせて自分だけの武器に見立てる子ども、棒をつなげて長くしようとする子どもなど、自分の思いついたことを身近な材料で実現している。できると、それを手に持ち、動きたくなる。

　同じものを持っている子ども同士で、何か一緒に遊びたい気持ちがあるが、まだ入園後間もないので、うまく関われない。棒があたると嫌がられたり、お返しに何倍もの強さで叩かれたりする。作ったあとは手に持ちたいし、動きたい。でもひとりではつまらない、誰かと楽しみたい。そのような様子が見られたので、保育者は「かっこいいのができたから、悪いものをやっつけにいこうか？」と次の動きを誘うと「うん」と喜んでついてくる。

　保育室から見える場所に、大型の巧技台で階段状のジャンプ台を設定し、マットを敷く。「何をやっつけようかな～？」とつぶやきながら、画用紙にお化けを描くと「お化け、やっつけるの？」とワクワクした様子で待っている。できたお化けを吊るすと、入れ替わり立ち替わり、武器を手に持って「エイッ」「ヤーッ」とジャンプすることを繰り返し楽しむ。お化けを吊るす場所は、子どもがジャンプして、やっと届くか、届かないか、ギリギリの位置にしたのが絶妙な距離で、喜んだりくやしがったりしながら、ジャンプの遊びが続いた。

広告紙をていねいに丸める

保育室のすぐ近くで、しっかりと動いて遊べる場所を確保する

「お化けをやっつけるぞ！」

（事例／写真：学大小金井）

ここにあげた3つの事例は、どれも入園したばかりの4歳児の姿である。
　事例4-25では、自分の好きな遊びを見つけて動き出せるように、という入園当初のねらいを達成できるような遊具の配置として、次のことを環境構成のポイントとしていた。
・家庭でなじみのある遊具（ままごと、描画、パズル、プラレール）を手がかりに遊びはじめられるようにする。
・園ならではの遊具（中型積み木、固定遊具）を知らせることで、魅力的な場所となるようにする。
・小動物を近くに置き、様子を見たり、餌やりをしたりして、自分のペースで関わったりほっとしたりする場所を用意する。
・遊具を遊びかけの状態に設定しておき、すぐに遊べるようにする。
　こうした遊具の配置があることで、子どもはやりたい遊びを見つけていく。
　事例4-26では、中型積み木を使った遊びの姿に焦点化して、子どもの楽しみ方に合わせて保育者が適宜、環境の再構成をしている。中型積み木のような遊具は、入園して初めて扱うものであろう。家庭生活のなかでは扱った経験がない遊具を、しだいに自分たちの遊びを構成する道具として、その特徴を知り、扱い方を獲得していくことは大切である。保育者は、子どもが積極的に関わる姿をできるだけ肯定的に受け止めながら、自分の言葉や動きが遊びのモデルとして子どもに伝わることを願っている。積み木で構成した遊びの場は視覚的にわかりやすく、遊びの楽しさやイメージが他児にも伝わりやすい。反面、それが崩れたままになると、遊びの残骸は廃墟となり、子どもの乱雑な動きを引き出す負の環境となることもある。シーソーに見立てて喜ぶ姿や、くずれた積み木の上に乗る動きを受けて、保育者が素早く積み木を並べ替えて、別の遊びのイメージ（迷路）へと転換した。子どもの使い方を見ながら積み木を寄せたり並べ替えたり、ときには片づけるなどの環境の再構成も大切な援助である。遊び方を子どもに任せるだけではなく、保育者の判断で片づけることもひとつの方法であり、それによって遊びを切り替えたり、今まで使っていた子どもたちとは別の子どもが積み木を使って遊べたりすることにもなる。
　もちろん、保育者が一緒に遊びながら、安全な遊び方や遊具の扱い方を知らせていくことが必要なことはいうまでもない。子どもとの信頼関係を築きながら、少しずつ扱い方に気づくよう促す。他児のしている遊びをわざと壊したり、積み木を投げたりする姿があれば、理由を見極めつつ、それについての保育者の思いや考えを伝えていくこともしていきたい。

　事例4-27は、友達と一緒に動きたいという子どもの欲求を保育者が感じ取り、それを満たすために新たに遊具を整え、場所をつくった事例である。保育の展開のなかで、子どもの姿に応じた必要な場を用意することも環境の再構成である。お化けと戦

第4章　子どもの健康と遊び

うイメージで、一緒に遊べた満足感をもつことができる。友達と同じ場所にいながら、自分の好きな動きを出すことができる。お化けにあたれば達成感があるし、あたらなければ、またやろうと挑戦したくなる。階段状の巧技台は高さを得られ、マットがあることで安心して着地できる。簡単すぎず、難しすぎない距離に目標物があることが、繰り返し同じことを楽しんで遊ぶ姿になった。

（2）魅力的なものや動きをきっかけにする

　子どもは新しいものに敏感である。昨日まで飾ってあった絵をはずしたり、新しい材料を用意したりすると、すぐに気づいて保育者に話しかけてくる。いつもと同じ空間、昨日の楽しかったことがまたできるような環境は、安定して自分の動きを出していく基本でもある。しかし一方では、そのなかにいつもと違う刺激を保育者が意図的に入れていくことが、新しいことへの興味や関心を引き出すものともなる。

事例 4-28　カメさんシャワーをきっかけに水遊びを楽しむ　　3歳児クラス　6月

　登園する時間を見計らって、庭に「カメさんシャワー」をセットしておく。カメの形をしたスプリンクラーになっているため、つないだホースから出てくる水が、カメの甲羅部分から飛び出して、その水の勢いでくるくると回る。

　「先生、何、これ？」と聞いてくる子ども、近寄って手で水をさわろうとする子ども、じーっと眺めて通りすぎる子ども、ちょっと離れたところから水の出る様子を見つめている子ども……。

　「ぬれちゃう〜!!」と歓声をあげているので、「水着になってやってみようか」と誘うと大喜びで着替えようとする。日頃は、自分で着替えるのもおぼつかない子どもが、一生懸命、自分で着替えはじめている。

　カメさんシャワーの水をバケツに受けたり、上をジャンプしたりして、水遊びを楽しんだ。

一生懸命着替えようとする

カメさんシャワーから水が出てくる

自分のバケツに水をためて遊ぶ

クジラのシャワー

（事例／写真：学大小金井）

| 事例 4-29 | 保育者の動きが刺激となる | 5歳児クラス 1月 |

　「電線を巻き取っていた木の枠があるのだが、園で使えないか」と地域の方に提供してもらった。丸い形、数人で囲める大きさなどから、戸外でのままごと用机に生かしたり、登ったり飛び降りたりする台として遊びに利用したりしていた。最近、遊びに使う機会がなくなってきていたこともあり、これを裏にしまおうと考えた。非常に重く、簡単には移動できない。保育者は、90度倒して、転がすように運ぶことにした。転がしながら、ついおもしろくなってしまい、転がした木枠の上に保育者が乗って曲芸のようなまねをすると、それを5歳児がじっと見つめている。視線を感じた保育者は、バランスをとりながら、おもしろがってさらに続けてみた。子どもたちは、すぐにやってきて「やってみたい！」とまねして動き出す。

　「キャー」「うへぇ～」「けっこう、難しいよ！」と言いながら、転がす速度を加減してゆっくりにしながらバランスをとって乗ろうとする。数回繰り返すうちに、すぐにバランスをつかみ、足で転がすタイミングを計りながら、少しずつ進みはじめる。「すごいね」「サーカスみたい！」と喜んでいる。そうした子どもの姿がさらに刺激となって、「やらせて！」とほかの子どもも次々寄ってきた。友達と一緒に乗ってみたり、ロープをつかみながら乗ったりして新しい遊びが広まっていった。

提供された木の枠

「乗ってみる？」

「サーカスみたいだね！」

（事例／写真：学大小金井）

事例4-28は保育者の意図的な環境設定から、事例4-29は偶然の保育者の動きが刺激となって、遊びが誘発された事例である。魅力的なものやおもしろそうな動きを見ることで、子どもの興味や関心は高まる。遊具の配置とともに、それを遊びに生かす周囲の友達の姿、一緒におもしろがったり、見たり、実際にやってみたりする保育者の姿も、人的環境として大きいことがわかる。魅力的なものやおもしろそうな動きを提示していくことで、自分の体を十分に動かし、進んで運動しようとする姿を促したい。

2 戸外を積極的に使う

　現代の家庭生活はテレビやゲームに囲まれ、習い事や塾などに通うことで多忙な子どもたちが増えている。屋内でじっと静かに遊び、ひとりでテレビやゲームの画面と向き合うか、母親を相手に、自分の思いを受け止めてもらって遊ぶことが多くなっている。地域でも、安全に遊べる子どものための空間が十分にあるとはいえない社会状況にもなりつつある。

　こうした家庭や社会状況を踏まえても、園生活のなかで、しっかりと戸外遊びの体験を保障していく意義は大きい。ますます体験不足の子どもたちが急増するなかで、しっかりと自分の手足を使い、動かし、体を使って学んでいくことの重要性を押さえていきたい。さまざまな体の動きを獲得していきながら、あわせて同年齢の集団で遊ぶ経験を重ねていくよう子どもたちを育てていくためにも、身近な自然や遊具を生かし、戸外環境を生かすことから、進んで戸外に出て遊びたくなるような環境を考えていく必要がある。

　製作的な活動は、じっくりと落ち着いて室内で取り組むものだという印象があるのではないだろうか。活動の特性から見れば、戸外で行うよりも室内で行うほうがふさわしい。だが、作ったものを子どもが手に持ったとき、どのような動きをしたくなるか。作ったあと、どのように使って遊ぶかを考えたときに、いつも室内で製作活動を行うことが最善とは言い切れない。ときには、そうしたコーナーを戸外に設定することが、進んで戸外で遊ぶ姿やいろいろな遊びのなかで十分に体を動かす姿を促すことになる。

広い芝生の上で、思いっきり走る子どもたち（園外保育で）

事 例	
4-30	戸外に設置した製作コーナー

● 3歳児クラス 1学期

　園庭の端にある木陰を製作コーナーにしようと、保育者は机やワゴンを設定した。ワゴンのなかには、くるくる棒（あらかじめ広告紙を細く丸めて棒状にしたもの）、セロハンテープ、蝶々の形に切り取った紙、30cm程度の紙テープ各色を用意した。

　子どもたちは、「蝶々作って！」と自分の好みの色や形の紙を選ぶと、棒にセロハンテープで留めてもらうことを保育者に要求する。でき上がると「ちょうちょさん、ひらひら〜」「お花の蜜でーす」と棒を持ち、園庭の木や草花をかけまわり、まるで自分が蝶になっているかのように、走ったり止まったりして遊ぶ。

ワゴンと机を木陰に設定する

「お花にとまろうっと」

　蝶々の遊びに満足してきた様子を見計らって、次の時期、戸外の製作コーナーには簡単に作ることができる風車の材料（スチールトレー、竹ひごにビニールテープを巻いたもの、ストロー、マジックペン）を準備した。スチールトレーが風車のハネになるよう、保育者が切ってやると、子どもたちは思い思いの色を塗って、自分のものである印をつける。竹ひごとストローをはめると、歩くだけですぐに風車が回り出す。それを見ると「先生、見てー！」「まわった、まわったよ」と喜んでかけ出す。築山の上から走ってくるとよく回ることに気づき、何回も何回も走って降りる。

保育者と一緒に蝶々になって遊ぶ

風車を作る

風車への関心がおさまってきたころ、今度は、腰に巻く紙のベルト、画用紙にキャラクターを印刷した紙、新聞紙などを用意した。自分の好きなキャラクターをベルトの中央に貼りつけて、「○○マンだー!!」と走り出したり、「○○マンがパトロールに行ってきまーす」と固定遊具を次々に試していったりして動いて遊ぶ。それを見て、ほかの子どもも、同じようにベルトをつけ、あとをついて動いて遊ぶ。

「パトロールです」と太鼓橋を渡る

（事例／写真：学大小金井）

事例 4-31 白線を引く

● 3歳児クラス　2学期

　いつもの見慣れた園庭が、新しく線を1本引くだけで、新しい環境となる。この日は築山を含めてぐるりと回れるような線を引いた。すぐに子どもたちはそれに気づき、線の上を辿りはじめる。近くに用意してあったフープを持って、「電車でーす！」「しゅっぱつしまーす」と遊びはじめる。

　また、別の日は、通園路に直線を1本引く。そこに並びたくなり、「ヨーイ、ドン」で走りたくなる。「わーっ」と歓声をあげながら走る姿が刺激となり、次々に「わたしも！」「やるー」と子どもたちが走り出す。

フープに入り、線路に見立てた線をたどる

みんなで「よーい、ドン」

（事例／写真：学大小金井）

事例
4-32 戸外で紙芝居を見る

3・4歳児クラス 6月・10月

いつもは室内で見ている紙芝居。気候もよいし、たまには気分を変えてみようと考えた。「今日は、野外劇場です」と保育者が木陰に子どもを集めると、興味津々で座る。

園庭の木陰で紙芝居を見る（3歳児、10月）

大学内の噴水広場で紙芝居を見る（4歳児、6月）

（事例／写真：学大小金井）

事例4-30は、戸外に製作コーナーがあることで、作る活動が好きで室内で過ごすことの多い子どもも戸外に出るきっかけとなっている。また、戸外で作るからこそ意味のあるような教材を準備することで、それをきっかけとした遊びの展開が柔軟に広がるようなものを考える必要がある。3歳児クラスの1学期なので、子どもたちが自分でしっかり作る製作というよりは、保育者に作ってもらって遊ぶ色合いが濃い。事例にあげた風車は、作ったもので遊ぶために自然と走り出したくなるものである。室内で作るよりも、むしろ戸外で作り、そのままそれを持って走り出せるようなスペースがあることで、子どもは動き出す。ヒーローのベルトのように、作ったものを身につけることから、子どもが自分のイメージで楽しく動き、つもりになって動くことが新鮮なおもしろさ、喜びとなっていくことがわかる。身につけて動くためには、シンプルで壊れにくく、動きのじゃまにならないようなものを考えたい。

また、周到な物的環境の用意がなくても白線1本で楽しく遊べる姿（事例4-31）、気候のよい時期などを選び、日頃は室内で行うような活動を戸外でする楽しさ（事例4-32）を例示した。自分の遊びや生活の範囲を広げていくことは、遊びの広がりにもつながるだろう。

3 イメージを生かした教材づくり

　子どもたちはごっこ遊びが好きである。身近なものを知っている何かに見立てて使ったり、自分が何かになりきって動いたりする。自分の生活や知っている話をベースにしたイメージを遊びに生かしていくことは、ほかの子どもにも伝わりやすい。

　しかし、イメージを伝達しあい了解しながら遊ぶためには、人間関係の構築や言語能力の育ちが必要となる。そのため、年齢が低いほどそれを補うもの、つまりイメージが伝わりやすく、動きを引き出すような教材があることが有効になる。次の事例は、どちらも保育者が作ったものを教材として活用した3歳児の遊びの姿である。子どもの動きを予想して、興味や関心に応じたもの、発達に即したもの、ねらいに沿ったものを教材として保育環境のなかに取り入れた。「こんなものがあったらいいな」「もっと楽しくするために使ってみたい」と保育者自身も楽しみながら、考えたり工夫したりして環境を構成していきたい。

事例 4-33　キャラクターのイメージにのせて動く

● 3歳児クラス　9月

　気候もよくなり、戸外に出て遊ぶ子どもも増えてきた。走ることや、ちょっとした高さの登り降りは、いろいろな遊びのなかで経験できている。そこで、跳ぶ動きを取り入れられないかと考え、簡単なハードルを作る。動きがぎこちない子どもでも、ぶつかったときに痛くないよう、厚手のボール紙を折り曲げたものを用意した。また、悪者と戦うイメージで、遊びながら動くことができるよう、ハードルに悪者のキャラクターをつけて使うことにした。

悪者キャラクターと戦うイメージで

「えいっ、えいっ」

（事例／写真：学大小金井）

事例
4-34 鬼の玉入れ

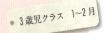
3歳児クラス 1〜2月

　1月。「ももたろう」の紙芝居をみんなで楽しんだ。お話のフレーズが、そのまま歌になり、保育者が歌うと喜んで一緒に歌ったりしていた。保育者がももたろうのまねをすると「♪おこしにつけた　きびだんご　ひとつ　わたしに　くださいな〜」と、サルやキジ、犬になる子どもがいて、やりとりを遊んでいた。

　ちょうどその頃、ボールの活動は行き詰まっていた。持って動くことや、転がすことは十分繰り返してきた。最近では、室内のボールをわざと外に転がしてみたり、誰かにぶつけたりしている。ボールの遊びを切り上げて、環境からなくすことも一案だったが、新たな使い方を提示して様子を見てからでも……と思った。それなら鬼のイメージを使ってみたらどうだろう。節分も近いし、ももたろうごっこも楽しんでいる。鬼があればボールをぶつける対象にもなるし、鬼の口を開けておけば、ボールを投げ入れる教材にもなる‼ そこで早速、大きな段ボール箱を調達し、子どもの背よりも大きく、口の穴のある鬼を保育者が製作した。大きな鬼を見ると「なに、これ！」「鬼が島の鬼なの？」と子どもたちは喜んで近づいてくる。「鬼に豆、食べさせちゃおう」と保育者がボールを投げ入れると「やる！」「次、ぼくだよ」と、口をねらって投げ入れようとする動きが広がっていった。

近くから入れてみよう

鬼の口から入れると、下からボールが出てくるよ

(事例／写真：学大小金井)

4 計画的な活動の展開

　子どもの実態を捉え、それをもとに次のねらいや内容を組み立てる。ねらいや内容を達成するために必要な環境を整え、実践を行い、子どもの実態を反省評価する。この繰り返しで日々の実践は進む。園での生活は、子どもが自分（たち）の好きな遊びに取り組むことと、クラスで集まってする活動が織りなされて営まれる。これらは互いに関連し、個と集団を育て、集団のなかに個が位置づく運営を進めていくことになる。保育者は、子どもの遊びの刺激となることを願って、一部の子どもが楽しんでいることをクラス全体に広げたいときや、みんなが経験したほうがよい内容などをクラスで集まったときに取り入れる。このような計

画的な活動は、子どもの取り組み方によって柔軟に展開されるものである。

　4歳児6月中旬の週案をもとにまとめた、事例を紹介しよう。この頃の子どもの姿としては、自分の好きな遊びを見つけて楽しめるようになってきたことが、成長として捉えられた。また、クラスのまとまりを感じはじめていて、みんなで一緒に散歩に出かけることや、クラスの友達と一緒に新聞玉を投げて楽しんだり、忍

保育者が「サル山」のイメージで構成した場で動く

者修行のイメージで固定遊具に挑戦したり、という姿が見られるようになっていた。そこでは、みんなと一緒に遊ぶなかで、自分なりの動きを楽しむ姿があった。

　そこで保育者は、「みんなで一緒に遊びながら、さまざまに体を動かす」ことをもっと経験させたいと考えた。雨の日に新聞玉を投げる遊びを楽しんでいたので、もっと積極的に投げることや転がすことを促す環境を整えたいと思った（事例4-35）。

　また、固定遊具の取り組みは、遊ぶ遊具が偏っていたり、関心が向きにくい子どももいたりすることから、いろいろな固定遊具に挑戦する機会をつくり、そこで自分の動きを楽しめるようにしたいと思った（事例4-36）。

事例 4-35　ボールを使って遊ぶ　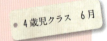

〈ねらい〉
・ボールを投げたり転がしたりする動きを楽しむ。

〈環境の構成〉
・キャラクター（アンパンマン、バイキンマンなど）を使った標的を設定することで、目標物に向かって投げ入れる、投げあてる、転がすなどできるようにする。
・待ち時間が短くなるよう、自分のやりたいコーナーを選んで取り組めるよう、標的を数か所に設定する。
・ひとりひとつのボールを持つことで、十分に活動できるようにする。
・友達のまねをしたり、保育者に「見て」と気持ちを表したりする姿を十分に受け止め、さらに意欲をもって動くように支える。

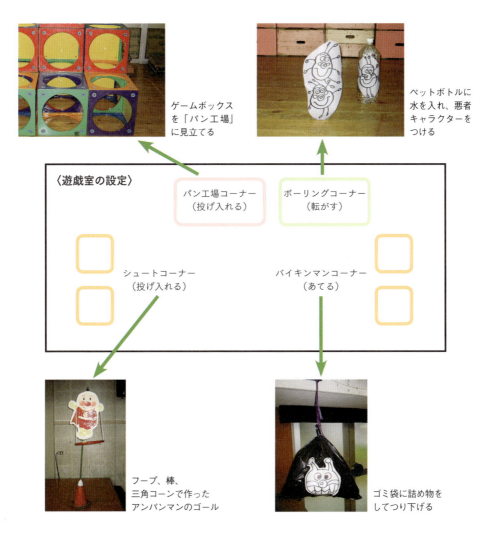

〈遊戯室の設定〉

パン工場コーナー（投げ入れる）
ボーリングコーナー（転がす）
シュートコーナー（投げ入れる）
バイキンマンコーナー（あてる）

ゲームボックスを「パン工場」に見立てる

ペットボトルに水を入れ、悪者キャラクターをつける

フープ、棒、三角コーンで作ったアンパンマンのゴール

ゴミ袋に詰め物をしてつり下げる

〈考察〉
- それぞれのコーナーでの動きがわかりやすく、コーナーの数がクラスの人数に適していた。
- ボールの大きさは検討の余地がある。上から投げやすく親しみやすいボールだが、下から投げる、片手で投げるなどの動きを促すなら、小さいサイズのボールを使用することも考えていきたい。
- パン工場に見立てて投げ入れるコーナーは、落ちるところが見えることがおもしろさを高めていた。その点から、シュートコーナーのゴールも輪にヒラヒラしたものをつけるなど、入って通ったときに動きが見えるような工夫が考えられる。
- コーナーごとに並ぶ線がテープで示されていたが、そこからやることを保育者が強要しないことがよかった。あてることが楽しくて、的の近くで活動しても、しだいに遠くからあてる楽しさに気づき、自然とちょうどよい距離に離れて活動していた。

(事例／写真：学大小金井[1])

> 事例
> **4-36** 固定遊具を使って遊ぶ

4歳児クラス　6月

〈ねらい〉
・アスレチック、うんてい、鉄棒などを使って、全身を動かす。

〈環境の構成〉
・日頃の遊びや歌などで親しみのある「忍者」のイメージを使うことで、楽しい雰囲気が高まるようにする。動きがわかりやすくなるように絵カードで示し、見ながら活動できるようにする。
・個々の経験の違いや固定遊具に対する得手不得手の気持ちを踏まえ、自分なりの動きに取り組めるよう、修行（動きの例）を複数紹介する。
・動きの満足感や自信、次の動きへの気持ちが高まるよう、それぞれの動きを認める言葉かけを多くする。不安や抵抗を感じている子どもには、保育者が一緒に動いたり、ひとつでも満足感がもてる動きに早めに挑戦できるよう促したりする。
・それぞれの挑戦を振り返り、様子を伝え合う。最後に全員で走るなど、みんなで取り組めた満足感がもてるようにする。

絵カードの例

アスレチックのルートを引き出す

うんていでの動きを引き出す

〈考察〉
・固定遊具で経験できる動きのよさと、固定遊具では動きが規定されるリスクがある。
・「先生、見て」という声がたくさん聞こえた。保育者の周辺に子どもが集まり、認めてもらうことで満足感をもっている。
・うんてい、鉄棒の高さは高い。下に土を盛るなど調整していく必要がある。

（事例／写真：学大小金井[2]）

5 遊びをつなげて行事に生かす

　行事は、日々の活動の延長線上にあり、子どもの生活に潤いをもたせるものである。しかし、運動会で"披露する"鼓笛隊や組み体操など、教えられたことを忠実に、言われたとおりにすることが求められるような取り組みも、残念ながら一部の園には見られる。
　行事においても子どもたちが生き生きと喜んで繰り返す活動が、一人一人の力となり、関

係を育てる取り組みにしたいものである。そのためには、保育者の遊び理解と、一人一人の子どもに対する理解と援助が必要だろう。ここでは、5歳児のリレーを事例として見ていく。

事例 4-37 エンドレスリレーから競技としてのリレーへ

● 5歳児クラス 4〜10月

①あこがれの遊びをまねしてやってみる時期（4月下旬）

園の最年長児となった4月。当番活動や遊びなど、あこがれていた大きい組の生活をまねしてやってみようとする頃である。保育者が庭に大きなトラックラインを引くと、「大きい組が走ってたよね」「何か渡してたよ」と以前に見てあこがれていたリレーを思い出す。バトンを用意すると、ラインを走り出し、次の友達に渡そうとする。見て知っていることを実際にやってみて、満足する姿があった。

②とにかく走ることが楽しい時期（9月上旬）

庭にトラックラインとティームの並ぶ線を引き、バトンを用意しておけば、自分たちでエンドレスリレーを始めるようになる。思い切り走ることが楽しくて、バトンを渡す相手がいるかぎり、小一時間も続く。ティームの人数やスピードに差があっても、あまり気にせず続ける。ときどき気分でティームを入れ替わることも楽しみながら、気持ちよく走っている。

エンドレスで続くリレー

③挑戦するE美（9月中旬）

庭でエンドレスリレーが始まると「リレー、行ってくるね」と次々に出かけていく友達。なかよしの友達がみんな行ってしまうと、E美は所在なさそうにウロウロする。保育者も頃合いを見て誘ってみるが「いい……」「私は遅いから……」と断られる。走ることに自信がないようだった。なかよしのF代が戻ってきて「E美ちゃんも一緒にやらない？」と誘う。「えーっ。だってさぁ……」とモジモジしているが、ほかに遊ぶこともなく何となくついていく。庭に出たものの、木陰で実習生と寄り添い見ているE美だった。

やらないことに寄り添う人がいてはダメだ。せっかくなかよしの友達とのつながりで庭に出てくることができたのに……と思い、「E美ちゃん、やってみよう！」と保育者も強気で後押しする。今を逃したら、リレーの楽しさを味わえないままに運動会を迎えることになってしまうのではないか、という危機感をもったからだ。E美は「だって、私、みんなみたいに走れない……」と涙をこぼしはじめた。「走れるよ。走って走って、だんだん速くなっていくんだよ！」と励ましながら友達が並んでいるところまで連れていく。F代も「E美ちゃん、こっち、こっち」と手招きし、「私がバトン、渡すからね」と声をかけてくれる。

いよいよE美の番。不安そうに保育者の顔を見るので、保育者もトラックラインを内側から一緒に伴走する。1周走りバトンを渡すと、ほっと息を吐いて「走れた……」とつぶ

やく。「走れたね！」と保育者も喜ぶと、F代も「ね！」と言う。その後もE美の番になると、保育者は一緒に伴走した。5～6回一緒に走ると、「ひとりで走ってみる」と走り出す。それからは笑顔でエンドレスリレーに取り組んでいた。

④クラス全体で取り組み、みんながリレーを体験する（9月下旬）
　多くの子どもがエンドレスリレーを楽しんでいることから、経験していない子どもにもリレーの楽しさを広げ、ティームとしての勝敗も知らせたいと思い、クラス全体でリレーをしてみる。子どもたちに提案すると、ほとんどは「イェーイ！」「やりたーい」と喜んで庭に出ていくものの、G太は一番最後から、とぼとぼと仕方なさそうについてくる。G太は体を動かすことが苦手である。体格もよくて、汗かきなことから、少し動くと「疲れた」「面倒くさい」とぶつぶつ文句を言う姿が多かった。「G太ちゃんの力も必要だからね。みんなの力と合わせようね」と保育者が声をかけるが、「つまんない。やりたくない」と言い続けている。「そうか。やりたくないか。……でも、みんなの応援ぐらいは頼むよ」と応えた。無理に参加させるのはかえって逆効果になりそうだし、とにかく同じ場所にいて見ることから少しずつ気持ちを向けていきたいと思った。「やりたくない」と言いながらも、庭に出るとしぶしぶ自分のグループの列に並ぶ。G太は「どうするのか、わからない……」とぼそっとつぶやく。この言葉を受けると、子どもたちが口々に、バトンを持つこと、ラインのとおりに走ること、次の人にバトンを渡すなど、遊びながら理解してきたルールを伝える。G太は遊び方がわからなくて参加できない面もあったようだ。
　G太は、運よくリードした状態でバトンをもらい、一生懸命に走った。まわりも「G太！がんばれ！」と大声援。G太はティームの勝敗は気にも留めず、一緒に走る相手よりも先に1周してきたことから「勝ったよ」と言い、気持ちよく走ることができたようだった。うれしそうな顔をして「先生、もう1回やりたい!!」とさけんだ。

⑤友達の力が互いにわかりはじめ、ティームの勝ち負けを意識しはじめる時期（9月下旬）
　K哉（軽度の発達遅滞児として受け入れている）は、みんなと一緒に動く雰囲気が大好きである。動いて繰り返していくなかで、ゆっくりとルールややり方を理解していく。
　エンドレスリレーも大好きで、庭で始まると自分から帽子をかぶり「いーれーて」と積極的に参加していく姿があった。しかし、しだいに、K哉が参加すると自然にそのティームから抜けて、他方のティームに変わろうとする子どもの姿が増えてきた。
　この日は、K哉のティームは3人なのに、他方のティームは10人以上並んでエンドレスリレーをしている。3人だとすぐに自分の順番が回ってくるので、さすがに走るのも疲れ、「もう、へとへとだよー」「先生、手伝ってー」となった。保育者は「3人じゃ、大変だね。どうしてこうなってるの？」とたずねる。「みんな、抜けてあっちのティームに行っちゃうの」「だってK哉ちゃんがいると遅いからさぁ……」「K哉と同じティームになると負けるんだよな」と言う。たしかに、K哉はにこにこ笑いながら走るので、勝負という雰囲気はない。遅いことも事実で、それをまわりも感じはじめている。ティームとして勝ちたい気持ちが芽生えてきているのがわかった。
　ここからが大切だ。それぞれの力の出し方を認め合いたい、仲間との関係のなかでこの問題を解決したい。そう思ったので保育者もK哉のティームに加わることにした。「そうか。K哉ちゃんは遅いか……。でもK哉ちゃんは、K哉ちゃんの力を全部出してがんばってい

ると思う。だから、先生がK哉ちゃんの分まで速く走って取り戻す！」と、力の限り走る姿を見せた。

　しばらくすると、「オレも、K哉の分、速く走るからこっちでいいよ」「Y夫も、速いから、こっちに入ってくれ」という子どもも出てきて、またリレーの遊びが盛り上がっていった。

運動会のリレー

アンカーたすきをかけて

（事例／写真：学大小金井）

　事例を通して見てきたように、子どもたちの体験の積み重ねがあって、しだいにリレーという形式に落ち着いていく。遊びへの動機や楽しみ方も変化していて、あこがれの遊びをまねすることから始まり、繰り返し走る心地よさを味わい、となりで走る相手との勝負から、少しずつチーム対抗の勝負へと、リレーらしい楽しみ方ができるようになっていく。遊びのもつ特性を踏まえ、初めから形に沿った遊び方を提示するのではなく、子どもが感じている楽しみ方を十分に体験できるようにしながら活動を進めることが大切なのだと思う。

　遊びに対する受け止め方も一人一人違う。E美には保育者の強気の関わりが必要だったし、G太には遊び方を知らせることが取り組みのきっかけとなった。運動会のあと、K哉は友達に「今日のK哉ちゃん、すごく速かったよ」と声をかけられ、それを家族に何回も話したそうである。E美は最初は泣きながらのリレーであったが「幼稚園で一番楽しかったのはリレー」と卒園時に語っていた。リレーはみんなで一緒に取り組む活動ではあるが、それを通して、一人一人ができるようになった喜びと自信、楽しさを心から実感できるような援助をしていくことが、人的環境としての保育者の役割だと考える。

6　家庭・地域との連携

　地域の文化や保護者の力を保育に取り入れていくことも、積極的に活用したい。

　あるとき、「おばあちゃんが、お手玉をたくさん作ったのですが、園で使ってもらえませんか？」と保護者からの申し出を受けた。とてもよい機会なので、保育者が受け取ってしまうのではなく、保育時間中に合わせて"贈呈式"として手づくりのお手玉をみんなで受け取ることにした。保育者はお手玉の経験があるといっても、せいぜい2個を回して見せるくら

いである。とうてい、おばあちゃんの技にはかなわない。"贈呈式"では、おばあちゃんにお手玉の技も一緒に披露してもらい、「すごい！」「どうやるの？」と、子どもにとっては遊びの刺激となった。リズミカルなお手玉の遊びは、バランス感覚を養い、俊敏性の育ちにつながることだろう。

また、力強いリズムを子どもたちと合わせたい、と樽太鼓の活動を計画したときには、和太鼓サークルのメンバーに来てもらうことを調整した。そのリズム感や力強い動き、視線、コンビネーションを目の当たりにし、真剣に打ち込むなかにも楽しさを表現してくれるメンバーの姿は貴重な経験となった。そこで感じたことが、その後の子どもの樽太鼓の活動につながり、クラス全体での表現活動へと展開した。モデルとしての動きを保育者が子どもに示すことができないような内容もある。保育者は万能ではない。得意なこと、不得意なこと、できることもあればできないこともある。保育者ひとりで保育内容の全部を引き受けようとするのではなく、園内外の人的資源も活用して生かすことで、子どもの体験の広がりや深まりを考えたい。

和太鼓サークルの演技

運動会での表現活動に

さらに、地域とともに育つ子どもとして、地域の行事にも目を向けたい。夏になると保育のなかに阿波踊りを取り入れる園もある。5歳児の有志が「小金井阿波踊り」に参加するのを3、4歳児クラスはあこがれを抱いて声援にくる。在園中に知った阿波踊りの楽しさに魅せられて、卒園後も、地域の「連」（踊りのグループ）に所属して阿波踊りを続け、地域活動に参加している子どもの姿も多い。地域の文化が保育内容につながり、園での体験が再び地域参加へと広がっていく様子となっている。

最後にあげる事例は、保護者の力を保育に取り入れ、日常生活のなかではなかなか経験できなくなっている遊びを計画した。園の周辺にある竹林から真竹、孟宗竹を保育者が用意し、昔ながらの遊び道具を親子で手作りし、それを使って遊ぶことを経験してほしいと願った。時期的にも、保育者や友達の姿を刺激としながらカナヅチや釘に慣れ、失敗や成功を重ねながら安全な扱い方がわかってきているところだった。

事例
4-38 竹馬を作って遊ぶ

● 5歳児クラス 6月〜

〈ねらい〉
- 親子で一緒に楽しみながら、遊びや生活に使うものを作る。
- のこぎりや釘などの道具や、竹、木材などの材料を安全に使う。

〈環境の構成〉
- 竹馬の作り方もいろいろあるなかで試してみるが、ほぼ初心者の親子で作ることを考慮し、針金で止める簡易な方法に決定する。竹の長さは180cm程度にする。
- 節を生かして切るようにすると、遊ぶときに安定する。
- クラス全体の親子の活動に必要な援助ができるよう、保育者のほかに、美術科の大学生を保育ボランティアとして配置できるようにする。

〈竹馬の作り方―配布のプリントより〉

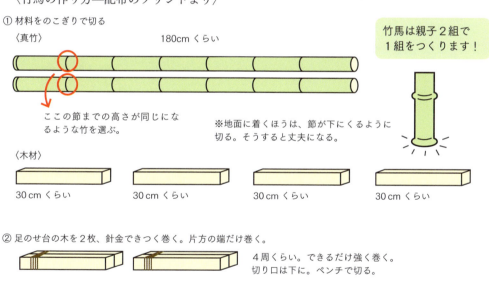

③ 竹を2枚の木で挟み、針金できつく巻く。8周くらい。

④ グイッと足のせ台を水平にしてでき上がり!!

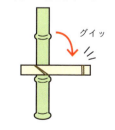

親子で一緒に竹を切る

ひとりでも挑戦「できるようになるかな」(2学期)

〈考察〉
・子どもたちを支えてくれる大人の存在によって、釘やカナヅチ、のこぎりなどの道具を使う経験が広がった。道具を繰り返し使い、道具と自分の体の感覚を体感していた。
・持つ、押さえるなど、互いに協力しながら作ることを学んだ。
・自分たちで作った遊具を使って遊ぶ体験の機会となった。既製品ではなく、自分たちで作ったという思いが、竹馬に乗れるようになりたいという強い意欲となり、粘り強く挑戦して取り組む姿につながった。
・保護者にとっては、教育活動に自分の力を生かす場となり、充実感を味わっていた。また、家庭で共有できる話題となり、その後の子どもの活動を側面から支えてくれた。

(事例／写真：学大小金井[3])

――― この章で学んだこと ―――

●子どもは保育者との信頼関係を基盤に、心を解放して自分の動きを出していく。安定・安心感から、しだいに友達と関わって遊ぶ楽しさを味わうようになる。

●遊びを通してさまざまな動きを獲得していく取り組みの過程が大切であり、十分に遊び込んだ結果として、運動能力が高まるだけではなく、社会性の育ちも知的発達も促されていく。

●ダイナミックな運動遊びではない活動のなかでも、領域「健康」のねらいや内容を育てる事例が多くあり、保育者が視野を広くもって子どもの経験をしっかりと読み取っていくべきである。

●保育者の援助の基本は、子どもの実態や遊びの展開をよく見て理解していくことである。個人の経験差を配慮したうえで、具体的な活動や環境を工夫して保育を組み立てていく。

●自然環境を生かす、魅力的な物や場所を構成する、教材の工夫をするなど、子どもの意欲・関心を高めて動きを引き出すような、戸外に誘う環境を考えることが重要である。

●環境を構成するのは保育者だが、実際の遊びの展開は子どもに任されている。ものや人と関わり自分の力を発揮して、しだいに仲間と協同的な遊びを進めるように支えることが重要である。

第 5 章

園生活と生活習慣

―― この章で学ぶこと ――

子どもの生活習慣の形成とは、何がどこまでできるようになることだろうか。
食事、睡眠、排泄、身のまわりの清潔、衣服の着脱……。
これらの生活習慣は、園生活のなかでどのように考えたらよいだろうか。
また、これら以外にも園生活ならではの生活習慣もあるだろう。
子どもたちが園生活のなかで生活習慣を身につけるためには、保育者としてどのような援助が必要になるだろうか。この章では生活習慣を育むことについて、事例を通して考えてみよう。

§1 園生活のなかで育む生活習慣

1 基本的な生活習慣

　食事・睡眠・排泄・衣服の着脱や清潔といった基本的な生活習慣は、生まれたときから家庭生活のなかで毎日繰り返されていくものである。保育所や幼稚園、認定こども園などでは、子どもの発達に応じて、家庭と同じように過ごせるように環境を整えたり、家庭と一緒になって生活習慣の獲得をめざしたり、あるいは園独自の生活習慣の獲得やそれに必要な態度を育んでいくことが求められる。

　乳児においては、一人一人の子どもの生活リズムを大切にしながら、食欲、睡眠、排泄などの生理的欲求を満たし、安定して過ごせるようにする。汚れたおむつを保育者に替えてもらって心地よさを感じたり、眠たいときにやさしく抱っこされて安心して眠りにつくことができたりする経験を繰り返し、子どもは保育者に安心感や信頼感をもつようになり、情緒的な安定が得られる。こうしたなかで、手を洗ってさっぱりする気持ちよさを保育者の声かけによって味わったり、濡れていた手をタオルで拭いて心地よさを感じたりすることの積み重ねが、その後の自発的な行動や、基本的な生活習慣を身につけることにつながっていく。

先生と一緒に手を洗う

手を拭く（0歳児）

靴を履かせてもらう

外遊び用の靴下入れ（0歳児）

　1・2歳児においては、とくに排泄や食事などの自立がめざされる。安心できる保育者との関係のもとで、食事や排泄などを自分でしようとする気持ちが芽生えていくことから、基本的生活習慣の獲得に向かう環境を整えることも必要である。芽生えた意欲を大切にしながら、あせらず進めていくことが求められる。

事例 5-1　トイレに座ってみる　● 1歳児クラス　6月

　K美は1歳半を過ぎた頃から、排泄したことを感じてそれを保育者に伝えようとする姿が見られた。保育者は、散歩から帰ってきたあとや午睡後などの活動と活動の合間の着替えるときなどにトイレに誘う。最初はトイレに座っても座るだけで終わっていたが、ときどき排泄することができ、そんなときには保育者がトイレで排泄できたことを認めた。

（事例：愛の園保育園）

　事例5-1は、排泄を知らせるようになった子どもの様子を理解し、トイレに誘っている。トイレに興味をもって、座ってみる子どもの姿を認め、トイレで排泄することが快い感覚として身につくように援助している。また、活動の合間の着替えの際などにトイレに誘うことで、繰り返される生活の流れの獲得にもつながっていく。
　10か月頃には、自分でやりたいという気持ちが出てくる。手指の細かい動きは未熟だが、やりたい気持ちを大切にしていく。友達を見たり、年長の子どもたちの様子を見たりして、たとえば衣服の着脱も自分でやろうとしたりする。保育者は子どもたちのやりたい気持ちとできるところを見定めながら、腕は通せなくても衣服をかぶることができた、両足を同じところに入れたけれどズボンをはけた、など、子どもたちができたという気持ちをもてるように支援していく。できたという気持ちは、腕を左右通して着たい、ズボンを片足ずつ入れたいという気持ちにつながっていき、何度もチャレンジしていくなかで、やがて自分でできる

ようになっていく。こうした経験を積み重ねながら、いろいろなことを自分でやりたいと、生活の主体者として育っていく。保育者は、子どもたちが自分でできる喜びが感じられるように支援していく。また、集団保育では、みんなが安全に気持ちよく過ごすための決まりがある。たとえば、一度に全員が階段を降りたら危ないので、階段の前の小さなベンチでいったん座り、順番に階段を降り、降りたところでまた座って待つ、などの決まりがある園もあるだろう。押さずにひとりずつゆっくり順番に階段を降りることがなぜ必要なのか、子どもたちにわかる言葉で繰り返し伝えていく。それが安全への意識の芽生えとなり、いろいろな場面で安全に配慮した行動をとれるようになっていく。

　また、自分の靴を下駄箱にしまったり、かぶっていた帽子など自分のものをしまったりなども園生活を送るなかで必要とされる行動である。自分の所有物がわかり、またそれをしまう場所がわかり、必要なときに置いてある場所から物を持ってきたり、使い終わったら片づけることが求められる。最初は保育者と一緒に行いながら、その行動が習慣化されるよう援助していく。

　手を洗ったり、うがいをしたり、園で当たり前のように繰り返されていることでも、その

「ばあってお顔出してね」

「おてては一緒にやろうね」（0歳児）

階段の順番を待つ

順番に降りる（1歳児）

廊下で帽子をとる

自分の帽子入れに入れる（1歳児）

必要性を感じているかどうかはわからないことがある。手を洗うという行為は、たとえば泥んこになった手をきれいにするというときもあれば、見た目では汚れていなくても外から戻ってきたら手を洗うという清潔の習慣として行われるときもある。泥んこになった手は見るからに手を洗う必要性を感じさせるが、汚れが目立たない手を洗う必要性を、子どもたちはどのように感じることができるだろうか。

事例 5-2 「せっけんのにおいするかな？」

3歳児クラス　5月

　入園して1か月が経ち、園での生活に少しずつ慣れてきた子どもたち。園庭から戻ってきて、保育者に「じゃあ、手を洗って、うがいしようね」と声をかけられ、子どもたちは水場に向かう。各々せっけんを手に取り、手のなかで泡を立てて手を洗いはじめる。ずっとせっけんを持って泡立てている子ども、さっと手のひらだけにせっけんをつけて、すぐに流してしまう子どもなど、子どもによって手の洗い方に違いがある。そのようななか、E男はせっけんをつけないで、水で手を濡らしただけで済ませてしまった。

　「手を洗って、うがいが終わったらこっちに集まろうね」と保育者が声をかけるので、終えた子どもから保育者のもとに集まっていく。保育者が「きちんと手洗えたかな？　バイキンやっつけられたかな？　せっけんのいいにおいするかな？　せっけんのいいにおいがすると、バイキンやっつけた証拠だからね」と、近くにいた子どもたちの、手のひらのにおいを嗅ぎはじめる。そこへやってきたE男は、自分の手のひらをじっと見て、手を鼻の

近くに寄せて少し考えると、立ち上がってもう一度水場へ行き、今度はせっけんを使って手を洗い直した。そして手を洗い終えると、せっけんのいいにおいのする自分の手を鼻の前に広げながら、集まっているみんなのもとに入っていった。

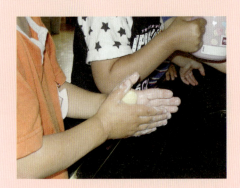

(事例/写真：学大小金井)

　事例5-2にあるように、日々繰り返し行っている手を洗ったりうがいをしたりといった行為は、その必要性を理解しながら行うというよりは、生活の流れのなかで、「外から戻ってきたら手を洗うことになっている」と"決まっているから行う"ということがある。しかし、なぜそのようにする必要があるのか、理由を説明することは大切であるが、それだけではなく、子どもたちが「いいにおい」のような気持ちよさを具体的に実感できることも重要なのである。

　生活習慣を獲得するということは、単に必要な行動が繰り返し自分でできるようになることではない。子どもたちは身についた生活習慣が心地よさを生み出すことに気づき、自分で自分のことをできることに喜びを感じるようになる。それが、やがて生活に必要な活動を主体的にすることへつながっていく。

2 遊ぶために必要な生活習慣

　子どもたちは遊びのなかからさまざまなことを学んでいく。何かものを使って遊ぶときには、そのものの使い方を知る必要がある。また、遊ぶために何か準備をしなければならないこともある。きちんと準備することによって、遊びへの期待が高まり、遊びが充実したものになるようにしたい。

事例 5-3 プールに入る前に

● 4歳児クラス　6月

　今年初めてのプール遊びの日のこと。5歳児たちは、昨年度の経験もあって、プールに入る前の準備の手順がわかっている。ゴザの上にイスを置いて、脱いだ上履きをイスの下に置き、水着に着替え、脱いだ服をたたみ、プールバッグとともにイスの上に置いて、体操に向かう。手順がわからないと、周囲の子どもの様子を見たり聞いたりして手順を確認しながら、保育者から促されなくても準備することができている。

　一方、今年入園してきた4歳児にとっては、園での初めてのプール。プールに入ることも楽しみだし、自分が持ってきたプールバッグや水着など、新しい持ち物もうれしい様子。保育者がそばにいて、子どもたち全体に伝わるように「上履きと靴下はイスの下に入れようね」「水着に着替えたら洋服はたたんでイスの上に置いておこうね」「タオルは一番上に出しておこうね」などと声をかけながら、子どもたちの様子を見ている。見ると洋服をたたむことが難しいようで、ぐちゃぐちゃに丸めてしまったり、たたまないでイスの上に置こうとしたりしている。気づいた保育者がそばに寄って「洋服自分でたたんだことある？」とたずねると、「ううん」と首を横に振る。「じゃあ、先生と一緒にやってみよう」と保育者が誘うと「うん」と答え、保育者に教えてもらいながら洋服をたたみはじめる。「端と端を合わせて……」という言葉に合わせてたたみ終えると、得意そうな顔でたたんだ服をイスの上に置き、みんなが集まっているほうへ向かっていった。

きちんとたたんで（5歳児）

準備完了（5歳児）

プール楽しみ（4歳児）

「うまくたためない」（4歳児）

先生と一緒に（4歳児）

（事例／写真：学大小金井）

遊びのなかで育まれる生活習慣のひとつに、遊ぶための準備、場やものを整えるといった活動があげられる。プール遊びは、子どもたちが楽しみにしている活動のひとつである。しかしこのプールで遊ぶためには、トイレを済ませ、荷物を準備し、洋服を脱ぎ、水着を着て、脱いだ洋服をたたみ、荷物を整え、体操をして……という、いくつものステップがある。衣服の着脱については家庭で経験してきているが、脱いだ服をたたむ経験には個人差がある。最初からきちんとたたむことは難しく、できる子どもの様子を見てまねる子どももいるが、うまくいかずに困ってしまう子どももいる。このようなとき、プールに入る楽しみな気持ちを大切にしながら必要な行動がとれるよう、保育者が援助することが求められるのである。手順を一緒に確認して、何に困っているのか理解すること、たたみ方がわからないのであれば一緒にやってみることなど、個々の子どもの状況に応じて援助の仕方を考える必要があるだろう。また、プールの準備の手順はあらかじめ家庭に伝えておき、家庭でもプールに入る楽しみな気持ちを大切にしてもらいながら、脱いだ服をたたんだり袋にしまっておくなど、一緒に練習できるとよい。

3　遊びと片づけ

　遊ぶのはとても楽しく、いつまでも遊んでいたい気持ちがある。しかし園での生活では活動の内容に応じて時間が区切られていることがある。せっかく遊んでいたのに、「お片づけ」と言われて、すんなりそれに応じることは、子どもたちには難しいことであろう。

事例 5-4　宅急便屋さん　　　　　　　　　　　　　　　3歳児クラス　6月

　片づけの時間になり、保育者が部屋のなか、園庭を回って子どもたちに片づけを促す。部屋のなかではたくさんのソフト積み木を使って遊んだので、そこらじゅうにソフト積み木が散らばっている。ソフト積み木で遊んでいたB介は、なかなか片づけようとせず、部屋のなかをうろうろと歩きまわっていた。それを見た保育者がソフト積み木をひとつ拾うと、B介のもとへ寄っていき、「B介くん、宅急便屋さんになって、積み木を運んでくださーい」と積み木を渡しながら言う。B介は渡された積み木を見て、少し考えると、積み木をしまう場所まで運んでいく。積み木を置くと、再び散らばっている積み木を拾い、「宅急便でーす」と言いながら運びはじめる。そ

「宅急便屋さん、お願いします」

れを見ていたほかの子どもたちも、口々に「宅急便でーす」「お届けものでーす」と言いながら、保育者のもとに積み木を運んでいく。

「お届けものです」

ぼくも、私も宅急便屋さん

(事例／写真：学大小金井)

　事例5-4では、片づけが遊びの延長上にあるような、宅急便屋さんごっこというイメージによって展開されている。こうした働きかけは、片づける行動それ自体を楽しむような遊びの要素をもたせることによって、子どもたちがやりたいと思うように配慮されたものであろう。

　園での生活のなかで、活動と活動の間に使ったものを片づけたり、外から帰ってきたときに手を洗いうがいをしたりといった行動は、園での積み重ねられた経験によって習慣化し、その必要性についても理解が進んでいく。しかし、いつも同じようにやっていることだけに、手順を省略したり、雑になったりすることもある。そういったときに、保育者はどのように関わったらよいだろうか。

事例 5-5　次に遊ぶときのために

● 5歳児クラス　7月

　園庭で10数名の子どもが、2チームに分かれて、それぞれのチームが赤と青のビブスを着用し、サッカーをしている。ここのところずっとサッカーゲームが続いており、メンバーの入れ替わりはあるものの、男児を中心に毎日のように行われている。

　この日はちょうどお父さん先生※の保育参加の日で、数名の父親もサッカーに参加しており、ゲームがいつにもまして白熱したものとなっていた。互いのチームが何点かとったところで片づけの時間となり、保育者が「そろそろ終わりにしよう」と声をかける。

　このあと、お父さん先生と一緒に地域のスーパーマーケットに買い物に行くことになっていることを知っているためか、子どもたちは足を止め、着用していたビブスを脱いで、

第5章 ▶ 園生活と生活習慣　157

たたんでチームごとにかごに入れていく。テーブルに広げてたたんだり、器用に膝にのせてたたんだりする子どもがいるなか、少し遅れてかごのところに来たN也は、ビブスを脱ぐときちんとたたまないでかごのなかに入れてしまう。

　それを見ていた保育者は、「N也くん、きちんとたたまないと次にサッカーするときに困っちゃうよ」と話しかける。N也は早く保育室に戻りたいようだったが、保育者に言われビブスを取り出し、テーブルの上で広げてみるものの、うまくたたむことができない。「たためない……」とつぶやくN也に、保育者は「じゃあ、一緒にやってみよう」と誘い、ビブスを広げると、「まずこっちとこっちを合わせて……」とN也の様子を見ながら、ゆっくりあせらないでたためるよう、声をかける。保育者が「ほーら、できたじゃん、きちんとたためたね。じゃあ、かごのなかにしまっておこう」と言うと、N也ははにかみながら、自分のたたんだビブスを両手で持ってかごのなかにしまった。そしてそのかごを保育室へと持って帰った。

※お父さん先生
　この園では、週1日保護者の保育参観の日が設けられているほか、年間を通して保護者の保育参加の日が設定されている。設定された日に数名の保護者が保育に「お父さん先生」「お母さん先生」として参加するのだが、この日はとくに「お父さん先生」の参加が多い日であった。

(事例／写真：学大小金井)

毎日のように行われる活動は、片づけのやり方も習慣化されていくことがある。事例5-5に見られるように、毎日繰り返し楽しんでいるサッカーゲームを次の日もまた楽しくできるように、使ったビブスをきちんとたたむことが決まり事になっている。これは繰り返しサッカーゲームをやっているからこそ、次の日にまた同じ遊びをするときにきちんとたたんであるビブスを着用することの心地よさを経験し、それによって片づけのときにはきちんとたたむことが習慣化されているのであろう。

　次に待っている活動への期待が高まっているために、片づけが簡略化されてしまうことがあるが、それでは次の日に困ってしまうということはサッカーゲームをやりはじめたころから伝えてきていることであり、またサッカーゲームに限らず、片づけの場面で繰り返し伝えられてきていることである。保育者もＮ也ができないわけではないということをわかっていて、「一緒に」ゆっくりやることで、「できていたはずなのにできない」のではなく、「できていたことはできる」ということを確認しているのである。

　このように、遊びの片づけや手洗い、うがいなど、遊びと遊びの間での必要な活動は、次の活動への期待がふくらむことによって、省略されたり雑になったりすることがある。しかしどのようなときであっても、これらの行動は必要があればやるべきであることを、ていねいに伝えていく必要がある。

使った砂場の道具を洗う（5歳児）

砂場にシートをかける（5歳児）

§2 園生活と食

　食事場面で子どもたちは、自分の視覚・聴覚・触覚・味覚・嗅覚などの感覚を活用する。乳児期前期は授乳が中心であり、栄養の摂取は大人に依存しているが、乳児期後期になり離乳食が始まる頃には自分から食べ物に手を伸ばすようになり、初めて出会う形状、味、食感、におい、噛んだときの音などを経験するようになる。そんなときの驚きを保育者と共有しながら、食への興味関心を育んでいく。保育者がスプーンで口に運ぶことが必要な時期も、流れ作業のようにするのではなく、「おなかすいたね」「これはちょっと甘いかな」「きれいなオレンジ色だね」などと声をかけながら、ゆったりとした雰囲気のなかで食べることを楽しむ時間にしていく。1歳前後には、遊びながら食べる姿や、わざとこぼす様子も見られる。そんなときに大きな声で注意するのではなく、目の前の子どもの実態に合わせて、子どもにわかる言葉でいけないことを伝えるようにする。子どもの行動を食事場面だけの課題として捉えるのではなく、子どもの生活全体を見渡して、発達段階も踏まえて考えていく。

　乳歯が生えそろってくると、いろいろな食材を食べられるようになる。よく噛んで食べる咀嚼能力は生得的なものではなく、経験のなかで身につけていくものであり、生涯にわたって必要な力である。下あごをよく動かさないで食べていたり、食べるのが速くすぐに飲み込んでいたり、逆にいつまでも口のなかに食べ物が残っていたりすると、よく噛めていないことが考えられる。子どもたちの様子を見て、ときには、「奥の歯で、30数えるまで噛んでみよう」などと具体的な言い方をすることも必要だろう。また、食事量や好き嫌いなど、保育者が気になることも増えてくる。しかし、発達の過程では、食べる量が減るときも増えるときもあるし、嫌なものは嫌と意固地になるときもある。満腹感や空腹感など、自分の体の状況をだんだん理解し伝えられるようになったり、周囲の様子を見て自分の行動を変えられるようになると、「嫌いだけど食べてみようかな」という気になったりする。子どもの姿を短期的に捉えて一喜一憂するのではなく、長い目で見つつ、子どもの育ちを振り返りながら変化している点を評価していく。

　園生活のなかの食事は、保育実践の一環として捉えることが重要である。食育計画を立てるときは、保育の全体的な計画や指導計画と関連性をもたせながら、目の前の子どもの実態に即しつつ、先の見通しをもって作成していく。

1 一緒に食べることを楽しむ

　みんなと一緒にテーブルを囲み、互いの顔を見ながら食べることは、子どもたちにとってとても楽しい経験だ。家での出来事を話したり、午前中の遊びで楽しかったエピソードを伝え合ったり、午後の遊びの約束をしたりと、友達同士のやりとりを楽しむ場になっている。保育者がその輪のなかに入ると、子どもたちはいっそう楽しくなってくる。

　そんな楽しい食事の時間だが、食が進まない子がいるときもある。保育者は、子どもの食事の様子から、登園時の体調や午前中の活動の姿などを振り返るなどして、健康状態を確認する。あるいは、苦手な食材のせいで食が進まないのかもしれない。給食の場合はみんなが同じものを食べるので、ほかの子どもがおいしそうに食べていると、苦手な食材も「ひとくち食べてみようかな」という気持ちになるときがある。まわりの子どもたちの力を借りながら、食べるきっかけをつくることもできるだろう。長時間園にいる子どもであれば、昼食をしっかり食べることで、長い午後の時間も楽しく過ごせることにつながっていく。栄養面からも、十分な食事量が大切である。次の事例のように、楽しい雰囲気のなかで食べるきっかけをつかめるように、保育者はいろいろな工夫をしている。

事例 5-6　**ひとくち食べてみようかな**　　　　　　　　　1歳児クラス　10月

　子どもたちはひとつのテーブルを囲み座っている。今日の献立には野菜炒めがある。Ｓ介は、野菜炒めの色が嫌なのか、味が嫌なのか、食べようとしない。そこへ保育者がやってきて隣に座り、「いろいろなお野菜が入っているね」と声をかける。Ｓ介のそばで食べているМ子に、「Мちゃん、おいしい？」とたずねると、М子は大きくうなずき、勢いよく食べる。その様子をＳ介もじっと見ている。保育者が、「Ｓちゃん、ひとくち食べてみようか。小さくしてあげるね」とスプーンで小さく切ってから、「はい、どうぞ」と差し出す。あまり気が進まなそうな様子を見て、「これはね、ウサギさんが大好きなニンジンなんだよ、ウサギさんはパクパクって食べるんだよ」と話すと興味をもったようで、食べてみる。おいしかったようで、自分でスプーンを持って食べだす。

　Ｎ美は半分食べたあたりで手が止まり、ぼんやりしている。保育者がそばに来て、「あら、眠たくなったかな、いっぱい遊んだものね」と声をかける。皿のなかにだいぶ残っているのを見て、「もう少し食べられるかな。集まれ集まれしてあげるね」と言って、残っているおかずをスプーンですくいやすいように集めると、Ｎ美は再びスプーンを持ってひとくち食べる。

（事例／写真：学芸の森）

　食欲は個人差が大きく、その日によっても違ってくる。一人一人の様子を見ながら対応することが必要で、かつ、食欲がなかったことは家庭に必ず連絡する。子どもたちにとって食事が楽しい場面となるように工夫しつつ、子どもたちの健康状態も確認できる場面であることを忘れないようにしたい。

　また、食事場面を通して、食事に必要な道具も徐々に使えるようになってくる。乳児期後半になると、食べさせてもらいつつも、保育者が使っているものに興味をもち、たとえばスプーンに手を伸ばしたりする。そのうちにスプーンを上から持って使えるようになり、手指の発達とともに下から持てるようになる。保育者は、子どもの興味や手指の発達の様子を見ながら、持ち方を教えたり、はしの使い方を導入したりする。はしの導入では、家庭と連携し、協力して取り組めるようにすると、子どもも意欲的になる。保育者自身が正しくはしを持てることが必要であり、保育者や年長の子どもたちのように上手にきれいに使えるようになりたいという子どもたちの気持ちを育て、主体的に取り組めるように工夫し、根気強く教えていく。食器の扱い方が難しそうな場合、子どもの手の大きさに合っていなかったり、形状がその年齢の子どもの扱いにふさわしくなかったり、食器の素材そのものが扱いにくかったりする場合もある。あるいは、テーブルの高さ、隣の子どもとの距離、椅子の置き方が食べにくさにつながっていることもある。食事のマナーを伝えることも大切だが、まずは子どもたちにとってふさわしい食事の環境になっているのか、見直すことが必要だ。

2　栽培や調理活動

　食材への興味関心を育て、食べることへの意欲を育てる活動として、野菜の栽培や調理がある。栽培場所は、テラスや園庭など、子どもたちが毎日世話や観察ができるところが望ましい。子どもたちは、たとえば成長していく野菜を観たり、さわったり、においを嗅いだりすることを身近に体験できる。そして、自分たちが育てた野菜を持ち帰って家で調理してもらったり、あるいは園でみんなで調理して食べると、特別な味がするようだ。嫌いだった野菜に興味をもつきっかけにもなる。みんなで行う調理活動でも、食材を身近に体験することができる。食材を自分で洗って切ったり、炒めたり、味見をしたりすることで、いっそうおいしく食べることができたりする。栽培も調理も、自分の感覚をさまざまに使う活動である。年少児だと調理活動への参加が難しい場合もあるが、年長児の様子を見ることもワクワクする体験になり、やはり特別な料理として感じられるようだ。

事 例
5-7 手作り野菜はおいしい！

●5歳児クラス　5月

　保護者の協力も得て、園の玄関脇に畑が造られた。子どもたちは毎日の登園・降園時に見ることができる。5月になると、夏野菜の植え付けである。毎年身近な野菜を植えているが、この年も、つくりたい野菜についてみんなで話し合った。その後、近所の花屋にひとり1種ずつ野菜の苗を買いに出かけた。子どもたちが選んだのはキュウリ・トマト・ピーマン・ナス・カボチャである。帰ってくるとさっそく苗を植え、自分のシールを付けた札を立てた。この札を目印に、水やりなどの世話を行う。花が咲くと子どもたちはすぐに気がつき、絵に描いたりしている。この年はキュウリがたくさん収穫でき、園では塩もみをしてみんなで食べた。さらに家にも持ち帰り、家庭とも収穫の喜びを共有したところ、ある保護者から、野菜嫌いの子が自分のつくった野菜に関心をもち食べられるようになったという報告があった。自分で育てたキュウリは特別な味がしたのだろう。

（事例：学芸の森　写真：学大小金井）

　事例5-7で、子どもたちは栽培活動を通して野菜を身近に感じたようだった。
　園で調理活動をする場合は、衛生面、安全面の配慮は欠かせない。三角巾、エプロンなどは家庭と連携して事前に整える。調理する日は、保育室をいつもよりきれいに掃除する姿を見せるなどして、子どもたちがその必要性に気づけるようにする。また、子どもたちが調理の前に手を洗ったら、その手をきれいに保てるように準備を進めておく。保育者が調理の手順を把握し、子どもたちの動線を考え、用具や食材の準備をしておくことで、安全に清潔に調理活動を行うことができる。刃物などの取り扱い、手順については保育者同士で共通理解しておく。どんなものをどのように調理するのかは、季節や、子どもたちの興味関心、発達によって考える。たとえば、切る作業も子どもの手指の発達に応じて、手でちぎる、スプーンで切る、包丁で切るなど、いくつかの段階があるだろう。また、アレルギーなど、子どもによっては食べられない食材がある。安全で楽しい活動にするために、入念な確認・準備は欠かせない。そして、どんなに準備をしていても、クラスのなかで流行性の風邪や胃腸炎などが流行っているときは中止・延期するという決断もときには必要になる。
　園での食育の取り組みは、家庭にとって有用な情報となる。たとえば、事例の園では毎月の献立表のほかに家庭でも利用できるような簡単なレシピを掲載して給食だよりを発行している。保育参観時には給食の試食を取り入れて、子どもが食べている味付けなどを体験できてとても参考になると保護者から好評を得ている。園だよりや給食だより、日々の連絡帳、懇談会などを通して家庭における栄養バランスのとれた食育実践も広がるように配慮をしている。

園にお弁当を持ってくる場合も、園での食育の取り組みを家庭に伝え、保護者の相談に乗れるように、園のなかでもいろいろな情報を共有しておく。子どもの食育については家庭と園とが協力して担っていく。

事例 5-8　ミルクを飲まないＡ花

0歳児クラス　4月

　母乳で育てられたＡ花（5か月）は、園ではミルクに見向きもしない。おなかがすくと大泣きするため、うとうとすることはあっても、まとまった睡眠はとれない。保育者は、哺乳瓶の乳首やミルクの種類を変えてみたり、飲ませるときの環境を静穏にしたりなどいろいろな工夫をしたが、Ａ花はなかなかミルクを受けいれない。離乳食は、一度は口に入れるもののプッと吐き出してしまうばかりであった。

　保育者は、Ａ花の母親と相談を続け、生活リズムを見直したり、ミルクの量について確認したりした。最初は心配ばかりしていた母親も、しだいに保育者に信頼を寄せ、育児について見直すきっかけができたようだった。子どもの安定のためには、保護者の安心・安定が欠かせない。Ａ花も、保育所が安心して過ごせる場所となったのか、3か月を過ぎた頃には食べ物やミルクを口にすることができるようになった。その後は離乳食もよく食べて、集団での生活も安定して過ごせるようになった。

（事例／写真：学芸の森）

　事例5-8のように、保育所に入園した当初は母子共に不安があり、なかなか思うように食事がとれないときがある。しかし、家庭と連携していくことで、徐々に信頼関係ができあがると、子どもの様子も変わってくる。食べることは、人が生きていくために欠かすことができない大切な営みである。保育者やほかの子どもたちと温かいふれあいのなかで楽しく食事をすることが、子どもたちのしなやかな心と体の発達を促すことにもつながっている。

§3 園生活と睡眠

1 低年齢児期の睡眠

　乳幼児期の睡眠は個人差が大きい。成長とともに、夜に長時間眠り、昼間は起きて活動するという生活リズムが整ってくる。しかし乳幼児の頃は、夜もよく眠り午睡も必要とする子どもや、午睡を長くしてしまうと就寝時刻が遅くなる子どももいる。午睡は個々の状態に合わせて対応していくのがよいが、午睡を必要としているのかいないのかを見極めるのはなかなか難しい。体は疲れているが興奮してなかなか眠れない子どももいるし、静かな環境でなくては眠れない子どももいる。眠りたい子どもが眠れるような落ち着いた環境を整えると同時に、子どもたちの様子を複数の目で捉え、休息が必要だと思われる子どもには、体を休めるよう促すこともときには必要だろう。また、家庭とも連携し、午睡の必要性を相談しつつ、園生活と家庭での生活を連続性をもって捉え、子どもの健康を支えていく。

　低年齢児の午睡の場合は、静かで安心して眠れる環境をつくる。多くの場合、昼食、排泄、着替え、午睡という流れになるが、子どもたちが昼食を終えるタイミングはまちまちであり、いっせいに午睡をするわけではない。まずは子どもたちの動線を考えて、安静にできる午睡の場所を確保する。そのうえで、落ち着いて午睡ができるように絵本を読む時間を設けたり、布団に入ったところで体をトントンとやさしく叩いてあげるなど、スムーズに入眠できる援助をしていく。

　また、眠れない子どもたちには、休息できるような遊びに取り組める環境を別室に整える。保育者の声が意外に大きく、入眠や安静を妨げていることもある。保育者は、自分の声、動作によって出す音にも十分配慮することが必要だ。

　子どもが目覚めたときは、「よく眠れたね」「気持ちよく起きられたね」などと声をかけたり、汗をかいたら着替えるなどして、眠りから目覚めへと気持ちが切り換えられるようにする。食事のときに、「いただきます」「ごちそうさま」と場面の切り替えをしていくように、午睡のときも、入眠のとき、目覚めのときに声をかけて、生活のリズムができるようにする。

| 事例 5-9 | 眠りの浅いR子 | ● 0歳児クラス　4月 |

入園したばかりのR子（4か月）は、眠りが浅く、入眠後15分くらいで目覚めてしまう。家庭では、ぐずって泣きだすとすぐに母乳を飲ませており、抱っこをしていると寝つくとのことだった。

睡眠のリズムや、目覚めているときの過ごし方などについて家庭と話し合いながら、まずはR子が園で安心感を得られるように工夫した。抱っこして眠っていても降ろすとすぐに起きてしまうので、保育者がおんぶをしたり、そばについて体に触れながら安心して眠りにつけるようにした。また、目覚めたときも顔を見て「たっぷり眠れたね」などと声をかけて、保育者にも園にも安心できるように関わった。R子はしだいに園に慣れてきて、日中も心地よく過ごせるようになり、よく食べ、よく眠るようになった。

（事例／写真：学芸の森）

　低年齢児（乳児、1～2歳児）の保育をするときは、安全性が保障されていることと、居心地よく一日を過ごせることが基本となる。保護者からも、「ここなら安心して預けられる」という信頼感を得ることが大切である。低年齢児が眠くなるときは、不機嫌になり泣いて訴えたり、動きが鈍くなったり、手足が温かくなったりする。そんなときは、やさしい音楽や子守唄などで落ち着いた雰囲気をつくったり、そばについて体にやさしく触れながら安心して眠れるようにする。

　子どもは、安心できる大人がいれば、園でもよく眠るようになる。眠りについたあとは、SIDS（乳幼児突然死症候群）に注意をしながら（第6章参照）、5分ごとに様子をチェックする。そのほか、室温・換気・部屋のなかでも子どものその日の状況に応じて眠る場所にも配慮をする。低年齢児の保育では、家庭との連携や職員同士の情報の共有などを、とくに密に行うことが大切になる。

2 幼児期の睡眠

　幼児期の子どもたちに対しても、午睡が必要な子どもとそうでない子どもが、それぞれの時間を過ごせるような環境づくりが必要になる。

　子どもが午睡を必要としていない場合は、眠っている友達のことを気遣えるように促していく。自分の声の大きさや、自分の行動が出す音についても気づかせていくよい機会となるかもしれない。また、午睡をしている子どもたちが、起きている子どもたちの心遣いに気づけるようにすることも、集団でみんなが心地よく過ごしていくためには大切である。

　また、小学校では午睡がなくなるので、年長の後半では、午睡がなくても過ごせるような生活リズムを家庭と相談しながら整えていく。

> **事例 5-10　午睡をしないときの過ごし方**　　● 5歳児クラス　1月
>
> 　年長クラスでは、運動会（10月）が終わるまでは、体を休める意味でも午睡を取り入れている。それ以後は、眠い子どもは30分くらい体を休ませ、眠くない子どもは静かに絵本を読んだり好きな製作をしたりして過ごす。そして1月になると、就学を意識して全員午睡をなくす計画を立てている。ただし、それでも疲れて眠くなった場合には個別の配慮をしている。何が何でも起こしておくなどの強要はしない。午睡の時間は、眠っている子どもに配慮をしながら、それぞれが思い思いの活動を楽しんでいる（塗り絵・カードゲーム・ゆび編みなど）。また、戸外に出て遊ぶこともある。
> 　午睡がなくなってから、家庭で早寝・早起きになったという保護者からの報告があった。このことは就学に向けての取り組みにつながってきている。
> 　　　　　　　　　　　　　　　　　　　　　　　　　　　　　　　　（事例：学芸の森）

　4、5歳児になると、個人差はあるが、しだいに午睡を必要としなくなる。そのようなおおよその発達を踏まえたうえで、午睡を望む子どもが、身近な保育者に「ねむーい」などといつでも自分の気持ちを伝えられることも大切である。そんなときは、子どもが睡眠を十分にとれるように、静かな音楽や子守唄を肉声で聞かせてあげるのもよい。また、温かく見守る、やさしく体をなでてあげるのもよいが、場合によっては、楽しかったことを子どもがひとりで静かに振り返り、まどろみながら眠っていくことも大切にしたい。また、眠りたくない子どもを無理に眠らせようとしたり、途中で目覚めた子どもを再度眠らせようとするなど、睡眠の強要は好ましくない。眠らなくても、ゆったり横になって体を休めるなどの配慮も大切である。

　また、就労している保護者の生活状況によっては、帰宅が遅く、午睡をすることで一日の睡眠のバランスがとれているケースもある。各家庭の状況も踏まえて配慮したい。

§4 園環境と当番活動

1 当番の意識

　集団生活ならではの生活習慣のひとつに、当番活動がある。園で行われる当番活動には、グループごとに行うものや、グループのなかで順番を決めて行うものなどがある。グループのなかで順番を決めて行う当番活動の場合、当番の子どもが休んでしまうこともある。そのようなとき、子どもたちはどのように解決するだろうか。

事例 5-11　「友達がお休みだから」　● 5歳児クラス　1月

　5歳児クラスではグループごとに日替わりでお弁当のときの当番が決まっている。当番の子どもは、テーブルの上を拭き、給湯室からお茶が入ったやかんをもってきて、「いただきます」の挨拶が終わったら、グループのメンバーにお茶を注いでまわるという仕事をすることになっている。当番はグループのなかで順番が決まっている。
　この日、あるグループでは当番の子どもが休んでしまった。お弁当の時間になって、気づいた同じグループのA子が「今日当番（の子）がお休みー」と言う。「次（の順番）はだれー？」と言いながら、A子は当番の順番が書かれているカードを確認しにいく。次の順番がC哉だということを確認すると、C哉のところへ行き、「今日、当番（の子）がお休みだから、次、C哉くんだよ」と伝える。C哉はすぐに理解した様子で、自分のお弁当の準備の手を

手を洗う

テーブルを拭く

止め、ふきんを取りにいくと、テーブルを拭いて、お茶を取りに向かう。

　ほかのグループよりも遅れての準備となったが、C哉はあせることなく当番の仕事を終えていく。準備を終えたほかのグループの子どもたちは、C哉が来るのを待っていて、全員そろうと「いただきます」の挨拶をする。挨拶を終えてグループのテーブルに戻ったC哉は、やかんのお茶を注いでまわる。ちょうどC哉のテーブルには保育者がいて、「今日はC哉くんがお当番?」と声をかける。「うん、今日は（当番の子が）お休みだからね……」と、話しながらお茶を注ぐ。

お茶を取りにいく

「いただきます!」

当番表の確認

（事例／写真：学大小金井）

　園で行われる当番活動は、同じ子どもが毎日繰り返すわけではないが、多くの場合順番に経験するものである。また、お弁当当番のようにすべての子どもが経験する活動だけでなく、花の世話・動物の世話など、係を決めて行う活動もある。こうした活動を通して、自分たちの生活する空間を自分たちで整えることによって、「自分たちの部屋」「自分たちの園」という意識を高めていくことにつながる。

　事例5-11では、5歳児が休みの友達に気づいて、保育者に言われなくても自分たちで当番の交代を行っている。休みの友達がいて当番がいなくて困った経験、保育者に促されて問題を解決してきた経験を通して、自分たちがお弁当を食べるために必要な行動を、自分たちで気づくことができるようになったのであろう。このように、

みんなでお弁当

第5章 ▶ 園生活と生活習慣

生活習慣は、単なる習慣化された行動として獲得されるだけではなく、誰かに言われなくても自らその必要性に気づいて行動するという自律性に基づく行動でもある。当番活動が好きか嫌いか、やりたいかやりたくないかにかかわらず、誰もが経験するものであり、自分がやらないとみんなが困ってしまうという責任の経験でもある。また、当番活動の内容によっては、活動時間が決まっているものもあり、自分が当番であることを自覚することは、一日の生活に見通しをもって過ごすことにもつながる。

2 当番を引き継ぐ

　園で生き物を飼育しているところは少なくないであろう。小さなものでは昆虫やハムスターから、カメ、モルモット、インコなど室内で飼育できるものもある。また、ニワトリやアヒル、ウサギを始め、大きなものではポニーなど、園庭で飼育するものもあるだろう。これらの生き物の世話をするのに、動物当番という当番活動がある。前述したように当番活動は順番に全員が経験する活動であり、一度で終わらない継続する活動である。動物の好き嫌い、掃除や食べ物などの世話をすることへの意欲などは一人一人の子どもによって違いがある。

事例 5-12 動物当番の引き継ぎ

● 4歳児クラス　2月

　3学期、5歳児が修了を控えた2月のある日、4歳児のクラスに5歳児たちがやってきた。動物小屋に住んでいる合鴨とニワトリの世話をしている5歳児が、自分たちが卒園するので、動物当番を4歳児にお願いにきたのである。
　「もうすぐ卒園するので、動物当番を代わりにやってもらえませんか？」

5歳児から引き継ぎ

手順を確認

「こうやって洗うんだよ」

「コンポストって臭い」

　5歳児からの問いかけに、大きな声で4歳児が答える。「いいですよ！」
　次の日から5歳児と一緒に動物当番を手伝うことに。5歳児の担任の保育者が作ってくれた動物当番の手順のカードを確認したり、5歳児から掃除の仕方、容器の洗い方、餌の作り方を見せてもらって学ぶ。
　4歳児たちにとって最も嫌な作業が、コンポストに残飯を捨てることのようで、コンポストのにおいに鼻をつまみながら、5歳児が作業するのを見ていた。一方、5歳児は手慣れたものであり、自分たちがやったほうが作業が早く終わるので、ついつい手を出してしまう。「当番のやり方を教えている」という気持ちがある子どもは、「こうやってやるんだよ」と、4歳児が見ているのを確認しながら作業を進めていく。しかしあまりそういう気持ちのない子どもは、4歳児が見ているかどうかなどおかまいなしに、どんどん作業を進めていってしまう。保育者が「一緒にやらせてもらおうか？」と誘ったり、「これはどうやってやるの？」「もう1回やってみて」と、共に問いかけたりして、4歳児が手順を理解でき、また一緒にやっているという気持ちになれるよう働きかけていた。

（事例／写真：学大小金井）

事例
5-13 年長としてのプライド

● 5歳児クラス　4月

　4月、5歳児としてスタートをきった子どもたち。3月までは5歳児と一緒にやっていた動物当番も、これからは自分たちだけですることになる。

　動物当番が始まる時間になると、次々声をかけ合って、子どもたちが集まってくる。手順を確認しながらどの作業をやるのか考えたり、もう手順を覚えていて道具を持ちはじめたり、取り組み方に違いはあるものの、それぞれ作業を始めていく。

　餌の残飯を捨てて容器を洗ったり、小屋を隅々まできれいに掃除したり、自分たちの持ってきた野菜で餌を作ったりと、自分たちで分担を決めて取り組んでいく。すべての作業を自分たちの力だけでやらなければならないという自覚と責任があるからか、少し嫌な作業があっても、着々と作業を進めていく。

まずは確認

残飯だってきれいに

コンポストだって嫌じゃない

小屋の掃除も隅々まで

(事例／写真：学大小金井)

事例 5-12、5-13 では、5歳児から動物当番を引き継いだ子どもたちの、動物当番の取り組みの変化が見られる。当番活動は「当番活動だからやる」というのではなく、当番活動を行うことで、自分たちの生活する環境を自分たちで整えているという感覚を味わうような経験であろう。また年長として当番活動ができるようになった自らの成長を意識したり、またそれを期待したりすることができるよう、子どもたちが自ら進んで活動に取り組めるよう、内容や方法を工夫することもあるだろう。

　事例では、期待が高まるように5歳児からの引き継ぎが行われ、子どもたちが自分たちで活動に取り組めるように作業の手順をカードにしたり、やり方を子どもたちがきちんと理解できるよう、保育者が一緒にやってみる、一緒に聞いてみるなどの援助が行われている。こうした保育者の援助があることによって、年長に進級した際に、年長としてのプライドに支えられ、当番活動に取り組むことができたのであろう。

3 共に送る生活のなかで

　園では、お泊り保育などみんなで食事の準備をすることがある。こうした活動は、これまで園で繰り返し行ってきた生活習慣の行動が統合され、必要に応じて応用させていくという意味も含んでいる。

事例 5-14　カレーを作って食べる—準備から片づけまで

● 5歳児クラス　7月

　夏期保育の日の午後、カレーライスをみんなで作るという活動が行われていた。この活動にはどのような行動が含まれるだろうか。

○ 身支度を整える

　手を洗ったり、エプロンや三角巾を着用する。エプロンや三角巾の着用は難しく、家庭で練習してくるようにお願いしてあるが、うまくいかない子どももいる。そんなとき、友達が手伝ってくれたり、自ら保育者に援助を求める姿も見られる。

三角巾を着用

○ 野菜を洗う、切る

　自分たちで育てた野菜や、みんなで近所のお店に買い物に行くなどして集めた材料を、いよいよ調理する。自分たちで準備した野菜を自分たちで調理できるという満足感がある。野菜を洗ったり、皮をむいたり、包丁で切ったりするときには、指導が必要であるが、一人一人のできるレベルに応じて、保育者が援助しながら進めていく。

第5章　▶　園生活と生活習慣　　173

○ みんなで食べる

楽しみにしていたカレーができあがり、食べるための準備をする。お弁当のときと同様に、テーブルを拭いて、コップを用意して。皿を持って並んだら、カレーをよそってもらい、自分の席で待つ。

当番の「いただきます」の合図で、みんなで作ったカレーを食べ、とても満足そうな様子。

○ 片づけ

楽しく食べたあとは、食器の片づけ。この日のために、数日前から自分のお弁当を洗って練習してきた成果を発揮して、皿をきれいに洗い、拭いて片づける。

ニンジンを切る

列に並ぶ

「いただきます！」

食器を洗う

（事例／写真：学大小金井）

ある園では、園の敷地内に小さな水田を造り、1年という長い期間をかけ、お米を作るという活動が行われていた。こうした活動は、自分たちが今食べているものがどのようにして作られているのか、食べるものを作ることがいかに大変なことか、ということを具体的な経験を通して学び、感謝の気持ちを育むことにつながるものである。そして、こうした活動は、これまで身につけてきた

田起こし（4月）

生活習慣を必要に応じて応用させたり、また自分たちの生活の場である園環境を自分たちで整えているという意識をもたらすことにもなるであろう。

代かき（5月）：泥んこになる

田植え（5月）：これがお米になるのかな？

育っている稲（8月）

稲刈り（10月）：カマの持ち方に気をつけて

脱穀（11月）：こんな機械を使うのか

餅つき（1月）

§5 生活習慣を育む保育者の役割

1 共に生活をする——モデルとなる

　園で生活しているのは子どもだけではない。当たり前のことであるが、保育者も共に生活しているのである。大人になるといろいろなことを省略したり、簡略化したりすることがある。たとえば、世の中の大人のうち、食事の前にうがい、手洗いをする大人はどれくらいいるだろうか。なぜ省略するのだろうかと考えたときに、ふたつの答えが思い浮かぶ。ひとつはやる必要がないと判断している、もうひとつは本当はやる必要があるとわかっているのだけれども、どうしてもそれができない状況にいるというものだろう。もし保育者が忙しいからといって、うがい、手洗いを省略したら子どもたちはどう思うだろうか。「なぜ先生はやらないのか」という疑問をもち、「大人になったらやらなくてもよい」と考えはしないだろうか。大人は、なぜその行動をしなければならないのか、また必要な状況でもできるときとできないときがあるということを知っていて、それらを自らの経験に基づいて状況に応じて判断している。一方で子どもにはその判断基準はまだないのである。大人がついつい省略したり簡略化してしまうような行動であっても、保育者はそれを子どもたちにきちんと獲得してほしいと願うのであれば、それを自覚し、ほかのさまざまな生活習慣を含めて、モデルとなるように意識することが求められる。

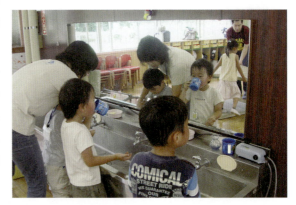

2 信頼関係を築く

　保育における援助において、保育者と子どもとの間に信頼関係が築かれなければならない。このことは生活習慣の形成に限ったことではなく、また領域「健康」だけにいえることでもないのは自明のことである。家庭から離れて過ごす子どもたちが、安心して生活できるためには、いつも見守ってくれ、困ったときにはすぐに頼れる保育者の存在は大きい。とりわけ乳児、1～2歳児にとっては、保育者がいるからこそ安心して過ごせ、自己発揮することにつながっていく。そしてその信頼できる保育者だからこそ、大好きな保育者だからこそ、言うことには耳を傾けようと思うであろうし、やっていることをまねしてみたいとも思うであ

ろう。そして、あこがれの存在にもなりうるのである。こうした関係のなかでこそ、保育者がモデルとしての役割を果たすことができ、保育者からの働きかけが子どものなかに入っていくのである。

3　一人一人を理解する

　個人差の大きい乳幼児期において、一人一人を理解することは、重要である。食事、排泄、睡眠、清潔などの基本的生活習慣は一人一人の自立のペースが異なることを前提に進めていく必要がある。また、生活習慣においても、その獲得が心身の発達と密接な関わりをもっていること、また家庭での生活スタイルによっても違いがあることなどから、一人一人の育ちの違いを理解することが求められる。家庭での生活と異なる園での生活リズムのなかでは、家庭ではひとりでできていたことができなくなってしまうこともある。こうした「できる・できない」における個人差だけでなく、「やりたい・やりたくない」という気持ちにも個人差がある。このような気持ちにも違いがあることを理解し、援助のあり方を考えなければならないだろう。

4　共感する

　生活習慣の獲得は、保育者が一方的に何かのやり方を教えれば、子どもの身につくという単純なものではない。行動の道筋を伝えたり、一緒になってやってみたりするなかで、その時の気持ちよさや満足感、喜びなどを言葉で表していく。たとえば、事例5-2（p.153）では、手を洗ったあとのせっけんのいいにおいを子どもと一緒になって感じ、その気持ちよさを共有する姿があり、このとき、実際に手を洗って気持ちがよく、せっけんのいいにおいがするのは子ども自身である。こうした、実際には子どもが経験している感覚を、保育者が言葉にして表すことで、行動と感覚が結びつけられる。そして、このような関わりによって、単に行動としての生活習慣が獲得されるのではなく、その基盤となる態度を育むことにつながるのであろう。

5 方法や内容を工夫する

　幼児期の生活習慣の獲得は、その後の生活の基盤となるような行動と態度を育むことである。幼児期に獲得した行動が、大人になってもそのまま同じやり方でできるということをめざすのではなく、それが基盤となって必要な行動を自分で考えることができるようになることがめざされる。そのためには、そうした生活習慣の行動がなぜ必要なのか、どのようにするとよいのかということへの気づきを促す必要がある。

　また、生活習慣の行動が誰の助けも借りずに自分の力だけでできること（生活習慣の自立）、誰かに言われてやるのではなく、自ら主体的に必要に応じてできること（自律）も、生活習慣の獲得において求められる。こうした、必要性への気づき、自分でできる自立、主体的にできる自律を促すためには、援助の方法や内容を工夫しなければならないだろう。

　たとえば、事例5-11（p.168）では、友達が休みのときに順番で次の人が当番をすることに気づくことができるように、当番カードが作られていた。また、事例5-13（p.172）では、自分たちの力で動物当番ができるように、当番活動の内容が書かれたカードが用意されていた。こうした工夫は、そのものを用意すればよいというものではなく、保育者の援助によって、子どもたちが自分たちでそれらを利用できるようになっているのである。

「やかんはこうやってもとう」

みんなに注いでまわる

§6 生活習慣と家庭との連携

　家庭での生活は、子どもにとってその後の成長の基盤を形成する重要な場である。幼稚園や保育所や認定こども園は、こうした家庭での生活を受けてさまざまな人やものと関わる場である。家庭での生活はそれぞれの家庭で異なり、子ども一人一人の育ちも異なっていて当然である。園ではこうした子ども一人一人の育ちの違いを理解し、個々に応じた援助が必要となる。つまり家庭での生活の様子を理解することが必要であり、生活習慣の形成においてはとりわけ十分な理解が求められる。

1 乳児期における家庭との連携

　乳児、1～2歳児の生活習慣の形成においては、保護者との連携をとくに密にとる必要がある。離乳食の進め方や排泄の自立（トイレットトレーニング）などは、家庭と園が足並みをそろえていかなければ、子どもの生活の流れが不安定になったり、習慣の獲得が難しくなったりする。子どもが安定して過ごせるように、家庭と子どもの育ちの状況について共通理解を図っていく。保護者にとって園は一緒に子どもの成長を見守ってくれる場であり、わからないことや困ったことを相談する場でもある。

事例 5-15　心配性の保護者をサポートする　　0歳児クラス　5月

　S太の母親はやや心配性なところがあり、離乳食の内容や着せるもの、生活リズムの崩れなどの生活習慣のことや、子どもへの関わり方などでわからないことがあると、おたより帳や朝夕の送迎時、そのときにいる保育士に聞いてくる。どうしたらよいかわからないことだけでなく、とにかく次に進むときには誰かに GO サインを出してもらわないとできない。いつもとちょっと違うだけで不安になる。保育士に聞いてくるのはよいが、朝夕はパートの職員が対応することもあり、伝え方のニュアンスが異なったりして、間違った認識につながることもある。そこで窓口をS太の担当保育者に決め、わからないことや聞きたいことがあるときには担当保育者に聞いてもらったり、ほかの職員が質問を受けても担当保育者から答えてもらうようにした。

（事例：筆者）

　事例5-15のように、自分では決められない、ちょっとしたことでも誰かに確認しないと

不安になるという保護者もいる。保護者がやろうとしていることを認め、ていねいに対応していくことが求められる一方で、事例のように担当保育者がいないときなどに、ほかのクラス担任の保育者や場合によっては朝夕の非常勤職員に何かを聞いてくることは時折生じる。そのような場合に同じことを答えていても、伝え方のニュアンスによっては異なる解釈が生じ、誤解を招く可能性はある。保護者の話をしっかりと聞く体制を整えながら、大切なことは担当保育者が伝えるようにするなどの配慮が求められるわけである。

> **事例 5-16 抱っこじゃないと眠れない** ● 0歳児クラス 10月
>
> 　H斗の母親から、保育所では布団に横になって寝入るのに家だと抱っこじゃないと眠れないという相談があった。そこで保育者は参観の日にこっそり見てもらうこととした。この日は朝から園庭でたっぷり遊び、部屋に戻って午前食を終えると、H斗は保育者と一緒に自分の布団のところへ行って横になる。そして保育者に背中をトントンしてもらいながら入眠する。H斗の入眠後、保育者は母親と面談した。母親の気持ちを受け止めつつ、保育所では無理やり寝かせるのではなく自然に眠くなるような過ごし方をしていることや、最初は難しいかもしれないが家庭でも自分で布団に横になる気持ちよさを徐々に経験してほしいことなどを伝えた。
>
> （事例：筆者）

　事例5-16は、園ではできるのに家庭ではできないという事例である。このようなことはよく起きることで、着替えや食事などでも、園ではかなり自分でできるようになってきていても家庭では保護者に手伝ってもらうという状況である。できる力はついているのだが、子どもなりに園と家庭の生活を違うものとして捉えていたり、家庭では甘えていることもある。これらは決して悪いことではないので、参観などの機会を用いて「できる姿」を見てもらい、子どもの成長を共有しつつ、園で大切にしていることや、園生活における子どもの状況について話すことも、共通理解をもたらす。

　子どもの姿を共有する方法には連絡帳もある。保育者は、子どもの成長したエピソードを伝えることもあるし、あまりよくないエピソードを伝えることもある。伝え方・伝わり方はうまくいかないこともあり、誤解を招く場合もある。伝えたいことがきちんと伝わるためには、保護者との信頼関係の構築が求められる。

ボードの内容：
・子どもの名前
・家庭での睡眠（入眠時間〜起床時間）
・園での睡眠（入眠時間〜起床時間）×3マス
・体温（定時で測る）
・園での食事・ミルク（時間と量）
・園での便（時間）
・沐浴とプール（可否の○×）
・お迎えの時間

保育者同士が子どもの状況を共有するボード

2 幼児期における家庭との連携

　幼児期になるとある程度基本的生活習慣は確立され、食事や排泄が自分でできるようになり、着替えなどもほとんどひとりでできるようになってくる。幼児期にはこうして確立された基本的生活習慣を維持していくことが求められるが、時折、習慣が崩れたり、幼児にとって望ましくない生活になっていることもある。

> **事例 5-17　どうして眠いのかな？**　　●4歳児クラス　5月
>
> 　R太は登園してきてもいつも眠そうで元気がない。みんなと遊んでいても力がなく、午前中から座って遊ぶことが多い。心配になった保育者が、保護者に家庭での生活の様子をたずねてみたところ、毎日夜遅くまで起きていて、朝なかなか起きることができず、ぎりぎりの時間まで寝ているので、朝食も食べたり食べなかったりするというのである。保育者は、家庭での生活はもちろん重要であるが、園での生活や活動に十分なエネルギーが必要であること、とくに午前中に体を十分に動かしてほしいこと、将来的には小学校に入学したときの活動のありようなどを考えて、できるだけ早く寝ること、しっかり朝食をとることが必要であることを、保護者に伝えた。
>
> （事例：筆者）

第5章 ▶ 園生活と生活習慣

　近年、子どもたちの生活時間が変化し、就寝時間の遅れ、睡眠時間の減少、それに伴って朝食をとらないなどということが起きている。これらは、家庭の生活が、親など大人を中心としたものになってきたことによって生じているものだと考えられる。事例5-17に見られるような子どもたちが最近は増えているという。各家庭の事情を理解したうえで、子どもにとってふさわしい生活とは何か、子どもが十分に園での活動をするためにはどのようなことが必要かということを伝えていく必要があるであろう。

　家庭での様子を理解するために保護者と連絡を取り合ったり、保護者に園での子どもの様子を伝えることも必要である。園での生活の様子を知ることは、保護者にとって子どもを理解したり、園での生活と家庭での生活のバランスを考えるきっかけにもなるだろう。また、園での子どもの様子を理解してもらうだけでなく、園から家庭で知っておいてほしいことを伝えることも必要になる。

事例 5-18　気になるお弁当　　4歳児クラス　6月

　S香はお弁当の時間をとても嫌がっていた。お弁当を食べはじめても、いつも最後まで残ってしまう。保育者にはその理由がわかっていた。S香のお弁当には、いつもS香の嫌いなおかずが入っているのである。そしてそれを残して帰ると、親（保護者）に叱られてしまうという。

　S香の保護者にそれとなく聞いてみたところ、保護者は園で食事の指導がしてもらえると思っており、嫌いな食べ物も食べられるようにしてもらえると考えていた、ということであった。そこで、保育者から保護者に、好き嫌いなく食べられるようになることも大切だが、園ではお弁当の時間にはみんなで楽しい雰囲気で食事をすることを心がけており、お家の人が作ってくれたお弁当を残さず食べる満足感が味わえるようにしたいということを伝えた。

(事例：筆者)

お弁当に対する園での考え方と家庭での考え方は食い違うことがある。たとえば、嫌いなものは入っていなくても、毎日のように冷凍食品のおかずばかりが入っているお弁当を持ってくる子どももいるかもしれない。子どもは満足しているとしても、はたしてそれでよいだろうか。幼児期には、いろいろな味や栄養を経験することが必要であると考えれば、食事の大切さや、調理の工夫、季節の食べ物など、伝え方を工夫することが必要になるだろう。また、初めて子どものお弁当を作るという保護者もいるため、幼稚園でのお弁当の考え方や、子どもが食べやすいお弁当の工夫などについて、あらかじめ伝えることもある。たとえば、食べやすいようにおかずをピックで刺す、ヒジキなど食べてほしいけれどこぼしやすく食べにくいものはごはんに混ぜて一口大のおにぎりにする、お弁当の隙間に入るおかずの簡単なレシピの紹介などである。お弁当に限ったことではないが、考え方の違いがあるなかで、子どもの生活にとって今何が大切かということをお互いに理解できるようにしたいものである。

　家庭と連絡をとったり伝えたりするときには、お互いの考えを尊重することを大切にしたい。一方的にお弁当の中身を改善するように指導するという方法もあるが、園だよりを使うなどして、特定の家庭だけでなく全体に向かって大切なことを確認していく、あるいは実際に保育参観などで保育場面を見てもらう、保育に実際に参加してもらうことで自ら気づいていけるよう促すなど、伝え方を工夫することが重要である。保育者と保護者が同じ子どもを見ながらちょっとした会話を交わすなかで、保育者がどのように子どもたちを見ているのか、あるいはどういったことを考えながら保育を行っているのかを伝えることによって、ときには一対一の面談での話よりも効果的に伝わることがある。伝え方、情報の共有の仕方には工夫が必要となるが、一緒に子どもを育てていくという姿勢をもち、互いに信頼できる関係づくりを心がけたい。

―――― この章で学んだこと ――――

●衣服の着脱や食事など基本的な生活習慣だけでなく、園生活における決まり事や集団で生活するために必要な生活習慣があり、それらは気持ちよさや心地よさを味わい、保育者に認めてもらえることなどによって獲得が促され、しだいにその必要性に気づいたり、主体的に生活に必要な活動を進めていくことにつながる。

●食事は、子どもたちにとって楽しい場面であることが、生涯にわたる食への態度を育むうえでとても重要だ。また、食事は子どもの健康状況を確認できる場でもある。

●年齢によっても個人によっても睡眠のあり方はさまざまであることを理解して、休息が必要な子どもには適切な環境を整える。

●当番活動は誰もが経験するものであり、誰かがやらないとみんなが困ってしまうという責任の経験でもある。多くの当番活動は自分たちの生活環境を自分たちの手で整えるためのものであり、自分たちの園であるという意識にもつながっていく。

●遊びを中心として生活が展開される保育のなかでは、保育者もひとりの生活者である。保育者が子どもたちの生活習慣の獲得にふさわしい生活のモデルとなること、獲得が促されるような援助のあり方について考えなければならないだろう。

●幼児期の発達は個人差が大きく、また家庭のあり方も多様である。つまり、子ども一人一人の発達の状況を理解するとともに、家庭の様子を理解することも生活習慣の獲得においては必要となる。家庭との連携を密にとりつつ、家庭と相互に連携しながら、子どもたちの育ちを支えていきたいものである。

除草の手伝いをして園庭を遊びやすくする（5歳児）

第 6 章

子どもの健康と安全教育

―――― この章で学ぶこと ――――

幼児期にふさわしい生活の第一は、心身の安全が守られていることである。
身近な大人から愛され大切にされることによって、子どもは安定した日々を送ることができる。
一人一人は唯一無二のかけがえのない存在である。そして、そう思える自己肯定感情が
生涯にわたってその人を支える。この自己肯定感は、幼児期の心身の安全が守られる生活のなかで
築かれていく。子どももやがて成長し、大人の庇護から旅立ち、健康で安全な生活を自ら
送るようになるだろう。その日のために、幼児期にどのような健康で安全に関する基礎的な力を
育むべきだろうか。この章では安全の習慣の形成に焦点を当てて考えたい。

§1 安全教育の考え方

1 安全な園生活を送るために

　「健康、安全で幸福な生活のために必要な基本的な習慣を養い、身体諸機能の調和的発達を図ること」(学校教育法第23条)は幼稚園教育の目標のひとつである。子どもが自分の健康や安全に自ら注意を向けられるようになり、適切な行動をとるようになるためには、どのような援助が必要なのか。この章では子どもの健康と安全生活に必要な態度の形成に関わる指導について考えたい。

　幼稚園教育要領における「内容」は「ねらい」を達成するために必要な事項である。「健康、安全な生活に必要な習慣や態度を身に付け」ることは領域「健康」のねらいのひとつであり、これを達成するために、あげられている10の「内容」のすべてが必要であることは自明である。子ども一人一人が自分はかけがえのない存在であると感じ、安定感をもって行動できなければ、自分の安全を守る意識はもとより、他者の安全を守る態度は育たないだろう。乳児から就学前までの子どもたちの安全教育の基本は以下の点である。

- 身近な大人との信頼関係を基盤に、自分は愛され、大切にされているという基本的自尊感情を育むこと
- 自分を大切に思うとともに、自分以外の他者も大切にしようとする気持ちを育むこと
- 園における生活の仕方を知り、自分たちで生活の場を整えながら見通しをもって行動できるようにすること
- 危険な場所、危険な遊び方、災害時などの行動の仕方がわかり、安全に気をつけて行動できるようにすること

先生に気持ちを受け止めてもらう

先生と一緒、友達と一緒

2 安全教育と安全管理

　過去20年間のデータによると、1歳から9歳児までの子どもの死亡原因の第1位と第2位は先天的な病疾患と「不慮の事故」が占めている[1]。子どもは心身共にのびのびと行動できるようになると、行動範囲が広がり、主体的にさまざまなことに挑戦しようとする。そうなると他者との動きの関わりのなかで、安全に留意しなければならない場面がかならず生じる。事故も起きやすくなる。

　ではどうしたら不慮の事故を減らすことができるのだろうか。安全を第一に考えるあまり管理的になりすぎると、子どもたちの経験の幅が狭くなり、今度は自ら判断し安全に行動する力がつかなくなる。子どもの生活の中心は遊びであり、遊びながら心身の発達に必要な経験を積み重ねていく。遊びとはそもそもワクワクした心もちによって支えられており、子どもたちは遊びのなかで自分の能力より少し難しいことやったことがないことに挑戦しようとする。冒険心や挑戦意欲は子どもの成長を支える大切な心情なのである。もちろん大きな事故が起きないように環境に配慮し、防がなければならないが、小さな危険までも排除したならば、子どもの挑戦意欲はそがれるばかりではなく、危険回避の判断能力も育たない。安全教育と安全管理の関係は子どもの育ちにとって重要である。

　このことを考える指標として、遊びにおける「リスク」と「ハザード」という概念がある。
　ここでいうリスクとは遊びの楽しみの要素である冒険や挑戦の対象となる状況であり、子どもは小さなリスクに対応することによって、危険を予測したり大きな危険を回避する能力が育つ。たとえば、坂道を子どもが駆け下りようとする。初めは加速がつくことが予測できず、転ぶかもしれない。しかし経験を重ねるうちに、自分の身体能力と環境の変化との関係を予測し、自らの行動をコントロールするようになるだろう。

　一方のハザードは、遊びの冒険や挑戦といった要素を超えたところで事故が発生する恐れがある状況を指す。子どもでは予測できず、対処のしようがない環境が放置されている場合はそれがハザードとなり、大きな事故を招きかねない。たとえば坂道の途中に大きな段差が突然あったり、縁石がとがっていたりした場合、子どもは予測ができずに転んだり、転んだ拍子に大きなけがが引き起こされる可能性がある。

　リスクとハザードの境を見極めるのは保育者の力であり、子どもの発達の状況に応じて、ハザード的な環境は注意深く取り除く必要がある。子どもたちがわくわくと心を弾ませて挑戦する姿に注目して、子どもたちが何を楽しんでいるのか、その際に生じる危険性はないのか、などを判断する力を身につけたい。

少し難しいことにも挑戦

3 園内の事故

(1) 屋内外でおきる負傷について

園内では、負傷を伴う事故は屋内外で起きている。屋外ではとくに固定遊具に関わる負傷が多い[2]（図6-1参照）。子どもが好んで固定遊具を使っている証拠でもあるが、運動技能が未熟であることや周囲の状況を判断することができにくいということの表れでもある。

園舎内の事故や負傷では保育室内が最も多い。保育室は滞留時間が一番長いこともあるし、さまざまな遊びが展開し、さまざまな道具との出会いも多いからであろう。たとえば、転んだ子どもの上に走ってきた子どもが重なって転ぶ、カセットデッキのアンテナを立てようとしていた子どもの手元をほかの子どもがのぞいていてアンテナが目にあたる、など、複数の子どもが関わる場では予測ができないような偶発的な出来事が起きるのである。廊下や階段などの狭くて子どもが行き交う場所の事故も比較的多い。

時間帯としては午前中の活発な時間帯が多く、曜日としては金曜日に事故の発生が多いといわれている。つまり、子どもの活動が活発になると負傷を伴う事故が起きやすく、また、週末に近づき疲労してくると、状況の判断が的確にできにくくなるために負傷しやすくなるといえよう。

図6-1　屋外の事故（幼稚園）
出典：日本スポーツ振興センター、2017

(2) 睡眠時の事故について

内閣府と厚生労働省の調査によると教育・保育施設における平成18年から28年の子どもの死亡事故件数は159件で、そのうちの半数を超える数が0歳児に起きている。そのなかでも睡眠中の事故が8割近くにのぼる[3]。

0歳児の睡眠中の事故はその原因が特定されない場合が多く、乳幼児突然死症候群SIDS（Sudden Infant Death Syndrome）と呼ばれる。保育所保育指針の改定にあたっても、子どもの育ちをめぐる環境の変化を踏まえた健康および安全の記載が見直され、SIDSに関する正しい知識や午睡環境を確保するために乳幼児の窒息死リスクの除去などの配慮について、保

育士等で共有し、適切な保育を行うことが重要であると指摘されている。

　SIDSの定義は「それまでの健康状態および既往歴からその死亡が予測できず、しかも死亡状況調査および解剖検査によってもその原因が同定されない、原則として1歳未満の児に突然の死をもたらした症候群」（厚生労働省SIDS研究班）とされている。予測ができなければ防ぎようがないともいえるが、その発生事例からSIDSを引き起こす危険因子は明らかになっている。保育者は、危険因子（外的ストレス、預かり初期、うつぶせ寝、室温、体調不良など）を極力排除することによって不測の事態を回避しなければならない。

　とくに睡眠時のうつぶせ寝は窒息事故につながる可能性もあり、窒息リスクの除去を睡眠前および睡眠中に行うことが重要である。医学的な理由で医師からうつぶせ寝をすすめられている場合以外は、原則として乳児の顔が見えるように仰向けに寝かせることが適切であり、それ以外にも以下の点についての配慮が求められる。

- ひとりにしない
- 寝かせ方に配慮を行うこと
- やわらかすぎる布団を使用したり、紐、または紐状のもの（例：よだれかけの紐、ふとんカバーの内側の紐、ベッドまわりのコードなど）を置いたりしない
- 口の中に異物がないか確認する
- ミルクや食べたものなどの嘔吐物がないか確認する
- 子どもの数、職員の数に合わせ、定期的に子どもの呼吸・体位、睡眠状態を点検する
- 呼吸停止などの異常が発生した場合の早期発見、重大事故の予防のための工夫をする[4]

4 安全な社会生活を送るために

　先にも述べたようにわが国の子どもの主な死因は、「不慮の事故」である。死亡に至らないまでも、年間に3人に1人は受診が必要な事故に遭っているといわれている。乳幼児の健康を考えるとき、不慮の事故をいかに防ぐかは大きな課題であり、年齢に応じた適切な指導を通して安全への構えを身につけさせなければならない。

　表6-1からは、とくに4歳児以降の子どもは行動範囲が広がることによって、交通事故や水の事故に遭いやすくなっていることがわかる[5]。子どもの安全を守るために、行動の一部始終を大人が管理することは心理的物理的に困難である。子ども自身が自分の身を守る意識を育てなければならない。子どもの行動範囲の広がりに応じて適切な指導を行い、自分のまわりの状況をよく見て判断し、安全に行動する経験を日常的に積み重ねさせていくことが必要であろう。

　また、近年、わが国の社会状況は不安定になり、幼い子どもを標的にした凶悪事件が多発している。安全神話は崩れ、「自分の身は自分で守る」という意識は大人にも子どもにも必要になってきた。近年の状況の変化も十分に踏まえた安全教育を考えなければならないだろう。さまざまな事故を防ぐために必要なのは、発達に応じた「安全管理」と「安全教育」で

表 6-1 年齢階級別、不慮の事故の死因別死亡数および割合

	0歳児 死亡数（％）	1～4歳児 死亡数（％）	5～9歳児 死亡数（％）
総数	73（100.0％）	85（100.0％）	68（100.0％）
交通事故	3（4.1）	28（32.9）	34（50.0）
転落・転倒	0（0）	6（7.1）	3（4.4）
火災など	0（0）	4（4.7）	5（7.4）
溺死	4（5.5）	26（30.6）	18（26.5）
不慮の窒息	62（84.9）	20（23.5）	6（8.8）
その他	4（5.5）	1（1.2）	2（2.9）

出典：厚生労働省、2017

ある。

　安全管理に関しては以下のような点の日常的な確認が必要である。
　・保育者との信頼関係をもとに、一人一人の子どもの心身は安定しているか
　・子どもを取り巻く環境は安全か
　・子ども自身の服装や持ち物は安全か

　安全教育に関しては園の年間指導計画に従って継続的な指導が大切である。多くの園では以下の点を想定した安全指導を行っている。

①非常事態を想定した安全教育
　・地震や火事などの災害の想定
　・不審者などの侵入による緊急場面の想定
②日常生活における安全教育
　・交通安全に対する意識と態度
　・季節に応じた行動の仕方
　・遊びのなかでの遊具や道具の扱い方

　このような安全教育の視点をもちながら、子どもが自分で自分の身を守るようになるための指導について、事例を通して考えたい。

§2 遊びのなかで育む安全の意識

1 遊びへの意欲が大切

事例 6-1　どうしたらぶつからずに電車ごっこができるかな

● 5歳児クラス　1月

　F男は電車が大好きで4歳児の頃から空き箱で電車を作ったり、パネルで乗れる電車を作ったりしてきた。5歳児になってもF男のイメージは電車から離れない。保育者は彼の動きが他児に伝わってイメージに広がりをもたせられないかと考え、台車を提示した。

　台車つきの電車はおもしろそうに見え、中央テラスで電車ごっこが始まる。おもしろそうだと感じたK也、S太も仲間に入り、踏み切りを作ったり、電車を改造したりしはじめる。

　ところが周囲の状況を考えず乱暴に運転するので、近くで踊りをして遊んでいた女児にぶつかったり、電車が横転したりして危ない。保育者はお客さんを安全に運ぼうと提案し、どうしたら安全に電車を運転できるかを、子どもたちと共に考えた。

電車ができたよ

線路を作ろう

ぶつかった

危ない。相談しよう

（事例／写真：学大小金井）

子どもは遊びがおもしろいと、安全に対する注意を払うことを忘れたり、イメージが逸脱して動きが乱暴になったりすることがある。こういう状態になって初めて安全の必要性に気づく。保育者は子どもの遊びの状態を見て、危険を予測しなければならないが、予測ができる場合にも、先に行動を禁止してしまうのではなく、子どもと共に考え合い、「遊びをおもしろくする」には周囲の状況と共存し、「安定して遊ぶ」ことが大切であることに気づかせていかなければならない。

2 身のまわりの道具と子ども

　身のまわりには子どもが遊びに取り込みたいと思う道具や遊具がたくさんある。それらを安全に使いこなすようにするために最も大切なのは、使いたいと思う気持ちを育てることである。意欲があれば子どもは繰り返し試す。試していくうちに、技能的に熟達し、安全に道具を扱うようになる。

先生と一緒に試してみる

自分自身で工夫して使う

セロテープ 気をつけて

　たとえばはさみの使い方でも、初めは保育者に手伝ってもらってはさみを動かしているが、しだいに作りたいものが明確になり、繰り返しはさみを操作していくうちに、5歳児にもなると固い紙も複雑に切ろうとする。このときの子どもは大変注意深く、けがをすることはほとんどない。

　遊びのなかで作りたいものがあったり、使いたいものがあったりすれば、子どもは道具に真剣に向き合おうとする。セロハンテープをうまく小さく切れなかった子どもが、細工の細かいものを作りたくなると、テープカッターを上手に使うようになる。保育者は遊びの動機を高めるようにしながら、安全な扱い方が身についていくようにする。

きれいに片づけよう

ヨイショ、ヨイショ

危ない！

〈例〉・はさみなどの危ないものの先を人に向けない
　　・紙は踏むとすべって危ないので片づける
　　・イスなどの持ち方には気をつける
　　・割りばしなどのとがったものを持って走らない　など

3　園庭の遊具と子ども

　子どもが遊びのなかで自分の力を試したり挑戦したりすることは、自然の姿である。固定遊具は冒険的なおもしろさを子どもにもたらすもので、園庭にはなくてはならない環境である。ところがこの冒険的なおもしろさにはリスクが伴う。「学校事故事例検索データベース」を見ると保育中の事故の多くは園庭で起きている。子どもはある程度の危険性を内在している遊びにひかれるという特性をもっており、固定遊具を使った遊びでも、少し高い場所からヒーローのように飛び降りたり、狭くて高い場所に登ってみたりなど、大人が予期しない行動を起こすことがある。安全性重視で保育者が子どもの行為を規制するようになれば、遊びの冒険的おもしろさは半減してしまうだろうし、自ら危険を回避する能力は育たないだろう。
　この「おもしろさに誘発される行動は危険を伴いうる」という難しい課題を踏まえながら、子どもの主体的な行動を通して安全な身の処し方を身につけさせたり、安全な遊び方を身につけさせたりするにはどうしたらよいだろうか。

事例 6-2　動線が行き交う園庭

4歳児クラス　2月

　この園の園庭は周辺に樹木と複合木製固定遊具を配し、中央はかなり広いオープンスペースとなっている。オープンスペースでは5歳児クラスがサッカーやドッジボールなどのボールゲームをすることが多い。この時期は鬼遊びが盛り上がっていた。木製の固定遊具も使って活発に「追う－逃げる」動きが展開する。
　周縁部の樹木と樹木の間にはロープが張りめぐらされている。4歳児男児がヒーローになりきっており、戦いの振りをしながら庭を横切ったり、ロープに登って揺らしたりして遊びはじめる。一番大きな樹木にはタイヤがロープで下げられており、子どもたちはターザンのようにぶら下がって体の揺れを楽しんでいる。
　保育者は、ひとつの空間のなかで繰り広げられる、異なる体の動きのおもしろさが

園全体を使っての鬼ごっこ

それぞれに満たされるように、また、安全性も確保できるように、園庭に人工芝を帯状に敷いた。そうすることによって鬼遊びのテリトリーが自然に示されたことになり、子どもたちはターザンロープやロープワークの周辺を走りまわることがなくなった。また、ロープ渡りの子どもたちは同時にロープに登れる安全な人数を自分たちで考え、守るようになった。

固定遊具も使って追う、逃げる

ロープを使ってヒーローごっこ

ターザンロープ

（事例／写真：学大小金井）

遊具においては遊具そのものに関わっている子どもの安全はもとより、遊具と遊具周辺にいる子ども同士の衝突事故が多い。これは子どもが自分の周囲の状況を的確に判断できないことによる。たとえばボールやフープなどの移動小型遊具で遊んでいる場合、その遊具の転がる方向ばかりを見ていて、周囲の様子を見ることができない。このように視野が狭くなりがちで、固定遊具とぶつかるという事故が起きやすい。危険を察知したり、周囲の状況に気づかせたりしていく指導が大切である。その場合、一人一人の子どもが自分で気をつけるだけでなく、危ないと思ったら友達同士が伝え合える関係を育てることも大事にしたい。

落下を予測してラバーを敷く

「この場所は鬼遊びだけ」というように空間を一方的に管理したり、「固定遊具（すべり台など）は一方通行で使うこと」というように使い方を一方的に規制したりしていたのでは、安全行動を自ら身につける機会を奪うことになる。安全確保のために保育者主導で環境を完璧に整えるのではなく、リスクを踏まえて、子どもが自然に周囲に注意を払えるようになるための環境構成や、子どもとの話し合いやルールづくりが必要である。

また、環境設定に対する配慮としては、けががないように危険な場所にはやわらかい素材（マットやラバーなど）を敷いたり、子どもと共に安全な環境を確認したりする。

とくに固定遊具の使い方の指導に関しては、園の安全指導の考え方が反映される。子ども

安全な組み立て方に気づかせる

が好きな遊具であるからこそ、「子どもと共に安全について考え合う」という姿勢が大切である。その際、保育者は固定遊具が環境として潜在的にもっている危険性を予測しておく必要があるだろう。2001（平成13）年に、公園に設置された箱ブランコで死亡事故が起きたことにより、国土交通省は「都市公園における遊具の安全確保に関する指針」を出した。その指針には遊具の安全管理について以下の6点に留意するよう記述されている。これらは都市公園に限らず、幼児教育施設における安全管理上も大切な点であり、参考にしたい。

①からまりやひっかかりの対策

過去の死亡事例で多いのは窒息事故である。たとえば、カバンを背負ったまま固定遊具で遊び、どこかにカバンの紐がひっかかって起きる。子どもは「冒険ごっこのリュックサック」とか、「学校ごっこのカバン」など、遊びに必要な持ち物を自分で作って身につけながら遊ぶということをよくする。首にひっかかりそうなものを下げて固定遊具で遊んでいるときには十分な注意が必要である。

②可動部との衝突対策

順番を守って

園庭においてもっとも危険な可動部はブランコの座部であろう。子どもは注意の範囲が狭く、自分の関心のあること以外に視野を広げることができにくい。先に述べたようにボール遊びをしている子どもが転がるボールだけを見て追いかけ、知らぬうちにブランコのスペースに入り込み、友達が乗っているブランコの座部にぶつかるという事故はよく報告される。

しっかり結ぼうね

③落下対策

子どもたちは高い場所から「見渡す」という行為を好む。すべり台の上部、ジャングルジムの上、複合遊具の上などに好んで登り、そこで滞留したり遊んだりする。ひとりで挑戦的

な動きを楽しむときには事故は起きにくいが、友達とイメージをもっているときには、そのイメージにのって無謀な行動をとってしまうときがあるので、注意が必要である。

また、着地点にラバーを敷く、まわりに移動小型遊具が放置されていないようにする、などの環境への配慮も行う。

④挟み込み対策

子どもは大人では信じられないような狭い場所に入り込んで遊ぶことがある。ある園では知らない間に洗濯機のなかに子どもが隠れて遊んでいたということが報告されている。指先などの体の一部が引き抜けなくなるような開口部がないかどうか、つねに安全点検と注意の喚起が必要である。

⑤その他の危険対策

遊具の角による切り傷や擦り傷など。子どもの背の高さや目線の高さに合わせて安全性を確認する。遊具は屋外に設置され、風雨にさらされているものである。定期的に接合部などの点検整備をしなければならない。

⑥救助対策

子どもが遊具で遊んでいる最中に何らかの事故が起きた場合、すぐに大人が遊具内に入って救助できるように、安全対策を講じておく。

4 水の事故と子ども

表6-1を見ると子どもの溺死の割合が高いことに気づく。幼稚園や保育所や認定こども園のような施設では起きにくく、溺死の80％は家庭の浴槽で起きているといわれている。そのほか、トイレ、洗濯機、バケツなどの思いもよらぬ場所で溺死事故は起きている。水深がほとんどないような場所でも水が鼻や口に入るだけで子どもはパニックに陥り、自分の体をコントロールすることができなくなる。夏場が最も多いことは多いが、一年中発生しているのである。

水は気持ちいい

幼児教育施設では夏場に水遊びの指導を行う。水に親しみ、水のなかでの身の処し方を十分に体験させたい。また、家庭への啓発としては、年齢の低い子どもはどんな場所でも、水深が浅くとも溺死の危険があることを知らせ、水の周辺では子どもから目を離さないように伝える。

遊びながら水に親しむ

§3 計画的な指導によって育む安全の意識

　非常事態を想定した安全教育に関しては（地震や火事などの災害の想定・不審者などの侵入による緊急場面の想定）予防的な指導を繰り返し行うことで、緊急に備えたい。

　自らの移動能力が未熟な0〜1歳児の場合は、防災に対しては無力であり、緊急下での安全は大人が全面的に守らなければならない。2歳児も同様に自ら危険を避ける力や移動する力は未熟であるが、周囲の異常な雰囲気は理解し、表情や態度に表すことができる。非常事態でも大人の指示をきちんと聞くことができるように、日頃から信頼関係を築くことに留意したい。3歳以上になると自ら判断して行動する力がつきはじめるので、計画的な避難訓練を積み重ね、非常事態に備えたい。

　このように年齢の特性や個々の発達に応じた指導を行うということは、特別に支援が必要な子どもにとってなおさらに重要である。一人一人の事態は異なるが、多くの場合、特別に支援を必要とする子どもは柔軟に行動することが得意ではなく、非常事態が引き起こす非日常下でパニックを起こす子どももいるだろう。個別の指導計画が必要かもしれないし、全体の子どもを把握する保育者のほかに、特別支援の子どもをサポートする加配の人的配置が必要な場合が多いことが予想される。

事例 6-3　避難訓練　　　　　　　　　　　　全園児　10月

　この日の避難訓練の想定は「好きな遊びの時間帯に給湯室で火事」が起きたというものである。子どもは思い思いの場所で遊んでいたが、サイレンの合図で遊びの道具をすぐにその場に置き、放送を聞く。「避難訓練、避難訓練。お茶の部屋が火事です。すぐに近くの先生のそばに集まりましょう」放送の指示のとおり、近くの保育者のまわりに集まる。4月の訓練では遊び続けようとしている子どももいたが、回数を重ねて行動の仕方がスムーズになってきた。

　保育者の指示で二次避難場所として園庭に集まる。その後、消防署の指導のもとで保育者は消火の訓練を行う。子どもたちは保育者のキビキビとした行動や真剣な態度を見ながら、緊急の場合の行動の仕方を感じ取っていた。

　その後、消防署の方の講話「おかしもの法則（おさない・かけない・しゃべらない・もどらない）」を聞く。

（事例／写真：学大小金井）

事例
6-4　交通安全指導

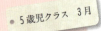
5歳児クラス　3月

　幼稚園への登園は保護者に付き添われている5歳児クラスだが、小学校に進学するとひとりで登下校しなければならない（あるいは地域の児童での集団登下校）。卒園を間近にしたある日、大学の附属幼稚園であるこの園では、大学のキャンパスにおいて歩行の練習を行うことにした。「園生活を通して集団で歩く」「並んで歩く」ことの態度は身についている5歳児クラスだが、いざ、「ひとりで歩く」「交差点を渡る」ということになると緊張したり、とまどったりする姿が見られた。

　ある日、5歳児クラスは町の豆腐屋さんに買い物に行くことになった。この日は目的の店に向かって横断歩道を渡ったり、道路を安全に歩いたりする経験となった。

　交通安全の意識はすぐには高まらないし、態度は経験を積み重ねなければ身につかない。

・安全な場所でひとりで歩く
・大人と一緒に公道を歩く
・仲間と共にマナーを守って歩く

というように、段階を踏んで経験を重ねることが必要であろう。

（事例／写真：学大小金井）

事例
6-5　知らない人に声をかけられたら、どうする？

4・5歳児クラス　1月

　子どもが自分の身を守ることは簡単なことではないが、犯罪が多発している現在、防犯意識の種もまいておかなければならない。集会の時間などを利用して、知らない人に声をかけられても決してついていってはいけないことなどを伝える。その際、観念的に「悪い人」と言っても理解が難しいので、保育者の寸劇などを通すと理解されやすい。子どもにできることでもっとも大切なことは、「大きな声を出す」ことである。これは一見簡単そうでいて、実際は難しい。一度、体験させておくことが大切である。

（事例：学大小金井　写真：湯島幼稚園）

このような非常事態下における安全教育で大切なのは、保育者間で日頃から連携体制を確立していくことと、何かが起きたときの一連の動きをしっかりシミュレーションしておくことである。訓練に勝るものはない。しっかりと年間の計画を立てて実施する。また、子どもに対しては、保育者を始めとする身近な大人への信頼関係を強め、何かが起きたとき、身近な大人の言葉をしっかり聞き取り、素直に行動できるということが大切であろう。

○計画的な安全指導・避難訓練について

次ページの表6-2は、ある幼稚園の安全教育の年間の指導計画である。安全教育は日常の流れのなかでともすれば後まわしになりがちだったり、忘れられがちだったりする。年間計画のなかにしっかり位置づけ、実施することが大切である。その際、子どもには視覚的な刺激が効果的である。絵や写真で安全な道具の使い方を示したり、保育者の寸劇などを通して行動の仕方を伝えたりする工夫が必要である。

○防犯対策について

今日、幼い子どもを対象とした予想もつかないような事件や事故が多発している。他者への信頼感を育てていくことが教育の使命でありながら、「簡単に人を信用してはならない」といったような矛盾する指導を行わなければならない難しい時代となった。幼児期はまだひとりで外を歩いたり行動したりすることはないので、不審人物による事件の対象事例は少ないが、どうしたら自分の身を守れるかについて、基本は伝えておく必要があるだろう。

- 知らない人にはついていかない
- 困ったら大きな声を出す
- 親や保育者など、子どもの安全基地となる大人の言葉を信頼し、行動を共にする
- 家庭以外の場所ではひとりでトイレに行ったり、エレベーターに乗ったりしない

地震に備えた避難訓練

というような安全の基本を伝えていきたい。園には、保護者から大切な子どもを預かっているという責任がある。安全管理の鍵は「保育者への信頼」である。それを基本に、以下のような危機管理体制を早急に確立することも大切である。

①危機管理に関し、園内・園外あらゆる場での状況を想定した対応について職員会議などで話し合い全教職員での共通理解を図る

②園児の安全管理に関して、それぞれの場での教職員の役割を明確にし、一人一人の意識を促し、協力体制のもと事故防止にあたること

③事故発生時の避難場所や保護者・関係機関などへの連絡方法を周知徹底しておくこと

④園児の掌握が完全にできる体制を整え、教職員に周知徹底しておく

(『幼稚園安全マニュアル 防犯対策編』より)

表 6-2　ある幼稚園の安全教育年間計画

月	2年保育4歳児　安全指導	2年保育5歳児　安全指導	両学年の安全指導計画
4月	・保育者を信頼し喜んで登園する ・保護者と手をつないで歩く ・自分のロッカーなどを知り、生活の仕方に慣れる	・新しい保育室の場所に慣れる ・遊具や用具の安全な使い方を知る	（5歳児） ・防犯ブザーの扱い方を知る
5月	・園生活の安全に気をつける ・ハサミなどの個人の持ち物の扱い方を知る ・集合の合図で集まる ・遠足での約束を知る	・園生活に必要な安全の態度を身につける ・安全な身支度をして遊ぶ ・遠足での約束や道路の歩き方に気をつける	（想定）火災　クラスごとの集会中 ・合図を聞き、その意味を知る ・身を守る大切さを考える
6月	・雨の日の生活の仕方や、遊び方を知る ・室内では走らない等の約束を知る	・遊具や用具の正しい扱い方を知る ・雨具の始末を自分で行う	（想定）地震　学年ごとの集会中 ・ヘルメットの使い方を知る ・担任の指示に従って集まる
7月	・水遊びの決まりを知り覚える ・警察の方の話を聞いて夏休みの安全な過ごし方を知る	・水遊びの決まりを守る ・警察の方の話を聞いて夏休みの安全な過ごし方を知る ・自転車の安全な乗り方を知る	（想定）火災　全園の集会中 ・避難の仕方を知る ・「お・か・し・も」の標語を知る ・すぐに遊びをやめ、指示に従う
9月	・生活習慣の再確認をする ・戸外で安全に遊ぶ	・自分から戸外の遊びの環境を整えようとする ・友だちの動きに気をつけて遊ぶ	（想定）地震　引き取り訓練
10月	・集団行動の決まりを守る ・集団の歩行に慣れる ・安全な生活態度を習慣化していく ・遠足での約束を守る	・集団行動の決まりを守る ・起震車に乗って揺れを体験する ・安全を確認しながら生活する ・遠足での約束を守る	（想定）火災　遊びの時間中 ・担任の指示に従い、安全な場所へ避難 ・消防士さんの話を聞く
11月	・安全な生活態度を習慣化していく	・安全を確認しながら、自らの身を守る ・危ないことが起きたら大きな声を出す	（想定）防犯訓練　集会中 ・不審者が近づいたときの対応の仕方を知る
12月	・冬休みの安全な過ごし方を知る ・出かけたとき保護者から離れない ・薄着を励行し、うがい手洗いの習慣を身につける	・冬休みの安全な過ごし方を知る ・保護者から離れないで生活する ・薄着を励行する	（想定）火災　集会中 ・担任の指示に従い、安全な場所へ避難
1月	・冬の安全な生活の仕方や習慣を身につける ・ポケットに手を入れない ・縄跳びなどの遊具の正しい使い方を守って遊ぶ	・冬の安全な生活の仕方や習慣を身につける ・ポケットに手を入れない ・縄跳びなどの遊具の正しい使い方を守って遊ぶ	（想定）地震　集会中 ・ヘルメットをかぶって担任の指示に従い、安全な場所へ避難する
2月	・室内に閉じこもらず戸外で遊ぶようにする ・慣れからくる危険な遊びを再確認し安全徹底する ・遊びへの挑戦と危険な遊びの区別や遊具や用具の使い方など	・室内に閉じこもらず戸外で遊ぶようにする ・行動範囲の拡大からくる危険な遊びを再確認し安全徹底する ・遊びへの挑戦と危険な遊びの区別や遊具や用具の使い方など	（想定）火災　集会中 ・担任の指示に従い安全な場所から安全な場所へ二次避難を行う
3月	・危険から身を守る ・遊具や用具の使い方や危険な場所などを確認する	・横断歩道の渡り方や信号の守り方を確認する	（想定）交通安全指導

災害時の持ち出し袋をチェックしよう

- 緊急連絡先、名簿
- 救急用品（応急処置が可能な薬品、タオルや毛布、包帯、ウェットティッシュなど）
- 防災頭巾、ヘルメット
- さらし、紙おむつ、着替え
- 非常食（アレルギー対応に注意）、飲用水、哺乳瓶、ビニール袋
- 靴（子どもは上履きを脱いで遊んでいることもある。緊急時に裸足で逃げることはできない。持ち出し袋のなかにはかならず靴も入れておく）
- ラジオ（情報収集のため）、もしくは携帯端末にラジオ機能のアプリをダウンロードしておく

　上記のほか、ベビーカーやおんぶ紐などは緊急時を想定して管理すること、避難時の具体的な動き（誰が、どの子どもを保護するかなど）を計画しておくことも大切である。

§4 事故が起きた場合の対応

予測していないときに起きるのが事故であるため、誰でも事故が起きると気が動転してしまう。とくに負傷部位からの出血がおびただしいと、若い保育者などはショックで対応できなくなる。しかし、けがをした子ども本人と周囲の子どもを動揺させないために、保育者は保育の専門家としてしっかりと対応しなければならない。

だいじょうぶ？

①負傷の程度を見極め、応急処置の必要性の有無を判断する（素人判断で安易な処置をしないほうがよい場合もあるので気をつけたい）
②必要ならばしかるべき医療機関に連絡、あるいは搬送する（家庭と搬送先の病院については事前に連絡をとっておく）
③同時に保護者に事故の連絡を的確に行う
④事故の経緯、その後の対応を時間の経過に従ってしっかりと記録する（事故事例を経験として積み重ね、その後の安全な生活の展開に生かす）

保護者には誠意ある態度や言葉で事実を的確に伝えることが大切である。事故は起きてしまったらもう時間を戻すことはできない。とくに初期の対応をていねいに行うことと、その後、同じような事故が起きないようにしっかりと対応策を考え実施することが大切である。

事故直後の対応

事態の把握	記録	搬送
・直ちに付近の教諭を召集 ・応急処置はあわてずに正確に ・事故内容の把握 （いつ、誰が、何を、どうしようとして、どうなったのか）	・事故の内容および発生状況 ・応急処置 ・負傷者の容体 （時間を追って）	・第一発見者（教諭）は必ず付き添う ・2人以上で付き添う （1人は連絡係） ・医師に事故状況を正確に伝える ・保護者に引き渡すまで付き添う

（保険会社の資料より）

───── この章で学んだこと ─────

●子どもが健康で安全な生活を営むようになるためには、心身共に安定した状態と安全な環境を保障することが大切である。

●子どもは安定した情緒のもとで主体的に遊びに取り組むことによって、充実した生活や遊びのなかで、さまざまな経験を積み重ね、健康で安全な習慣を身につけていく。

●非常事態下における行動の仕方が身につくためには、繰り返しの訓練が必要である。園は実態と子どもの発達に合わせた年間の避難訓練を計画し、実施することが求められる。

●園生活においては、いかに周到な環境を整備しようとも事故が起きる場合もある。その際には速やかな情報の共有と連絡、保護者への誠実な対応が求められる。

第 7 章

幼児教育の現代的課題と領域「健康」

―― この章で学ぶこと ――

子どもの体の諸機能の発達は、自然のなかでのびのびと体を動かして遊ぶことによって促される。
この時期に体の諸機能が発達することや、安全で健康な生活を送るための習慣が形成されることは、
その後の人生にとってきわめて重要である。
しかしながら、子どもを取り巻く環境は年々悪化し、地域において安心して遊べる場所がなくなるなど、
子どもの心身の健康な発達を阻害するような要素が増加している。
この章では、子どもを取り巻く諸問題を取り上げ、今後、
保育ではどのような点を重視しなければならないかを考えたい。

§1 「健康」の現代社会における今日的課題

いつの時代でも子どもは大人社会の生活の影響を受けている。現代の子どもの生活は子どもにとってふさわしいものといえるだろうか。急激な生活環境の変化と大人の価値観の変容の影響を子どもたちは直に受けている。生活リズムはすべての安定の源である。子どもたちの生活を見直すために園生活が担う役割について考えてみよう。

1 生活リズムを確立する

ベネッセ教育研究所の20年間にわたる幼児の生活調査によると、幼児の約半数は21時台に就寝しており、20年前に比べて22時以降に就寝する比率はやや減少しているという[1]（図7-1）。とはいえ諸外国に比べるとわが国の子どもの就寝時刻は平均的に遅く、大人の生活時間の影響を受けていることがうかがえる。

就寝時刻が遅いと起床時刻が遅くなり、食欲にも影響を及ぼす。子どもの場合、起床から2時間くらい経たないと活動のリズムが整わないといわれており、「睡眠」「食事」「適切な活動」の3つのよりよい循環が必要となる。子どもにとって睡眠は、単に心身の疲れをとるだけでない。子どもにとって最も活動的な午前中の時間を、快適で充実した時間にするためには、就寝・起床を起点とした基本的な生活のリズムを整えるべきであるし、このことの必要性について保護者の理解を得るようにしたい。

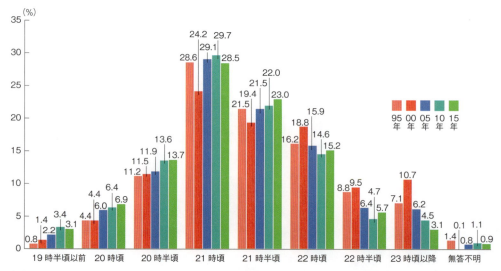

図7-1 平日の就寝時刻（経年比較）

出典：ベネッセ教育総合研究所、2016

2 家庭・地域との連携

　睡眠や食など、生活に関することの基本的な習慣は、本来、家庭で培われるものである。これまで、幼稚園や保育所や認定こども園などの幼児教育施設では、家庭で培われてきた生活習慣を基盤に、社会生活に必要なさまざまな力を伸ばす役割を担ってきた。しかしながら近年の少子化、都市化、核家族化などの影響で、家庭教育の質は大きく変わり、孤立しがちな子育て家庭を社会全体で支えていく必要性が高くなってきている。幼児教育施設の役割はますます大きく、子育て家庭を支え、「共に」子どもを育てる姿勢が必要である。

　子育て観の特徴としては「子育ても大事だが、自分の生き方も大切にしたい」と考える母親が半数以上いるということである[2]。自分の生き方と子育てを二者択一ではなく両立させたい。「子どもがかわいくてたまらない」「子どもを育てるのは楽しくて幸せなこと」という肯定的な感情も高い。しかし同時に、将来うまく育っていくかどうかの不安も抱えている。子育ては自分の思うとおりにいかないこともあり、さまざまな葛藤を抱えているという現状がある。極端な例ではしつけと称した虐待や、育児を放棄するといったことも起きている。

　基本的な生活習慣の欠如、コミュニケーション能力の不足、自制心や規範意識の不足、運動能力の低下など、近年の子どもの育ちの問題は枚挙に暇がない。幼児教育の専門家はそれを嘆くのではなく、子育ての孤立化によって育児不安を抱え、情緒が不安定になっている子育て世代を支え、家庭の教育力を高める核として機能する必要がある。

　具体的には、親子で園で過ごす時間を保障し、子どもの本来的な姿を見てもらったり、保育者が子どもを尊重しながら言葉をかける様子を見てもらったりする取り組みや、さまざまな集いのときを企画し、子育て情報を共有するような取り組みが増えている。

　子どもは、子ども同士の関わりのなかで葛藤を乗り越えながら成長していくものである。そのためには地域の大人同士がつながりあいながら、子どもの成長を見守る「子育て風土」の醸成が急務であろう。

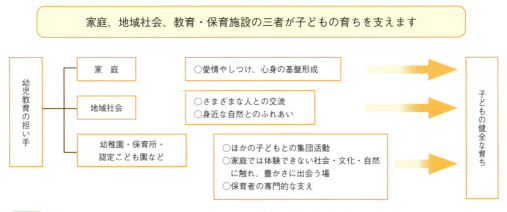

図7-2 「子どもを取り巻く環境の変化を踏まえた今後の幼児教育の在り方」について
出典：文部科学省、2005を改変

§2 「健康」と保育者の役割

1 「安定感」を育てる

おはよう　今日もいっぱい遊ぼうね

子どもは本来、健康的で生きる力に溢れている存在である。ところが現代社会の環境は子どもたちの心身の健康を増進するために適切かといえば、かならずしもそうではない。幼児期は心身の相関がきわめて高い。心も体も健康である状態をつくり、それを保持するにはどうしたらよいのだろうか。

第一に考えなければならないのは、乳幼児期には安定感をもって行動し、自分のやりたいことに取り組む経験を積み重ねることである。心の安定はすべての行動のもととなる。一人一人の子どもが保育者に受け止められていることを実感できるよう、信頼関係を築くことを大切にし、遊びや生活のなかで自己を発揮することで得られる充実感や自己肯定感を十分に味わわせたい。

また、子どもの心の安定は養育者の心身の安定と表裏一体である。養育者が子育ての不安を抱え、子どもと安定した関係を築けていないケースも多くなっている。心の安定がすべての子どもの育ちの基盤となることを養育者に伝えるとともに、子育ての不安や疑問を受け止め、子育ての喜びを味わえるように支援したい。

どうしたの？

先生と一緒に

2 適切な環境を整える

子どもを取り巻く環境が悪化したために体を動かす経験が不足し、子どもの心身にさまざまな変化が表れている。子どもが発達に必要な経験を積み重ね、健康で活発な日々を送ることができるよう、進んで体を動かして遊びたくなるような環境（空間の配置・物的環境等）を整える必要がある。

登り棒、恐る恐る　　　登り棒、スルスル

近藤は幼児期に獲得すべき運動技能は基本運動の技能と初期のスポーツ的・ゲーム的技能であるとした[3]。基本運動の技能とは大人に教えられてできるようになるものではなく、自ら取り組む遊びのなかで体を動かすことによって、自然に身につけていくものである。園庭などの空間が多様な動きを引き出す環境であれば、子どもは遊びながら自然に多様な動きを経験することになる。保育者は固定遊具の位置関係、ほかの遊びの動線との関係など、空間の特徴を押さえて多様な動作経験が保障できるように工夫しなければならない。体を動かす経験を重ねれば重ねるほど動きのぎこちなさがとれ、なめらかになってくる。運動の技能が高まれば遊びのイメージはより広がり、遊びへの意欲はさらに高まるという好循環を生むであろう。この循環について鬼ごっこを例に考えてみよう。

初期の鬼ごっこでは、保育者やある特定の友達とのつながりが遊びの契機になることが多い。ある特定の友達と一緒にいたいという気持ちが活動を動機づける。それがしだいに、友達にこだわらず、誰でも追いかけるようになると、「追う・逃げる」ことのおもしろさを味わいはじめるのである。5歳児になるとティーム意識も高まり、鬼遊びにおけるゲーム性が遊びの契機となる。「作戦」を考えたり、勝敗を喜んだりするようになる。保育者は一人一人の考えや、子どもが感じている遊びのおもしろさをよく見て捉え、それに応じて援助のポ

太鼓橋、恐る恐る

うんていの上でひと休み

第7章 ▶ 幼児教育の現代的課題と領域「健康」　　209

イントを見極めなければならない。そうすることによって、子どもはますます主体的に動きを楽しむようになるのである。

　環境を用意しておきさえすれば遊びが豊かに展開するわけではない。子どもがどこにおもしろさを感じているのかをよく見て援助の方向（環境を構成すること、モデルとなって動くこと、直接的な助言をすること）を見いだしていく。

3　豊かな遊びを育てる

　時代の変化によって保育者自身にも新たな課題が生じている。若い保育者においては、自分自身の遊び体験が少なくなっているために、子どもが感じるおもしろさに共感したり、その運動遊びそのものが潜在的に保有しているおもしろさを探りながら指導したりすることができにくくなっているのである。そのため「一方的な指導」になってしまう傾向が見られる。

　運動遊びの教材本は溢れるほど出版されている。それらを知識として溜め込みつつ、そのまま下ろして指導するのではなく、子どもが感じているおもしろさを読み取りながら保育者自身も遊びを楽しまなければ、子どもの活動への動機は高まらないだろう。

　たとえばクラスのまとまりが高まりつつある時期に、クラスの一体感をさらに高めるのに適した活動を取り入れる必要があるとしよう。子どもの興味関心の方向と合致した、そのような活動をあなたはどのくらいあげることができるか。いくつもあげることができれば、子どもの実態に応じて活動を選択して提示することができる。

　ある4歳児クラスの担任保育者は子どものなかから生まれた忍者ごっこの仲間になり、一緒に「修行」に加わりながら、子どもたちの動きを引き出した。子どもはイメージをふくらませることで、さまざまな動きを自ら試し楽しむ。子どもに多様な動きを経験させたいと思ったら、イメージ豊かな遊びが展開されるように遊びを育てていくことが大事である。

　クラス全体の活動は、未経験であったり未熟であったりする遊びのおもしろさを印象づけ、子どもの遊びの幅を広げるために有効である。クラス全体の活動で行った遊びがおもしろければ、子どもは自分たちで場所も時間も選択して行う、いわゆる好きな遊びの時間にそれを

順番に「忍者修行」をする

主体的に取り入れようとするだろう。クラス全員でなくともよい。意図的に一部の子どもたちにある活動を提示することは、遊びを豊かにしていくために大変有効である。

かつては、異年齢集団のなかで集団遊びは伝承されてきた。その伝承システムが崩壊してしまった現代、保育者が意図的計画的に提案していかないと、子どもたちのなかから集団遊びは自然発生しにくい。導入の方法や環境設定を熟考し、「おもしろかった」という経験を積み重ねたい。保育者は子どもの姿をよく見て、今、どのような経験が必要かを見極め、子どもと対話しながら活動を提案していかなければ、子どもの遊びは豊かになってはいかないし、体を動かすことを喜ぶ子どもを育てることはできないのである。

4 保育時間の長時間化にともなう課題

子育て支援施策のひとつとして、保育時間はますます長時間化する動きを見せている。保育時間が長くなれば子どもの心身の負担は大きくなることは当然である。幼稚園教育要領には「教育課程に基づく活動を考慮し、幼児期にふさわしい無理のないものとなるようにすること」とあり、長時間の保育が子どもの負担にならないように注意を促している。

とくに認定こども園では子どもの受ける保育時間が異なるためにさまざまな工夫が見られる。すべての子どもが共通に保育・教育を受ける時間帯、いわゆる「コアタイム」と、その前後の保育時間帯（早朝保育や預かり保育など）の過ごし方に変化をもたせているところが多く、後者の時間帯では家庭的な雰囲気とゆったりとした空気感が大切にされている。コアタイムの保育・教育の質を決して低下させないためにも、その前後の保育内容の特色を明確にする必要があるだろう。

子どもは、自分の体力や集中力を考慮して、一日の活動の配分を考えることができにくい。遊びや活動が楽しければ、熱中し、自分から進んで休息をとることができない。子どもの心身の負担を第一に考えて、幼児期にふさわしい生活とは何かをそれぞれの施設の特性を踏まえて考える必要があるだろう。

おはようございます

今日も楽しかったね

§3 生涯発達のなかで「健康」に関する学びを捉える

　「2012年世界保健統計」（WHO）によると、2008（平成20）年の世界の総死亡数は5,700万人で、そのうちの63％にあたる3,600万人が、脳卒中、癌、心疾患、糖尿病、高血圧症、動脈硬化などの生活習慣病が原因で死亡している。生活習慣病は中年から高齢者の間で急増しており、WHOは、生活習慣病による死亡数が2030年までに5,500万人にまで増加すると述べている。

　生活習慣病は、その多くが食生活の乱れや運動不足、睡眠不足などの不健全な生活習慣を原因としている。日本における生活習慣病予防への取り組みとしては、たとえば、健康増進法に基づいて策定された方針「健康日本21」などがあげられる。この方針のなかで、「生活習慣病を予防し、又はその発症時期を遅らせることができるよう、子どもの頃から健康な生活習慣づくりに取り組む」という基本的な方向が示されている。また、子どもの学習意欲や体力と基本的生活習慣の確立や生活リズムとの関連が指摘され、文部科学省が中心となり、2006年に「早寝早起き朝ごはん」全国協議会が設立された。社会全体として子どもの基本的生活習慣の確立や生活リズムの向上をめざし、専門家による講演や事例報告、全国フォーラムなどが開催されている。

　生活習慣病を予防するためには、バランスのとれた食生活、十分な睡眠、適切な運動量が必要である。しかし、これらは強制されてできるものではなく、その必要性を理解するとともに、体もその心地よさを知っていることで、そのような生活を創ることに主体的になれる。乳幼児期の食事を楽しむ経験が食に対しての興味につながり、食生活への関心に結びついていくだろうし、休息と活動という体にとって心地よい生活リズムを体験し、休息する方法を身につけることが、体に無理のない生活を創っていく力になるだろう。また、安全を理解しつついろいろな動きを楽しく体験することで、運動することに抵抗なく自分のできる動きを見つけていくことができるだろう。

このように、「健康」領域の内容は、生涯にわたる健康的な生活のための土台となっている。乳幼児期の今ここで身につけた力が、将来、心地よい生活を自発的に創ることに結びつく。乳児であっても、よく眠れたときは「たくさん眠れて気持ちよかったね」、機嫌よく食べられたときは、「おいしくおなかいっぱい食べられたね」と保育者が言葉をかけていくことで、身体の感覚と言葉がかみ合い、そうした状況を将来再現していく。生活のなかのさまざまな活動を、流れ作業のように「こなす」ことに終始するのではなく、将来の子どもたちの姿を想像しつつ、今取り組むべきことを考えてほしい。とくに現在では、貧困層と非貧困層の間において、未就学児に健康格差が存在することが報告されている[4]。この報告では、健康格差とは、主観的健康感、入院の有無とぜんそくでの通院の有無を用いて調べている。

　現在は、就学前児のほとんどが保育所や幼稚園、認定こども園などに通っている。子どもたちがこれからの長い人生を主体的かつ健康に生きていけるようにするために、保育者の支援が欠かせない時代だといえるだろう。

―――― この章で学んだこと ――――

●生涯にわたる安全で健康な生活を送る基礎は乳幼児期に形成される。園は、子どもが生活リズムを身につけていけるように、家庭と密に連携をとる必要がある。

●保育者は、子どもが充実した生活や遊びのなかで健康に必要な習慣や態度を身につけていくことを踏まえ、適切な環境を整えて適時的な援助をする必要がある。

●子どもの心と体の健康を支えていくためには、生涯発達の視点をもって支援することも重要である。

引用文献

第2章

1) 厚生労働省「平成22年乳幼児身体発育調査報告書」、2011
2) シュトラッツ『子供のからだ』創元社、1952、p.60
3) 前掲1)
4) 『発達と保育』教育図書、2006、p.35
5) 秋葉英則・白石恵理子・杉山隆一監修／大阪保育研究所編『0歳児』『1歳児』『2歳児』『3歳児』『4歳児』『5歳児』(シリーズ「子どもと保育」改訂版)、かもがわ出版、2011
文部科学省幼児期運動指針策定委員会「幼児期運動指針」、2012
6) 前掲4)、p.36
7) 前掲5)
8) 遠藤利彦「アタッチメント」子安増生・二宮克美編『発達心理学』新曜社、2004、pp.92-95
9) 文部科学省「日本の子供たちの自己肯定感が低い現状について」(第38回教育再生実行会議〔平成28年10月28日〕の参考資料2)、2016
10) 東京都教職員研修センター「自尊感情や自己肯定感に関する研究—幼児・児童・生徒の自尊感情や自己肯定感を高める指導の在り方」、2008
11) 同上、p.24
12) 厚生労働省「平成28年度 児童相談所での児童虐待相談対応件数(速報値)」、2017
13) 厚生労働省「虐待を受けた子どもの年齢構成の推移(児童相談所)」、2017
14) 神奈川県「子どもと親をはぐくむために〈保育現場ですぐに活用できる「児童虐待防止ハンドブック」〉」、2011
15) 前掲5)
16) 厚生労働省「保育所におけるアレルギー対応ガイドライン」、2011
17) 大川匡子「子どもの睡眠と脳の発達—睡眠不足と夜型社会の影響」『学術の動向』第15巻第4号、2010、pp.34-39
18) 大熊輝雄『睡眠の臨床』医学書院、1977、p.12
19) 福田一彦「保育園の先生方とすすめてきた眠りの調査や実践について」、2009
20) 内閣府「「教育・保育施設等における事故報告集計」の公表及び事故防止対策について」、2017
21) 山中龍宏「子どもの発達と起こりやすい事故」国民生活センター『ウェブ版 消費者問題をよむ・しる・かんがえる国民生活』、2012、p.3
22) 東京消防庁「STOP!子どもの「窒息・誤飲」」、2015
23) 京都市子ども保健医療相談・事故防止センター「京あんしんこども館」ウェブサイト
24) 東京都福祉保健局「東京都版チャイルドビジョン」
25) 内田樹『疲れすぎて眠れぬ夜のために』角川書店、2003

第3章

1) ベネッセ教育総合研究所「第5回幼児の生活アンケートレポート」、2016
2) 中央教育審議会「子どもの体力向上のための総合的な方策について(答申)」、2002
3) 森司朗・杉原隆・吉田伊津美・筒井清次郎・鈴木康弘・中本浩揮・近藤充夫「2008年の全国調査からみた幼児の運動能力」『体育の科学』第60巻第1号、2010、pp.56-66
4) 海野孝「幼児の運動能力検査に関する研究」『東京女子体育大学紀要』第8号、1973、pp.23-32
5) 東京都教職員研修センター「東京都公立幼稚園5歳児の運動能力に関する調査研究(その9)」『平成16

　　　　年度東京都教職員研修センター紀要第 4 号』、2005、pp.151-174
 6 ）宮丸凱史「投げの動作の発達」『体育の科学』第33巻第 7 号、1980、pp.464-471
 7 ）ガラヒュー、D. L.／杉原隆（監訳）『幼少年期の体育—発達的視点からのアプローチ』1999、大修館書店
 8 ）近藤充夫「子どもの生活と身体活動」近藤充夫（編著）『保育内容 健康（第 2 版）』建帛社、1999
 9 ）杉原隆・吉田伊津美・森司朗・筒井清次郎・鈴木康弘・中本浩揮・近藤充夫「幼児の運動能力と運動指導ならびに性格との関係」『体育の科学』第60巻第 5 号、2010、pp.341-347
10）同上、pp.342-343
11）同上、pp.343-345
12）森司朗・杉原隆・吉田伊津美・近藤充夫「園環境が幼児の運動能力発達に与える影響」『体育の科学』第54巻第 4 号、2004、pp.329-336
13）森司朗・杉原隆・吉田伊津美・筒井清次郎・鈴木康弘・中本浩揮『幼児の運動能力における時代推移と発達促進のための実践的介入』平成20〜22年度文部科学省科学研究費補助金（基盤研究B）研究成果報告書、2011
14）同上、p.28
15）同上、p.25
16）前掲 1 ）
17）谷田貝公昭・高橋弥生「幼児の生活リズムの変化から見えてくること—基本的生活習慣を中心として」『教育と医学』第56巻第 8 号、2008、pp.33-40
18）厚生労働省雇用均等・児童家庭局母子保健課「乳幼児栄養調査」、2016
19）前掲 1 ）
20）杉原隆・河邉貴子編著『幼児期における運動発達と運動遊びの指導—遊びのなかで子どもは育つ』ミネルヴァ書房、2014
21）前掲 9 ）
22）Martin, E. H., Rudisill, M. E. & Hastie, P. A., "Motivational climate and fundamental motor skill performance in a naturalistic physical education setting," *Physical Education and Sport Pedagogy*, 14（ 3 ）, 2009, 227-240.
23）Reunamo, J., Saros, L. & Ruismäki, H., "The amount of physical activity in finnish day care," *Procedia-Social and Behavioral Sciences*, 45, 2012, 501-506.
24）前掲 9 ）
25）Deci, E. L., *Intrinsic motivation*, Plenum Press, 1975. （デシ、E. L.／安藤延男・石田梅男（訳）『内発的動機づけ—実験社会心理学的アプローチ』誠信書房、1980）
　　Harter, S. C., "The relationship between perceived competence, affect, and motivational orientation within the classroom: Processes and patterns of change," In Boggiano, A. K. & Pittman, T. S. (Eds.) *Achievement and motivation: A social-developmental perspective*, Cambridge University Press, 1992, pp.77-114.
26）Brown, W. H., Googe, H. S., Mciver, K. L. & Rathel, J. M., "Effects of teacher-encouraged physical activity on preschool playgrounds," *Journal of Early Intervention*, 31, 2012, 126-145.
27）文部科学省幼児期運動指針策定委員会「幼児期運動指針」、2012
28）吉田伊津美「安全の指導」河邉貴子（編著）『演習 保育内容健康』建帛社、2008、p.35
29）文部科学省「新体力テスト実施要項（65歳〜79歳対象）」
30）スポーツ庁「幼児期の運動に関する指導参考資料［ガイドブック］第 2 集」、2016

第4章

1）「心が動く 体が動く」『東京学芸大学附属幼稚園 平成15・16年度研究紀要』「8節 教育課程と保育資料の具体的展開2．4歳児学年」pp.79-92より一部抜粋、2004
2）同上
3）「心が動く 体が動く―多様な連携を通して」『東京学芸大学附属幼稚園 平成17年度研究紀要』「連携活動事例6　道具を使って木工製作に挑戦！」pp.71-80より一部抜粋、2005

第6章

1）母子愛育会日本子ども家庭総合研究所編『日本子ども資料年鑑2015』KTC中央出版、2015
2）日本スポーツ振興センター「学校の管理下の災害 平成29年版」、2017
3）厚生労働省「保育施設における事故報告集計」、2012-2015
　内閣府「「教育・保育施設等における事故報告集計」の公表及び事故防止対策について」、2016-2017
4）田中哲郎『保育園における事故防止と安全管理』日本小児医事出版社、2011
　山中龍宏・寺町東子・栗並えみ・掛札逸美『保育現場の「深刻事故」対応ハンドブック』ぎょうせい、2014などを参照
5）厚生労働省「平成28年版 人口動態統計」、2017

第7章

1）ベネッセ教育総合研究所「第5回幼児の生活アンケートレポート」、2016
2）同上
3）近藤充夫『幼児の運動と心の育ち』世界文化社、1994
4）阿部 彩「子どもの健康格差は存在するか―厚労省21世紀出生児パネル調査を使った分析」国立社会保障・人口問題研究所、2011

学生に紹介したい ≫ **参 考 文 献**

OECD保育白書

OECD編著 ● 明石書店 ● 2011

グラフなどを参照しながら、OECD諸国の保育や幼児教育の状況について概観できる。目の前の子どもたちの様子と、さまざまな社会的・経済的要因とを関連づけて考えるために活用してほしい。

幼児のこころと運動

近藤充夫 ● 教育出版 ● 1995

幼児の心と体の動きを大切にした「運動」の指導のあり方について、幼児の実際の姿に結び付けながら示している。保育実践における幼児期の運動の意味を理解するために役立つ一冊である。

幼児期における運動発達と運動遊びの指導

杉原隆・河邉貴子編著 ● ミネルヴァ書房 ● 2014

幼児期の運動発達についての最新研究に基づき、心身共に健全でたくましい子どもを育てるための運動指導の考え方や具体的な指導の方法が述べられている。理論と指導実践の関係を学ぶことができる。

子どもの遊び・運動・スポーツ

浅見俊雄・福永哲夫編著 ● 市村出版 ● 2015

子どもの遊び・運動・スポーツについての問題点を提起し、その解決のために、発育・発達や心の発達、障害などの視点から望ましい指導の方向性についてまとめている。子どもの運動のもつ意義について参考になる。

すごい！ふしぎ！おもしろい！子どもと楽しむ自然体験活動

日本ネイチャーゲーム協会監修 ● 光生館 ● 2013

子どもが自然と関わって遊ぶ楽しさを知ることは、戸外での活動にいざなうことにもつながる。ネイチャーゲームを教材として保育に活用するなど、戸外で体を動かして遊べる工夫を事例から学ぶことができる。

子どもの遊び場のリスクマネジメント

松野敬子 ● ミネルヴァ書房 ● 2015

データに基づいた子どもの事故の概要や事故防止の課題と共に、遊び場や遊具管理のあり方について述べられている。子どもが遊びを通してのびのびと体を動かす環境の構成をしていくにあたって、参考にしたい。

0～6歳 わかりやすい子どもの発達と保育のコツ

西坂小百合監修 ● ナツメ社 ● 2016

0～6歳の発達の特徴と各時期に応じた援助が、運動機能、言語・認識、人との関わり・社会性、遊び、表現、排泄、食事、睡眠、着脱・清潔の9つの側面別に、イラスト入りでまとめられている。

乳幼児の事故予防

掛札逸美 ● ぎょうせい ● 2012

子どもの成長発達の過程では、けがは必然的に起こるものだが、それが深刻な事態を招かないためにどうしたらよいか。事故予防の視点から、園環境、保育者の行動、保護者との連携などについて具体的に提言されている。

幼稚園教育要領（全文）　保育所保育指針（抄録）

幼稚園教育要領
[文部科学省　平成29年3月告示　平成30年4月施行]

幼稚園教育要領（前文）

　教育は、教育基本法第1条に定めるとおり、人格の完成を目指し、平和で民主的な国家及び社会の形成者として必要な資質を備えた心身ともに健康な国民の育成を期すという目的のもと、同法第2条に掲げる次の目標を達成するよう行われなければならない。

1. 幅広い知識と教養を身に付け、真理を求める態度を養い、豊かな情操と道徳心を培うとともに、健やかな身体を養うこと。
2. 個人の価値を尊重して、その能力を伸ばし、創造性を培い、自主及び自律の精神を養うとともに、職業及び生活との関連を重視し、勤労を重んずる態度を養うこと。
3. 正義と責任、男女の平等、自他の敬愛と協力を重んずるとともに、公共の精神に基づき、主体的に社会の形成に参画し、その発展に寄与する態度を養うこと。
4. 生命を尊び、自然を大切にし、環境の保全に寄与する態度を養うこと。
5. 伝統と文化を尊重し、それらをはぐくんできた我が国と郷土を愛するとともに、他国を尊重し、国際社会の平和と発展に寄与する態度を養うこと。

　また、幼児期の教育については、同法第11条に掲げるとおり、生涯にわたる人格形成の基礎を培う重要なものであることにかんがみ、国及び地方公共団体は、幼児の健やかな成長に資する良好な環境の整備その他適当な方法によって、その振興に努めなければならないこととされている。

　これからの幼稚園には、学校教育の始まりとして、こうした教育の目的及び目標の達成を目指しつつ、一人一人の幼児が、将来、自分のよさや可能性を認識するとともに、あらゆる他者を価値のある存在として尊重し、多様な人々と協働しながら様々な社会的変化を乗り越え、豊かな人生を切り拓き、持続可能な社会の創り手となることができるようにするための基礎を培うことが求められる。このために必要な教育の在り方を具体化するのが、各幼稚園において教育の内容等を組織的かつ計画的に組み立てた教育課程である。

　教育課程を通して、これからの時代に求められる教育を実現していくためには、よりよい学校教育を通してよりよい社会を創るという理念を学校と社会とが共有し、それぞれの幼稚園において、幼児期にふさわしい生活をどのように展開し、どのような資質・能力を育むようにするのかを教育課程において明確にしながら、社会との連携及び協働によりその実現を図っていくという、社会に開かれた教育課程の実現が重要となる。

　幼稚園教育要領とは、こうした理念の実現に向けて必要となる教育課程の基準を大綱的に定めるものである。幼稚園教育要領が果たす役割の一つは、公の性質を有する幼稚園における教育水準を全国的に確保することである。また、各幼稚園がその特色を生かして創意工夫を重ね、長年にわたり積み重ねられてきた教育実践や学術研究の蓄積を生かしながら、幼児や地域の現状や課題を捉え、家庭や地域社会と協力して、幼稚園教育要領を踏まえた教育活動の更なる充実を図っていくことも重要である。

　幼児の自発的な活動としての遊びを生み出すために必要な環境を整え、一人一人の資質・能力を育んでいくことは、教職員をはじめとする幼稚園関係者はもとより、家庭や地域の人々も含め、様々な立場から幼児や幼稚園に関わる全ての大人に期待される役割である。家庭との緊密な連携の下、小学校以降の教育や生涯にわたる学習とのつながりを見通しながら、幼児の自発的な活動としての遊びを通しての総合的な指導をする際に広く活用されるものとなることを期待して、ここに幼稚園教育要領を定める。

第1章　総則

第1　幼稚園教育の基本

　幼児期の教育は、生涯にわたる人格形成の基礎を培う重要なものであり、幼稚園教育は、学校教育法に規定する目的及び目標を達成するため、幼児期の特性を踏まえ、環境を通して行うものであることを基本とする。

　このため教師は、幼児との信頼関係を十分に築き、幼児が身近な環境に主体的に関わり、環境との関わり方や意味に気付き、これらを取り込もうとして、試行錯誤したり、考えたりするようになる幼児期の教育における見方・考え方を生かし、幼児と共によりよい教育環境を創造するように努めるものとする。これらを踏まえ、次に示す事項を重視して教育を行わなければならない。

1 幼児は安定した情緒の下で自己を十分に発揮することにより発達に必要な体験を得ていくものであることを考慮して、幼児の主体的な活動を促し、幼児期にふさわしい生活が展開されるようにすること。
2 幼児の自発的な活動としての遊びは、心身の調和のとれた発達の基礎を培う重要な学習であることを考慮して、遊びを通しての指導を中心として第2章に示すねらいが総合的に達成されるようにすること。
3 幼児の発達は、心身の諸側面が相互に関連し合い、多様な経過をたどって成し遂げられていくものであること、また、幼児の生活経験がそれぞれ異なることなどを考慮して、幼児一人一人の特性に応じ、発達の課題に即した指導を行うようにすること。

その際、教師は、幼児の主体的な活動が確保されるよう幼児一人一人の行動の理解と予想に基づき、計画的に環境を構成しなければならない。この場合において、教師は、幼児と人やものとの関わりが重要であることを踏まえ、教材を工夫し、物的・空間的環境を構成しなければならない。また、幼児一人一人の活動の場面に応じて、様々な役割を果たし、その活動を豊かにしなければならない。

第2 幼稚園教育において育みたい資質・能力及び「幼児期の終わりまでに育ってほしい姿」
1 幼稚園においては、生きる力の基礎を育むため、この章の第1に示す幼稚園教育の基本を踏まえ、次に掲げる資質・能力を一体的に育むよう努めるものとする。
 (1) 豊かな体験を通じて、感じたり、気付いたり、分かったり、できるようになったりする「知識及び技能の基礎」
 (2) 気付いたことや、できるようになったことなどを使い、考えたり、試したり、工夫したり、表現したりする「思考力、判断力、表現力等の基礎」
 (3) 心情、意欲、態度が育つ中で、よりよい生活を営もうとする「学びに向かう力、人間性等」
2 1に示す資質・能力は、第2章に示すねらい及び内容に基づく活動全体によって育むものである。
3 次に示す「幼児期の終わりまでに育ってほしい姿」は、第2章に示すねらい及び内容に基づく活動全体を通して資質・能力が育まれている幼児の幼稚園修了時の具体的な姿であり、教師が指導を行う際に考慮するものである。
 (1) 健康な心と体
  幼稚園生活の中で、充実感をもって自分のやりたいことに向かって心と体を十分に働かせ、見通しをもって行動し、自ら健康で安全な生活をつくり出すようになる。
 (2) 自立心
  身近な環境に主体的に関わり様々な活動を楽しむ中で、しなければならないことを自覚し、自分の力で行うために考えたり、工夫したりしながら、諦めずにやり遂げることで達成感を味わい、自信をもって行動するようになる。
 (3) 協同性
  友達と関わる中で、互いの思いや考えなどを共有し、共通の目的の実現に向けて、考えたり、工夫したり、協力したりし、充実感をもってやり遂げるようになる。
 (4) 道徳性・規範意識の芽生え
  友達と様々な体験を重ねる中で、してよいことや悪いことが分かり、自分の行動を振り返ったり、友達の気持ちに共感したりし、相手の立場に立って行動するようになる。また、きまりを守る必要性が分かり、自分の気持ちを調整し、友達と折り合いを付けながら、きまりをつくったり、守ったりするようになる。
 (5) 社会生活との関わり
  家族を大切にしようとする気持ちをもつとともに、地域の身近な人と触れ合う中で、人との様々な関わり方に気付き、相手の気持ちを考えて関わり、自分が役に立つ喜びを感じ、地域に親しみをもつようになる。また、幼稚園内外の様々な環境に関わる中で、遊びや生活に必要な情報を取り入れ、情報に基づき判断したり、情報を伝え合ったり、活用したりするなど、情報を役立てながら活動するようになるとともに、公共の施設を大切に利用するなどして、社会とのつながりなどを意識するようになる。
 (6) 思考力の芽生え
  身近な事象に積極的に関わる中で、物の性質や仕組みなどを感じ取ったり、気付いたりし、考えたり、予想したり、工夫したりするなど、多様な関わりを楽しむようになる。また、友達の様々な考えに触れる中で、自分と異なる考えがあることに気付き、自ら判断したり、考え直したりするなど、新しい考えを生み出す喜びを味わいながら、自分の考えをよりよいものにするようになる。
 (7) 自然との関わり・生命尊重
  自然に触れて感動する体験を通して、自然の変化などを感じ取り、好奇心や探究心をもって考え言葉などで表現しながら、身近な事象への関心が高まるとともに、自然への愛情や畏敬の念をもつようになる。また、身近な動植物に心を動かされる中で、生命の不思議さや尊さに気付き、身近な動植物への接し方を考え、命あるものとしていたわり、大切にする気持ちをもって関わるようになる。
 (8) 数量や図形、標識や文字などへの関心・感覚
  遊びや生活の中で、数量や図形、標識や文字などに親しむ体験を重ねたり、標識や文字の役割に気付いたりし、自らの必要感に基づきこれらを活用し、興味や関心、感覚をもつようになる。
 (9) 言葉による伝え合い
  先生や友達と心を通わせる中で、絵本や物語などに親しみながら、豊かな言葉や表現を身に付け、経験したことや考えたことなどを言葉で伝えたり、相手の話を注意して聞いたりし、言葉による伝え合いを楽しむようになる。

⑽　豊かな感性と表現

　　心を動かす出来事などに触れ感性を働かせる中で、様々な素材の特徴や表現の仕方などに気付き、感じたことや考えたことを自分で表現したり、友達同士で表現する過程を楽しんだりし、表現する喜びを味わい、意欲をもつようになる。

第３　教育課程の役割と編成等
　１　教育課程の役割
　　　各幼稚園においては、教育基本法及び学校教育法その他の法令並びにこの幼稚園教育要領の示すところに従い、創意工夫を生かし、幼児の心身の発達と幼稚園及び地域の実態に即応した適切な教育課程を編成するものとする。
　　　また、各幼稚園においては、６に示す全体的な計画にも留意しながら、「幼児期の終わりまでに育ってほしい姿」を踏まえ教育課程を編成すること、教育課程の実施状況を評価してその改善を図っていくこと、教育課程の実施に必要な人的又は物的な体制を確保するとともにその改善を図っていくことなどを通して、教育課程に基づき組織的かつ計画的に各幼稚園の教育活動の質の向上を図っていくこと（以下「カリキュラム・マネジメント」という。）に努めるものとする。
　２　各幼稚園の教育目標と教育課程の編成
　　　教育課程の編成に当たっては、幼稚園教育において育みたい資質・能力を踏まえつつ、各幼稚園の教育目標を明確にするとともに、教育課程の編成についての基本的な方針が家庭や地域とも共有されるよう努めるものとする。
　３　教育課程の編成上の基本的事項
　　⑴　幼稚園生活の全体を通して第２章に示すねらいが総合的に達成されるよう、教育課程に係る教育期間や幼児の生活経験や発達の過程などを考慮して具体的なねらいと内容を組織するものとする。この場合においては、特に、自我が芽生え、他者の存在を意識し、自己を抑制しようとする気持ちが生まれる幼児期の発達の特性を踏まえ、入園から修了に至るまでの長期的な視野をもって充実した生活が展開できるように配慮するものとする。
　　⑵　幼稚園の毎学年の教育課程に係る教育週数は、特別の事情のある場合を除き、39週を下ってはならない。
　　⑶　幼稚園の１日の教育課程に係る教育時間は、４時間を標準とする。ただし、幼児の心身の発達の程度や季節などに適切に配慮するものとする。
　４　教育課程の編成上の留意事項
　　　教育課程の編成に当たっては、次の事項に留意するものとする。
　　⑴　幼児の生活は、入園当初の一人一人の遊びや教師との触れ合いを通して幼稚園生活に親しみ、安定していく時期から、他の幼児との関わりの中で幼児の主体的な活動が深まり、幼児が互いに必要な存在であることを認識するようになり、やがて幼児同士や学級全体で目的をもって協同して幼稚園生活を展開し、深めていく時期などに至るまでの過程を様々に経ながら広げられていくものであることを考慮し、活動がそれぞれの時期にふさわしく展開されるようにすること。
　　⑵　入園当初、特に、３歳児の入園については、家庭との連携を緊密にし、生活のリズムや安全面に十分配慮すること。また、満３歳児については、学年の途中から入園することを考慮し、幼児が安心して幼稚園生活を過ごすことができるよう配慮すること。
　　⑶　幼稚園生活が幼児にとって安全なものとなるよう、教職員による協力体制の下、幼児の主体的な活動を大切にしつつ、園庭や園舎などの環境の配慮や指導の工夫を行うこと。
　５　小学校教育との接続に当たっての留意事項
　　⑴　幼稚園においては、幼稚園教育が、小学校以降の生活や学習の基盤の育成につながることに配慮し、幼児期にふさわしい生活を通して、創造的な思考や主体的な生活態度などの基礎を培うようにするものとする。
　　⑵　幼稚園教育において育まれた資質・能力を踏まえ、小学校教育が円滑に行われるよう、小学校の教師との意見交換や合同の研究の機会などを設け、「幼児期の終わりまでに育ってほしい姿」を共有するなど連携を図り、幼稚園教育と小学校教育との円滑な接続を図るよう努めるものとする。
　６　全体的な計画の作成
　　　各幼稚園においては、教育課程を中心に、第３章に示す教育課程に係る教育時間の終了後等に行う教育活動の計画、学校保健計画、学校安全計画などとを関連させ、一体的に教育活動が展開されるよう全体的な計画を作成するものとする。

第４　指導計画の作成と幼児理解に基づいた評価
　１　指導計画の考え方
　　　幼稚園教育は、幼児が自ら意欲をもって環境と関わることによりつくり出される具体的な活動を通して、その目標の達成を図るものである。
　　　幼稚園においてはこのことを踏まえ、幼児期にふさわしい生活が展開され、適切な指導が行われるよう、それぞれの幼稚園の教育課程に基づき、調和のとれた組織的、発展的な指導計画を作成し、幼児の活動に沿った柔軟な指導を行わなければならない。
　２　指導計画の作成上の基本的事項
　　⑴　指導計画は、幼児の発達に即して一人一人の幼児が幼児期にふさわしい生活を展開し、必要な体験を得られるようにするために、具体的に作成するものとする。
　　⑵　指導計画の作成に当たっては、次に示すところにより、具体的なねらい及び内容を明確に設定し、適切な

環境を構成することなどにより活動が選択・展開されるようにするものとする。
  ア 具体的なねらい及び内容は、幼稚園生活における幼児の発達の過程を見通し、幼児の生活の連続性、季節の変化などを考慮して、幼児の興味や関心、発達の実情などに応じて設定すること。
  イ 環境は、具体的なねらいを達成するために適切なものとなるように構成し、幼児が自らその環境に関わることにより様々な活動を展開しつつ必要な体験を得られるようにすること。その際、幼児の生活する姿や発想を大切にし、常にその環境が適切なものとなるようにすること。
  ウ 幼児の行う具体的な活動は、生活の流れの中で様々に変化するものであることに留意し、幼児が望ましい方向に向かって自ら活動を展開していくことができるよう必要な援助をすること。

  その際、幼児の実態及び幼児を取り巻く状況の変化などに即して指導の過程についての評価を適切に行い、常に指導計画の改善を図るものとする。
 3 指導計画の作成上の留意事項
  指導計画の作成に当たっては、次の事項に留意するものとする。
 (1) 長期的に発達を見通した年、学期、月などにわたる長期の指導計画やこれとの関連を保ちながらより具体的な幼児の生活に即した週、日などの短期の指導計画を作成し、適切な指導が行われるようにすること。特に、週、日などの短期の指導計画については、幼児の生活のリズムに配慮し、幼児の意識や興味の連続性のある活動が相互に関連して幼稚園生活の自然な流れの中に組み込まれるようにすること。
 (2) 幼児が様々な人やものとの関わりを通して、多様な体験をし、心身の調和のとれた発達を促すようにしていくこと。その際、幼児の発達に即して主体的・対話的で深い学びが実現するようにするとともに、心を動かされる体験が次の活動を生み出すことを考慮し、一つ一つの体験が相互に結び付き、幼稚園生活が充実するようにすること。
 (3) 言語に関する能力の発達と思考力等の発達が関連していることを踏まえ、幼稚園生活全体を通して、幼児の発達を踏まえた言語環境を整え、言語活動の充実を図ること。
 (4) 幼児が次の活動への期待や意欲をもつことができるよう、幼児の実態を踏まえながら、教師や他の幼児と共に遊びや生活の中で見通しをもったり、振り返ったりするよう工夫すること。
 (5) 行事の指導に当たっては、幼稚園生活の自然の流れの中で生活に変化や潤いを与え、幼児が主体的に楽しく活動できるようにすること。なお、それぞれの行事についてはその教育的価値を十分検討し、適切なものを精選し、幼児の負担にならないようにすること。
 (6) 幼児期は直接的な体験が重要であることを踏まえ、視聴覚教材やコンピュータなど情報機器を活用する際には、幼稚園生活では得難い体験を補完するなど、幼児の体験との関連を考慮すること。
 (7) 幼児の主体的な活動を促すためには、教師が多様な関わりをもつことが重要であることを踏まえ、教師は、理解者、共同作業者など様々な役割を果たし、幼児の発達に必要な豊かな体験が得られるよう、活動の場面に応じて、適切な指導を行うようにすること。
 (8) 幼児の行う活動は、個人、グループ、学級全体などで多様に展開されるものであることを踏まえ、幼稚園全体の教師による協力体制を作りながら、一人一人の幼児が興味や欲求を十分に満足させるよう適切な援助を行うようにすること。
 4 幼児理解に基づいた評価の実施
  幼児一人一人の発達の理解に基づいた評価の実施に当たっては、次の事項に配慮するものとする。
 (1) 指導の過程を振り返りながら幼児の理解を進め、幼児一人一人のよさや可能性などを把握し、指導の改善に生かすようにすること。その際、他の幼児との比較や一定の基準に対する達成度についての評定によって捉えるものではないことに留意すること。
 (2) 評価の妥当性や信頼性が高められるよう創意工夫を行い、組織的かつ計画的な取組を推進するとともに、次年度又は小学校等にその内容が適切に引き継がれるようにすること。

第5 特別な配慮を必要とする幼児への指導
 1 障害のある幼児などへの指導
  障害のある幼児などへの指導に当たっては、集団の中で生活することを通して全体的な発達を促していくことに配慮し、特別支援学校などの助言又は援助を活用しつつ、個々の幼児の障害の状態などに応じた指導内容や指導方法の工夫を組織的かつ計画的に行うものとする。また、家庭、地域及び医療や福祉、保健等の業務を行う関係機関との連携を図り、長期的な視点で幼児への教育的支援を行うために、個別の教育支援計画を作成し活用することに努めるとともに，個々の幼児の実態を的確に把握し、個別の指導計画を作成し活用することに努めるものとする。
 2 海外から帰国した幼児や生活に必要な日本語の習得に困難のある幼児の幼稚園生活への適応
  海外から帰国した幼児や生活に必要な日本語の習得に困難のある幼児については、安心して自己を発揮できるよう配慮するなど個々の幼児の実態に応じ、指導内容や指導方法の工夫を組織的かつ計画的に行うものとする。

第6　幼稚園運営上の留意事項
　1　各幼稚園においては、園長の方針の下に、園務分掌に基づき教職員が適切に役割を分担しつつ、相互に連携しながら、教育課程や指導の改善を図るものとする。また、各幼稚園が行う学校評価については、教育課程の編成、実施、改善が教育活動や幼稚園運営の中核となることを踏まえ、カリキュラム・マネジメントと関連付けながら実施するよう留意するものとする。
　2　幼児の生活は、家庭を基盤として地域社会を通じて次第に広がりをもつものであることに留意し、家庭との連携を十分に図るなど、幼稚園における生活が家庭や地域社会と連続性を保ちつつ展開されるようにするものとする。その際、地域の自然、高齢者や異年齢の子供などを含む人材、行事や公共施設などの地域の資源を積極的に活用し、幼児が豊かな生活体験を得られるように工夫するものとする。また、家庭との連携に当たっては、保護者との情報交換の機会を設けたり、保護者と幼児との活動の機会を設けたりなどすることを通じて、保護者の幼児期の教育に関する理解が深まるよう配慮するものとする。
　3　地域や幼稚園の実態等により、幼稚園間に加え、保育所、幼保連携型認定こども園、小学校、中学校、高等学校及び特別支援学校などとの間の連携や交流を図るものとする。特に、幼稚園教育と小学校教育の円滑な接続のため、幼稚園の幼児と小学校の児童との交流の機会を積極的に設けるようにするものとする。また、障害のある幼児児童生徒との交流及び共同学習の機会を設け、共に尊重し合いながら協働して生活していく態度を育むよう努めるものとする。

第7　教育課程に係る教育時間終了後等に行う教育活動など
　幼稚園は、第3章に示す教育課程に係る教育時間の終了後等に行う教育活動について、学校教育法に規定する目的及び目標並びにこの章の第1に示す幼稚園教育の基本を踏まえ実施するものとする。また、幼稚園の目的の達成に資するため、幼児の生活全体が豊かなものとなるよう家庭や地域における幼児期の教育の支援に努めるものとする。

第2章　ねらい及び内容

　この章に示すねらいは、幼稚園教育において育みたい資質・能力を幼児の生活する姿から捉えたものであり、内容は、ねらいを達成するために指導する事項である。各領域は、これらを幼児の発達の側面から、心身の健康に関する領域「健康」、人との関わりに関する領域「人間関係」、身近な環境との関わりに関する領域「環境」、言葉の獲得に関する領域「言葉」及び感性と表現に関する領域「表現」としてまとめ、示したものである。内容の取扱いは、幼児の発達を踏まえた指導を行うに当たって留意すべき事項である。
　各領域に示すねらいは、幼稚園における生活の全体を通じ、幼児が様々な体験を積み重ねる中で相互に関連をもちながら次第に達成に向かうものであること、内容は、幼児が環境に関わって展開する具体的な活動を通して総合的に指導されるものであることに留意しなければならない。
　また、「幼児期の終わりまでに育ってほしい姿」が、ねらい及び内容に基づく活動全体を通して資質・能力が育まれている幼児の幼稚園修了時の具体的な姿であることを踏まえ、指導を行う際に考慮するものとする。
　なお、特に必要な場合には、各領域に示すねらいの趣旨に基づいて適切な、具体的な内容を工夫し、それを加えても差し支えないが、その場合には、それが第1章の第1に示す幼稚園教育の基本を逸脱しないよう慎重に配慮する必要がある。

健康
〔健康な心と体を育て、自ら健康で安全な生活をつくり出す力を養う。〕
　1　ねらい
　(1)　明るく伸び伸びと行動し、充実感を味わう。
　(2)　自分の体を十分に動かし、進んで運動しようとする。
　(3)　健康、安全な生活に必要な習慣や態度を身に付け、見通しをもって行動する。
　2　内容
　(1)　先生や友達と触れ合い、安定感をもって行動する。
　(2)　いろいろな遊びの中で十分に体を動かす。
　(3)　進んで戸外で遊ぶ。
　(4)　様々な活動に親しみ、楽しんで取り組む。
　(5)　先生や友達と食べることを楽しみ、食べ物への興味や関心をもつ。
　(6)　健康な生活のリズムを身に付ける。
　(7)　身の回りを清潔にし、衣服の着脱、食事、排泄などの生活に必要な活動を自分でする。
　(8)　幼稚園における生活の仕方を知り、自分たちで生活の場を整えながら見通しをもって行動する。
　(9)　自分の健康に関心をもち、病気の予防などに必要な活動を進んで行う。
　(10)　危険な場所、危険な遊び方、災害時などの行動の仕方が分かり、安全に気を付けて行動する。
　3　内容の取扱い
　上記の取扱いに当たっては、次の事項に留意する必要がある。
　(1)　心と体の健康は、相互に密接な関連があるものであることを踏まえ、幼児が教師や他の幼児との温かい触れ合いの中で自己の存在感や充実感を味わうことなどを基盤として、しなやかな心と体の発達を促すこと。特に、十分に体を動かす気持ちよさを体験し、自ら体を動かそうとする意欲が育つようにすること。
　(2)　様々な遊びの中で、幼児が興味や関心、能力に応じて全身を使って活動することにより、体を動かす楽しさを味わい、自分の体を大切にしようとする気持ちが

育つようにすること。その際、多様な動きを経験する中で、体の動きを調整するようにすること。
(3) 自然の中で伸び伸びと体を動かして遊ぶことにより、体の諸機能の発達が促されることに留意し、幼児の興味や関心が戸外にも向くようにすること。その際、幼児の動線に配慮した園庭や遊具の配置などを工夫すること。
(4) 健康な心と体を育てるためには食育を通じた望ましい食習慣の形成が大切であることを踏まえ、幼児の食生活の実情に配慮し、和やかな雰囲気の中で教師や他の幼児と食べる喜びや楽しさを味わったり、様々な食べ物への興味や関心をもったりするなどし、食の大切さに気付き、進んで食べようとする気持ちが育つようにすること。
(5) 基本的な生活習慣の形成に当たっては、家庭での生活経験に配慮し、幼児の自立心を育て、幼児が他の幼児と関わりながら主体的な活動を展開する中で、生活に必要な習慣を身に付け、次第に見通しをもって行動できるようにすること。
(6) 安全に関する指導に当たっては、情緒の安定を図り、遊びを通して安全についての構えを身に付け、危険な場所や事物などが分かり、安全についての理解を深めるようにすること。また、交通安全の習慣を身に付けるようにするとともに、避難訓練などを通して、災害などの緊急時に適切な行動がとれるようにすること。

人間関係
〔他の人々と親しみ、支え合って生活するために、自立心を育て、人と関わる力を養う。〕
1 ねらい
(1) 幼稚園生活を楽しみ、自分の力で行動することの充実感を味わう。
(2) 身近な人と親しみ、関わりを深め、工夫したり、協力したりして一緒に活動する楽しさを味わい、愛情や信頼感をもつ。
(3) 社会生活における望ましい習慣や態度を身に付ける。
2 内容
(1) 先生や友達と共に過ごすことの喜びを味わう。
(2) 自分で考え、自分で行動する。
(3) 自分でできることは自分でする。
(4) いろいろな遊びを楽しみながら物事をやり遂げようとする気持ちをもつ。
(5) 友達と積極的に関わりながら喜びや悲しみを共感し合う。
(6) 自分の思ったことを相手に伝え、相手の思っていることに気付く。
(7) 友達のよさに気付き、一緒に活動する楽しさを味わう。
(8) 友達と楽しく活動する中で、共通の目的を見いだし、工夫したり、協力したりなどする。
(9) よいことや悪いことがあることに気付き、考えながら行動する。
(10) 友達との関わりを深め、思いやりをもつ。
(11) 友達と楽しく生活する中できまりの大切さに気付き、守ろうとする。
(12) 共同の遊具や用具を大切にし、皆で使う。
(13) 高齢者をはじめ地域の人々などの自分の生活に関係の深いいろいろな人に親しみをもつ。
3 内容の取扱い
上記の取扱いに当たっては、次の事項に留意する必要がある。
(1) 教師との信頼関係に支えられて自分自身の生活を確立していくことが人と関わる基盤となることを考慮し、幼児が自ら周囲に働き掛けることにより多様な感情を体験し、試行錯誤しながら諦めずにやり遂げることの達成感や、前向きな見通しをもって自分の力で行うことの充実感を味わうことができるよう、幼児の行動を見守りながら適切な援助を行うようにすること。
(2) 一人一人を生かした集団を形成しながら人と関わる力を育てていくようにすること。その際、集団の生活の中で、幼児が自己を発揮し、教師や他の幼児に認められる体験をし、自分のよさや特徴に気付き、自信をもって行動できるようにすること。
(3) 幼児が互いに関わりを深め、協同して遊ぶようになるため、自ら行動する力を育てるようにするとともに、他の幼児と試行錯誤しながら活動を展開する楽しさや共通の目的が実現する喜びを味わうことができるようにすること。
(4) 道徳性の芽生えを培うに当たっては、基本的な生活習慣の形成を図るとともに、幼児が他の幼児との関わりの中で他人の存在に気付き、相手を尊重する気持ちをもって行動できるようにし、また、自然や身近な動植物に親しむことなどを通して豊かな心情が育つようにすること。特に、人に対する信頼感や思いやりの気持ちは、葛藤やつまずきをも体験し、それらを乗り越えることにより次第に芽生えてくることに配慮すること。
(5) 集団の生活を通して、幼児が人との関わりを深め、規範意識の芽生えが培われることを考慮し、幼児が教師との信頼関係に支えられて自己を発揮する中で、互いに思いを主張し、折り合いを付ける体験をし、きまりの必要性などに気付き、自分の気持ちを調整する力が育つようにすること。
(6) 高齢者をはじめ地域の人々などの自分の生活に関係の深いいろいろな人と触れ合い、自分の感情や意志を表現しながら共に楽しみ、共感し合う体験を通して、これらの人々などに親しみをもち、人と関わることの楽しさや人の役に立つ喜びを味わうことができるようにすること。また、生活を通して親や祖父母などの家族の愛情に気付き、家族を大切にしようとする気持ちが育つようにすること。

環境

〔周囲の様々な環境に好奇心や探究心をもって関わり、それらを生活に取り入れていこうとする力を養う。〕

1 ねらい
  (1) 身近な環境に親しみ、自然と触れ合う中で様々な事象に興味や関心をもつ。
  (2) 身近な環境に自分から関わり、発見を楽しんだり、考えたりし、それを生活に取り入れようとする。
  (3) 身近な事象を見たり、考えたり、扱ったりする中で、物の性質や数量、文字などに対する感覚を豊かにする。

2 内容
  (1) 自然に触れて生活し、その大きさ、美しさ、不思議さなどに気付く。
  (2) 生活の中で、様々な物に触れ、その性質や仕組みに興味や関心をもつ。
  (3) 季節により自然や人間の生活に変化のあることに気付く。
  (4) 自然などの身近な事象に関心をもち、取り入れて遊ぶ。
  (5) 身近な動植物に親しみをもって接し、生命の尊さに気付き、いたわったり、大切にしたりする。
  (6) 日常生活の中で、我が国や地域社会における様々な文化や伝統に親しむ。
  (7) 身近な物を大切にする。
  (8) 身近な物や遊具に興味をもって関わり、自分なりに比べたり、関連付けたりしながら考えたり、試したりして工夫して遊ぶ。
  (9) 日常生活の中で数量や図形などに関心をもつ。
  (10) 日常生活の中で簡単な標識や文字などに関心をもつ。
  (11) 生活に関係の深い情報や施設などに興味や関心をもつ。
  (12) 幼稚園内外の行事において国旗に親しむ。

3 内容の取扱い
  上記の取扱いに当たっては、次の事項に留意する必要がある。
  (1) 幼児が、遊びの中で周囲の環境と関わり、次第に周囲の世界に好奇心を抱き、その意味や操作の仕方に関心をもち、物事の法則性に気付き、自分なりに考えることができるようになる過程を大切にすること。また、他の幼児の考えなどに触れて新しい考えを生み出す喜びや楽しさを味わい、自分の考えをよりよいものにしようとする気持ちが育つようにすること。
  (2) 幼児期において自然のもつ意味は大きく、自然の大きさ、美しさ、不思議さなどに直接触れる体験を通して、幼児の心が安らぎ、豊かな感情、好奇心、思考力、表現力の基礎が培われることを踏まえ、幼児が自然との関わりを深めることができるよう工夫すること。
  (3) 身近な事象や動植物に対する感動を伝え合い、共感し合うことなどを通して自分から関わろうとする意欲を育てるとともに、様々な関わり方を通してそれらに対する親しみや畏敬の念、生命を大切にする気持ち、公共心、探究心などが養われるようにすること。
  (4) 文化や伝統に親しむ際には、正月や節句など我が国の伝統的な行事、国歌、唱歌、わらべうたや我が国の伝統的な遊びに親しんだり、異なる文化に触れる活動に親しんだりすることを通じて、社会とのつながりの意識や国際理解の意識の芽生えなどが養われるようにすること。
  (5) 数量や文字などに関しては、日常生活の中で幼児自身の必要感に基づく体験を大切にし、数量や文字などに関する興味や関心、感覚が養われるようにすること。

言葉

〔経験したことや考えたことなどを自分なりの言葉で表現し、相手の話す言葉を聞こうとする意欲や態度を育て、言葉に対する感覚や言葉で表現する力を養う。〕

1 ねらい
  (1) 自分の気持ちを言葉で表現する楽しさを味わう。
  (2) 人の言葉や話などをよく聞き、自分の経験したことや考えたことを話し、伝え合う喜びを味わう。
  (3) 日常生活に必要な言葉が分かるようになるとともに、絵本や物語などに親しみ、言葉に対する感覚を豊かにし、先生や友達と心を通わせる。

2 内容
  (1) 先生や友達の言葉や話に興味や関心をもち、親しみをもって聞いたり、話したりする。
  (2) したり、見たり、聞いたり、感じたり、考えたりなどしたことを自分なりに言葉で表現する。
  (3) したいこと、してほしいことを言葉で表現したり、分からないことを尋ねたりする。
  (4) 人の話を注意して聞き、相手に分かるように話す。
  (5) 生活の中で必要な言葉が分かり、使う。
  (6) 親しみをもって日常の挨拶をする。
  (7) 生活の中で言葉の楽しさや美しさに気付く。
  (8) いろいろな体験を通じてイメージや言葉を豊かにする。
  (9) 絵本や物語などに親しみ、興味をもって聞き、想像をする楽しさを味わう。
  (10) 日常生活の中で、文字などで伝える楽しさを味わう。

3 内容の取扱い
  上記の取扱いに当たっては、次の事項に留意する必要がある。
  (1) 言葉は、身近な人に親しみをもって接し、自分の感情や意志などを伝え、それに相手が応答し、その言葉を聞くことを通して次第に獲得されていくものであることを考慮して、幼児が教師や他の幼児と関わることにより心を動かされるような体験をし、言葉を交わす喜びを味わえるようにすること。
  (2) 幼児が自分の思いを言葉で伝えるとともに、教師や他の幼児などの話を興味をもって注意して聞くことを通して次第に話を理解するようになっていき、言葉に

よる伝え合いができるようにすること。
(3) 絵本や物語などで、その内容と自分の経験とを結び付けたり、想像を巡らせたりするなど、楽しみを十分に味わうことによって、次第に豊かなイメージをもち、言葉に対する感覚が養われるようにすること。
(4) 幼児が生活の中で、言葉の響きやリズム、新しい言葉や表現などに触れ、これらを使う楽しさを味わえるようにすること。その際、絵本や物語に親しんだり、言葉遊びなどをしたりすることを通して、言葉が豊かになるようにすること。
(5) 幼児が日常生活の中で、文字などを使いながら思ったことや考えたことを伝える喜びや楽しさを味わい、文字に対する興味や関心をもつようにすること。

表現
〔感じたことや考えたことを自分なりに表現することを通して、豊かな感性や表現する力を養い、創造性を豊かにする。〕
1 ねらい
(1) いろいろなものの美しさなどに対する豊かな感性をもつ。
(2) 感じたことや考えたことを自分なりに表現して楽しむ。
(3) 生活の中でイメージを豊かにし、様々な表現を楽しむ。
2 内容
(1) 生活の中で様々な音、形、色、手触り、動きなどに気付いたり、感じたりするなどして楽しむ。
(2) 生活の中で美しいものや心を動かす出来事に触れ、イメージを豊かにする。
(3) 様々な出来事の中で、感動したことを伝え合う楽しさを味わう。
(4) 感じたこと、考えたことなどを音や動きなどで表現したり、自由にかいたり、つくったりなどする。
(5) いろいろな素材に親しみ、工夫して遊ぶ。
(6) 音楽に親しみ、歌を歌ったり、簡単なリズム楽器を使ったりなどする楽しさを味わう。
(7) かいたり、つくったりすることを楽しみ、遊びに使ったり、飾ったりなどする。
(8) 自分のイメージを動きや言葉などで表現したり、演じて遊んだりするなどの楽しさを味わう。
3 内容の取扱い
上記の取扱いに当たっては、次の事項に留意する必要がある。
(1) 豊かな感性は、身近な環境と十分に関わる中で美しいもの、優れたもの、心を動かす出来事などに出会い、そこから得た感動を他の幼児や教師と共有し、様々に表現することなどを通して養われるようにすること。その際、風の音や雨の音、身近にある草や花の形や色など自然の中にある音、形、色などに気付くようにすること。

(2) 幼児の自己表現は素朴な形で行われることが多いので、教師はそのような表現を受容し、幼児自身の表現しようとする意欲を受け止めて、幼児が生活の中で幼児らしい様々な表現を楽しむことができるようにすること。
(3) 生活経験や発達に応じ、自ら様々な表現を楽しみ、表現する意欲を十分に発揮させることができるように、遊具や用具などを整えたり、様々な素材や表現の仕方に親しんだり、他の幼児の表現に触れられるよう配慮したりし、表現する過程を大切にして自己表現を楽しめるように工夫すること。

第3章 教育課程に係る教育時間の終了後等に行う教育活動などの留意事項

1 地域の実態や保護者の要請により、教育課程に係る教育時間の終了後等に希望する者を対象に行う教育活動については、幼児の心身の負担に配慮するものとする。また、次の点にも留意するものとする。
(1) 教育課程に基づく活動を考慮し、幼児期にふさわしい無理のないものとなるようにすること。その際、教育課程に基づく活動を担当する教師と緊密な連携を図るようにすること。
(2) 家庭や地域での幼児の生活も考慮し、教育課程に係る教育時間の終了後等に行う教育活動の計画を作成するようにすること。その際、地域の人々と連携するなど、地域の様々な資源を活用しつつ、多様な体験ができるようにすること。
(3) 家庭との緊密な連携を図るようにすること。その際、情報交換の機会を設けたりするなど、保護者が、幼稚園と共に幼児を育てるという意識が高まるようにすること。
(4) 地域の実態や保護者の事情とともに幼児の生活のリズムを踏まえつつ、例えば実施日数や時間などについて、弾力的な運用に配慮すること。
(5) 適切な責任体制と指導体制を整備した上で行うようにすること。
2 幼稚園の運営に当たっては、子育ての支援のために保護者や地域の人々に機能や施設を開放して、園内体制の整備や関係機関との連携及び協力に配慮しつつ、幼児期の教育に関する相談に応じたり、情報を提供したり、幼児と保護者との登園を受け入れたり、保護者同士の交流の機会を提供したりするなど、幼稚園と家庭が一体となって幼児と関わる取組を進め、地域における幼児期の教育のセンターとしての役割を果たすよう努めるものとする。その際、心理や保健の専門家、地域の子育て経験者等と連携・協働しながら取り組むよう配慮するものとする。

保育所保育指針（抄録）

[厚生労働省　平成29年3月告示　平成30年4月施行]

第2章　保育の内容

1　乳児保育に関わるねらい及び内容

(1) 基本的事項

ア　乳児期の発達については、視覚、聴覚などの感覚や、座る、はう、歩くなどの運動機能が著しく発達し、特定の大人との応答的な関わりを通じて、情緒的な絆（きずな）が形成されるといった特徴がある。これらの発達の特徴を踏まえて、乳児保育は、愛情豊かに、応答的に行われることが特に必要である。

イ　本項においては、この時期の発達の特徴を踏まえ、乳児保育の「ねらい」及び「内容」については、身体的発達に関する視点「健やかに伸び伸びと育つ」、社会的発達に関する視点「身近な人と気持ちが通じ合う」及び精神的発達に関する視点「身近なものと関わり感性が育つ」としてまとめ、示している。

ウ　本項の各視点において示す保育の内容は、第1章の2に示された養護における「生命の保持」及び「情緒の安定」に関わる保育の内容と、一体となって展開されるものであることに留意が必要である。

(2) ねらい及び内容

ア　健やかに伸び伸びと育つ

健康な心と体を育て、自ら健康で安全な生活をつくり出す力の基盤を培う。

(ｱ) ねらい
① 身体感覚が育ち、快適な環境に心地よさを感じる。
② 伸び伸びと体を動かし、はう、歩くなどの運動をしようとする。
③ 食事、睡眠等の生活のリズムの感覚が芽生える。

(ｲ) 内容
① 保育士等の愛情豊かな受容の下で、生理的・心理的欲求を満たし、心地よく生活をする。
② 一人一人の発育に応じて、はう、立つ、歩くなど、十分に体を動かす。
③ 個人差に応じて授乳を行い、離乳を進めていく中で、様々な食品に少しずつ慣れ、食べることを楽しむ。
④ 一人一人の生活のリズムに応じて、安全な環境の下で十分に午睡をする。
⑤ おむつ交換や衣服の着脱などを通じて、清潔になることの心地よさを感じる。

(ｳ) 内容の取扱い

上記の取扱いに当たっては、次の事項に留意する必要がある。

① 心と体の健康は、相互に密接な関連があるものであることを踏まえ、温かい触れ合いの中で、心と体の発達を促すこと。特に、寝返り、お座り、はいはい、つかまり立ち、伝い歩きなど、発育に応じて、遊びの中で体を動かす機会を十分に確保し、自ら体を動かそうとする意欲が育つようにすること。

② 健康な心と体を育てるためには望ましい食習慣の形成が重要であることを踏まえ、離乳食が完了期へと徐々に移行する中で、様々な食品に慣れるようにするとともに、和やかな雰囲気の中で食べる喜びや楽しさを味わい、進んで食べようとする気持ちが育つようにすること。なお、食物アレルギーのある子どもへの対応については、嘱託医等の指示や協力の下に適切に対応すること。

イ　身近な人と気持ちが通じ合う

受容的・応答的な関わりの下で、何かを伝えようとする意欲や身近な大人との信頼関係を育て、人と関わる力の基盤を培う。

(ｱ) ねらい
① 安心できる関係の下で、身近な人と共に過ごす喜びを感じる。
② 体の動きや表情、発声等により、保育士等と気持ちを通わせようとする。
③ 身近な人と親しみ、関わりを深め、愛情や信頼感が芽生える。

(ｲ) 内容
① 子どもからの働きかけを踏まえた、応答的な触れ合いや言葉がけによって、欲求が満たされ、安定感をもって過ごす。
② 体の動きや表情、発声、喃語（なんご）等を優しく受け止めてもらい、保育士等とのやり取りを楽しむ。
③ 生活や遊びの中で、自分の身近な人の存在に気付き、親しみの気持ちを表す。
④ 保育士等による語りかけや歌いかけ、発声や喃語（なんご）等への応答を通じて、言葉の理解や発語の意欲が育つ。
⑤ 温かく、受容的な関わりを通じて、自分を肯定する気持ちが芽生える。

(ｳ) 内容の取扱い

上記の取扱いに当たっては、次の事項に留意する必要がある。

① 保育士等との信頼関係に支えられて生活を確立していくことが人と関わる基盤となることを考慮して、子どもの多様な感情を受け止め、温かく受容的・応答的に関わり、一人一人に応じた適切な援助を行うようにすること。

② 身近な人に親しみをもって接し、自分の感情などを表し、それに相手が応答する言葉を聞くことを通して、次第に言葉が獲得されていくことを考慮して、楽しい雰囲気の中での保育士等との関わり合いを大切にし、ゆっくりと優しく話しかけるなど、積極的に言葉のやり取りを楽しむことができるようにすること。

ウ　身近なものと関わり感性が育つ

身近な環境に興味や好奇心をもって関わり、感じたことや考えたことを表現する力の基盤を培う。

(ア) ねらい
① 身の回りのものに親しみ、様々なものに興味や関心をもつ。
② 見る、触れる、探索するなど、身近な環境に自分から関わろうとする。
③ 身体の諸感覚による認識が豊かになり、表情や手足、体の動き等で表現する。

(イ) 内容
① 身近な生活用具、玩具や絵本などが用意された中で、身の回りのものに対する興味や好奇心をもつ。
② 生活や遊びの中で様々なものに触れ、音、形、色、手触りなどに気付き、感覚の働きを豊かにする。
③ 保育士等と一緒に様々な色彩や形のものや絵本などを見る。
④ 玩具や身の回りのものを、つまむ、つかむ、たたく、引っ張るなど、手や指を使って遊ぶ。
⑤ 保育士等のあやし遊びに機嫌よく応じたり、歌やリズムに合わせて手足や体を動かして楽しんだりする。

(ウ) 内容の取扱い
上記の取扱いに当たっては、次の事項に留意する必要がある。
① 玩具などは、音質、形、色、大きさなど子どもの発達状態に応じて適切なものを選び、その時々の子どもの興味や関心を踏まえるなど、遊びを通して感覚の発達が促されるものとなるように工夫すること。なお、安全な環境の下で、子どもが探索意欲を満たして自由に遊べるよう、身の回りのものについては、常に十分な点検を行うこと。
② 乳児期においては、表情、発声、体の動きなどで、感情を表現することが多いことから、これらの表現しようとする意欲を積極的に受け止めて、子どもが様々な活動を楽しむことを通して表現が豊かになるようにすること。

(3) 保育の実施に関わる配慮事項
ア 乳児は疾病への抵抗力が弱く、心身の機能の未熟さに伴う疾病の発生が多いことから、一人一人の発育及び発達状態や健康状態についての適切な判断に基づく保健的な対応を行うこと。
イ 一人一人の子どもの生育歴の違いに留意しつつ、欲求を適切に満たし、特定の保育士が応答的に関わるように努めること。
ウ 乳児保育に関わる職員間の連携や嘱託医との連携を図り、第3章に示す事項を踏まえ、適切に対応すること。栄養士及び看護師等が配置されている場合は、その専門性を生かした対応を図ること。
エ 保護者との信頼関係を築きながら保育を進めるとともに、保護者からの相談に応じ、保護者への支援に努めていくこと。
オ 担当の保育士が替わる場合には、子どものそれまでの生育歴や発達過程に留意し、職員間で協力して対応すること。

2 1歳以上3歳未満児の保育に関わるねらい及び内容
(1) 基本的事項
ア この時期においては、歩き始めから、歩く、走る、跳ぶなどへと、基本的な運動機能が次第に発達し、排泄の自立のための身体的機能も整うようになる。つまむ、めくるなどの指先の機能も発達し、食事、衣類の着脱なども、保育士等の援助の下で自分で行うようになる。発声も明瞭になり、語彙も増加し、自分の意思や欲求を言葉で表出できるようになる。このように自分でできることが増えてくる時期であることから、保育士等は、子どもの生活の安定を図りながら、自分でしようとする気持ちを尊重し、温かく見守るとともに、愛情豊かに、応答的に関わることが必要である。
イ 本項においては、この時期の発達の特徴を踏まえ、保育の「ねらい」及び「内容」について、心身の健康に関する領域「健康」、人との関わりに関する領域「人間関係」、身近な環境との関わりに関する領域「環境」、言葉の獲得に関する領域「言葉」及び感性と表現に関する領域「表現」としてまとめ、示している。
ウ 本項の各領域において示す保育の内容は、第1章の2に示された養護における「生命の保持」及び「情緒の安定」に関わる保育の内容と、一体となって展開されるものであることに留意が必要である。

(2) ねらい及び内容
ア 健康
健康な心と体を育て、自ら健康で安全な生活をつくり出す力を養う。
(ア) ねらい
① 明るく伸び伸びと生活し、自分から体を動かすことを楽しむ。
② 自分の体を十分に動かし、様々な動きをしようとする。
③ 健康、安全な生活に必要な習慣に気付き、自分でしてみようとする気持ちが育つ。

(イ) 内容
① 保育士等の愛情豊かな受容の下で、安定感をもって生活をする。
② 食事や午睡、遊びと休息など、保育所における生活のリズムが形成される。
③ 走る、跳ぶ、登る、押す、引っ張るなど全身を使う遊びを楽しむ。
④ 様々な食品や調理形態に慣れ、ゆったりとした雰囲気の中で食事や間食を楽しむ。
⑤ 身の回りを清潔に保つ心地よさを感じ、その習慣が少しずつ身に付く。
⑥ 保育士等の助けを借りながら、衣類の着脱を自分でしようとする。
⑦ 便器での排泄に慣れ、自分で排泄ができるようになる。

(ウ) 内容の取扱い
上記の取扱いに当たっては、次の事項に留意する必要がある。
① 心と体の健康は、相互に密接な関連があるもの

であることを踏まえ、子どもの気持ちに配慮した温かい触れ合いの中で、心と体の発達を促すこと。特に、一人一人の発育に応じて、体を動かす機会を十分に確保し、自ら体を動かそうとする意欲が育つようにすること。
② 健康な心と体を育てるためには望ましい食習慣の形成が重要であることを踏まえ、ゆったりとした雰囲気の中で食べる喜びや楽しさを味わい、進んで食べようとする気持ちが育つようにすること。なお、食物アレルギーのある子どもへの対応については、嘱託医等の指示や協力の下に適切に対応すること。
③ 排泄の習慣については、一人一人の排尿間隔等を踏まえ、おむつが汚れていないときに便器に座らせるなどにより、少しずつ慣れさせるようにすること。
④ 食事、排泄、睡眠、衣類の着脱、身の回りを清潔にすることなど、生活に必要な基本的な習慣については、一人一人の状態に応じ、落ち着いた雰囲気の中で行うようにし、子どもが自分でしようとする気持ちを尊重すること。また、基本的な生活習慣の形成に当たっては、家庭での生活経験に配慮し、家庭との適切な連携の下で行うようにすること。

イ 人間関係
他の人々と親しみ、支え合って生活するために、自立心を育て、人と関わる力を養う。
(ｱ) ねらい
① 保育所での生活を楽しみ、身近な人と関わる心地よさを感じる。
② 周囲の子ども等への興味や関心が高まり、関わりをもとうとする。
③ 保育所の生活の仕方に慣れ、きまりの大切さに気付く。
(ｲ) 内容
① 保育士等や周囲の子ども等との安定した関係の中で、共に過ごす心地よさを感じる。
② 保育士等の受容的・応答的な関わりの中で、欲求を適切に満たし、安定感をもって過ごす。
③ 身の回りに様々な人がいることに気付き、徐々に他の子どもと関わりをもって遊ぶ。
④ 保育士等の仲立ちにより、他の子どもとの関わり方を少しずつ身につける。
⑤ 保育所の生活の仕方に慣れ、きまりがあることや、その大切さに気付く。
⑥ 生活や遊びの中で、年長児や保育士等の真似をしたり、ごっこ遊びを楽しんだりする。
(ｳ) 内容の取扱い
上記の取扱いに当たっては、次の事項に留意する必要がある。
① 保育士等との信頼関係に支えられて生活を確立するとともに、自分で何かをしようとする気持ちが旺盛になる時期であることに鑑み、そのような子どもの気持ちを尊重し、温かく見守るとともに、愛情豊かに、応答的に関わり、適切な援助を行うようにすること。
② 思い通りにいかない場合等の子どもの不安定な感情の表出については、保育士等が受容的に受け止めるとともに、そうした気持ちから立ち直る経験や感情をコントロールすることへの気付き等につなげていけるように援助すること。
③ この時期は自己と他者との違いの認識がまだ十分ではないことから、子どもの自我の育ちを見守るとともに、保育士等が仲立ちとなって、自分の気持ちを相手に伝えることや相手の気持ちに気付くことの大切さなど、友達の気持ちや友達との関わり方を丁寧に伝えていくこと。

ウ 環境
周囲の様々な環境に好奇心や探究心をもって関わり、それらを生活に取り入れていこうとする力を養う。
(ｱ) ねらい
① 身近な環境に親しみ、触れ合う中で、様々なものに興味や関心をもつ。
② 様々なものに関わる中で、発見を楽しんだり、考えたりしようとする。
③ 見る、聞く、触るなどの経験を通して、感覚の働きを豊かにする。
(ｲ) 内容
① 安全で活動しやすい環境での探索活動等を通して、見る、聞く、触れる、嗅ぐ、味わうなどの感覚の働きを豊かにする。
② 玩具、絵本、遊具などに興味をもち、それらを使った遊びを楽しむ。
③ 身の回りの物に触れる中で、形、色、大きさ、量などの物の性質や仕組みに気付く。
④ 自分の物と人の物の区別や、場所的感覚など、環境を捉える感覚が育つ。
⑤ 身近な生き物に気付き、親しみをもつ。
⑥ 近隣の生活や季節の行事などに興味や関心をもつ。
(ｳ) 内容の取扱い
上記の取扱いに当たっては、次の事項に留意する必要がある。
① 玩具などは、音質、形、色、大きさなど子どもの発達状態に応じて適切なものを選び、遊びを通して感覚の発達が促されるように工夫すること。
② 身近な生き物との関わりについては、子どもが命を感じ、生命の尊さに気付く経験へとつながるものであることから、そうした気付きを促すような関わりとなるようにすること。
③ 地域の生活や季節の行事などに触れる際には、社会とのつながりや地域社会の文化への気付きにつながるものとなることが望ましいこと。その際、保育所内外の行事や地域の人々との触れ合いなど

を通して行うこと等も考慮すること。

エ　言葉
経験したことや考えたことなどを自分なりの言葉で表現し、相手の話す言葉を聞こうとする意欲や態度を育て、言葉に対する感覚や言葉で表現する力を養う。
(ｱ)　ねらい
① 言葉遊びや言葉で表現する楽しさを感じる。
② 人の言葉や話などを聞き、自分でも思ったことを伝えようとする。
③ 絵本や物語等に親しむとともに、言葉のやり取りを通して身近な人と気持ちを通わせる。
(ｲ)　内容
① 保育士等の応答的な関わりや話しかけにより、自ら言葉を使おうとする。
② 生活に必要な簡単な言葉に気付き、聞き分ける。
③ 親しみをもって日常の挨拶に応じる。
④ 絵本や紙芝居を楽しみ、簡単な言葉を繰り返したり、模倣をしたりして遊ぶ。
⑤ 保育士等とごっこ遊びをする中で、言葉のやり取りを楽しむ。
⑥ 保育士等を仲立ちとして、生活や遊びの中で友達との言葉のやり取りを楽しむ。
⑦ 保育士等や友達の言葉や話に興味や関心をもって、聞いたり、話したりする。
(ｳ)　内容の取扱い
上記の取扱いに当たっては、次の事項に留意する必要がある。
① 身近な人に親しみをもって接し、自分の感情などを伝え、それに相手が応答し、その言葉を聞くことを通して、次第に言葉が獲得されていくものであることを考慮して、楽しい雰囲気の中で保育士等との言葉のやり取りができるようにすること。
② 子どもが自分の思いを言葉で伝えるとともに、他の子どもの話などを聞くことを通して、次第に話を理解し、言葉による伝え合いができるようになるよう、気持ちや経験等の言語化を行うことを援助するなど、子ども同士の関わりの仲立ちを行うようにすること。
③ この時期は、片言から、二語文、ごっこ遊びでのやり取りができる程度へと、大きく言葉の習得が進む時期であることから、それぞれの子どもの発達の状況に応じて、遊びや関わりの工夫など、保育の内容を適切に展開することが必要であること。

オ　表現
感じたことや考えたことを自分なりに表現することを通して、豊かな感性や表現する力を養い、創造性を豊かにする。
(ｱ)　ねらい
① 身体の諸感覚の経験を豊かにし、様々な感覚を味わう。
② 感じたことや考えたことなどを自分なりに表現しようとする。
③ 生活や遊びの様々な体験を通して、イメージや感性が豊かになる。
(ｲ)　内容
① 水、砂、土、紙、粘土など様々な素材に触れて楽しむ。
② 音楽、リズムやそれに合わせた体の動きを楽しむ。
③ 生活の中で様々な音、形、色、手触り、動き、味、香りなどに気付いたり、感じたりして楽しむ。
④ 歌を歌ったり、簡単な手遊びや全身を使う遊びを楽しんだりする。
⑤ 保育士等からの話や、生活や遊びの中での出来事を通して、イメージを豊かにする。
⑥ 生活や遊びの中で、興味のあることや経験したことなどを自分なりに表現する。
(ｳ)　内容の取扱い
上記の取扱いに当たっては、次の事項に留意する必要がある。
① 子どもの表現は、遊びや生活の様々な場面で表出されているものであることから、それらを積極的に受け止め、様々な表現の仕方や感性を豊かにする経験となるようにすること。
② 子どもが試行錯誤しながら様々な表現を楽しむことや、自分の力でやり遂げる充実感などに気付くよう、温かく見守るとともに、適切に援助を行うようにすること。
③ 様々な感情の表現等を通じて、子どもが自分の感情や気持ちに気付くようになる時期であることに鑑み、受容的な関わりの中で自信をもって表現をすることや、諦めずに続けた後の達成感等を感じられるような経験が蓄積されるようにすること。
④ 身近な自然や身の回りの事物に関わる中で、発見や心が動く経験が得られるよう、諸感覚を働かせることを楽しむ遊びや素材を用意するなど保育の環境を整えること。

(3)　保育の実施に関わる配慮事項
ア　特に感染症にかかりやすい時期であるので、体の状態、機嫌、食欲などの日常の状態の観察を十分に行うとともに、適切な判断に基づく保健的な対応を心がけること。
イ　探索活動が十分できるように、事故防止に努めながら活動しやすい環境を整え、全身を使う遊びなど様々な遊びを取り入れること。
ウ　自我が形成され、子どもが自分の感情や気持ちに気付くようになる重要な時期であることに鑑み、情緒の安定を図りながら、子どもの自発的な活動を尊重するとともに促していくこと。
エ　担当の保育士が替わる場合には、子どものそれまでの経験や発達過程に留意し、職員間で協力して対応すること。

監修者・編者・著者 紹介

▶監修　無藤　隆（むとう たかし）第1章§1～6
東京大学教育学部卒業。同大学院教育学専攻科博士課程中退。お茶の水女子大学助教授、同子ども発達教育研究センター教授、白梅学園大学教授を経て、現在、白梅学園大学名誉教授。専門は、発達心理学、幼児教育学、保育学。
【著書】『現場と学問のふれあうところ』（新曜社）、『幼児教育のデザイン』（東京大学出版会）他。

▶代表編者　倉持清美（くらもち きよみ）第1章§7、第2章、第5章§2～3、第7章§3
お茶の水女子大学家政学部卒業。同大学院人間文化研究科博士課程修了。博士（人文科学）。現在、東京学芸大学教育学部教授。専門は保育学、発達心理学。
【著書】『保育実践のフィールド心理学』（共編著、北大路書房）、『児童学事典』（共著、丸善出版）他。

▶編者　河邉貴子（かわべ たかこ）第6章、第7章§1～2
東京学芸大学教育学部卒業。同大学院教育学研究科修士課程修了。博士（教育学）。元聖心女子大学現代教養学部教育学科教授。専門は幼児教育学。
【著書】『遊びを中心とした保育』（萌文書林）、『幼児期における運動発達と運動遊びの指導』（共編著、ミネルヴァ書房）他。

田代幸代（たしろ ゆきよ）第4章
東京学芸大学教育学部卒業。同大学院教育学研究科修士課程修了。東京学芸大学附属幼稚園教諭、副園長等を経て、現在、共立女子大学家政学部児童学科教授。専門は幼児教育学。
【著書】『目指せ、保育記録の達人！』（共著、フレーベル館）、『幼児期における運動発達と運動遊びの指導』（共著、ミネルヴァ書房）他。

▶著者（執筆順）　森　司朗（もり しろう）第3章§1～3
鹿児島大学法文学部卒業。東京学芸大学大学院教育学研究科修士課程修了。博士（医学）。現在、鹿屋体育大学教授。専門はスポーツ・運動心理学、体育心理学。
【著書】『子どもの遊び・運動・スポーツ』（共著、市村出版）、『生涯スポーツの心理学』（共著、福村出版）他。

吉田伊津美（よしだ いづみ）第3章§4
東京学芸大学教育学部卒業。同大学院教育学研究科修士課程修了。筑波大学大学院人間総合科学研究科博士課程修了。博士（学術）。現在、東京学芸大学教職大学院教授。専門は体育心理学、幼児教育学。
【著書】『保育と幼児期の運動あそび』（共著、萌文書林）、『保育内容 健康』（共編著、光生館）他。

西坂小百合（にしざか さゆり）第5章§1、4～6
東京学芸大学教育学部卒業。同大学院連合学校教育学研究科博士課程修了。博士（教育学）。現在、共立女子大学家政学部児童学科教授。専門は発達心理学、幼児教育学、保育学。
【著書】『0～6歳 わかりやすい子どもの発達と保育のコツ』（監修、ナツメ社）、『保育内容 人間関係』（共編著、光生館）他。

事例・写真 提供協力

- 文京区立お茶の水女子大学こども園
- お茶の水女子大学附属幼稚園
- 東京学芸大学附属幼稚園小金井園舎
- 東京学芸大学附属幼稚園竹早園舎
- 学芸の森保育園　真木千壽子
- 幼児写真家　天野行造
- お茶の水女子大学附属小学校
- 東京学芸大学附属小金井小学校
- 文京区立湯島幼稚園
- 奈良教育大学附属幼稚園
- 愛の園保育園
- 齋藤麻由美
- 竹原由賀子

装幀
大路浩実

本文デザイン・DTP
株式会社明昌堂

新訂 事例で学ぶ保育内容　〈領域〉健康

2007年1月7日　　初版第1刷発行
2008年9月15日　　改訂版第1刷発行
2018年3月20日　　改訂版第12刷発行
2018年4月30日　　新訂版第1刷発行
2025年4月1日　　新訂版第9刷発行

監修者
無藤 隆

編者代表
倉持清美

発行者
服部直人

発行所
株式会社萌文書林
〒113-0021　東京都文京区本駒込6-15-11
Tel.03-3943-0576　Fax.03-3943-0567
https://www.houbun.com/
info@houbun.com

印刷
シナノ印刷株式会社

ⓒTakashi Muto, Kiyomi Kuramochi *et al.* 2018, Printed in Japan
ISBN 978-4-89347-256-4

乱丁・落丁本はお取り替えいたします。
定価はカバーに表示してあります。

本書の無断複写（コピー）・複製は著作権法上での例外を除き禁じられています。
また、代行業者などの第三者による本書のデジタル化は、いかなる場合も著作権法違反となります。